昆明市中级人民法院精品案例

（2018）

昆明市中级人民法院◎编

云南大学出版社
YUNNAN UNIVERSITY PRESS

图书在版编目（CIP）数据

昆明市中级人民法院精品案例. 2018 / 昆明市中级人民法院编. -- 昆明：云南大学出版社，2019
ISBN 978-7-5482-3619-1

Ⅰ. ①昆… Ⅱ. ①昆… Ⅲ. ①案例—汇编—昆明—2018 Ⅳ. ①D927.741.05

中国版本图书馆CIP数据核字（2019）第008955号

策划编辑：赵红梅
责任编辑：余家涛
封面设计：刘　雨
封面题字：张立志

昆明市中级人民法院精品案例（2018）

昆明市中级人民法院◎编

出版发行：云南大学出版社
印　　装：昆明理煜印务有限公司
开　　本：787mm×1092mm　1/16
印　　张：17.25
字　　数：275千
版　　次：2019年2月第1版
印　　次：2019年2月第1次印刷
书　　号：ISBN 978-7-5482-3619-1
定　　价：56.00元

社　　址：云南省昆明市一二一大街182号（云南大学东陆校区英华园内）
邮　　编：650091
电　　话：（0871）65033244　65031071
网　　址：http://www. ynup. com
E-mail：market@ynup. com

前言

建立和完善案例指导制度，重视在审判实践中推广运用指导案例，对于统一法律适用标准、指导下级法院审判工作、丰富和发展法学理论、树立人民法院的司法权威具有十分重要的作用。根据最高人民法院提出的规范和完善案例指导制度的要求，昆明市中级人民法院（以下简称“昆明中院”）严格按照《关于开展“办精品案件，创公信品牌”活动的实施意见》连续十七年在全市法院组织开展精品案件评选活动，不断研究总结，在案例的评选标准、评选程序、发布方式、指导规则等方面进行改进完善，努力使评选出的精品案例在指导审判工作，推进审判调研，总结审判经验，统一执法原则和标准等方面取得更加明显的成效，使创精品活动成为一项不断提高人民法院审判案件质量的长效机制。昆明中院这一致力于建立案例指导制度的有益探索，符合最高人民法院的改革目标和要求，受到社会各界的好评和肯定。2018 年 7 月，昆明中院继续坚持严格标准、规范程序、内外结合的原则，严格评选标准，着眼案例的“精品度”。在评委组成上，坚持法院内外结合。本院部分审委会委员和资深法官开展初评，院外评委由上级法院的业务庭领导、昆明市人大研究室领导、昆明市政法委执法监督处领导、高校法学教授、省市政府法律顾问以及知名律师担任。院内外评委在全市两级法院 2017 年度审结并推荐的 69 篇典型案例中反复筛选，精心评选，历时5个月，由昆明中院审判委员会讨论通过，共评出2018年度14篇精品案例作为昆明法院辖区的指导案例。

本次所评出的14篇精品案例，主要体现了以下特点：一是新类型案件较多，审理专业性强，适用法律难度较大，对新类型案件的审理具有很强的示范作用；二是涉及热点难点问题多，对于促进同类案件认识的统一有积极影响；三是具有一定的指导性，案件审理所确定的审判原则对于同类案件在办案指导思想、审判思路、责任认定、法律适用、两个效果的有机结合等方面具有很好的参考和指导作用；四是在法律适用方面，对相关立法原则、法律精神和法学理论、法律规定及司法解释的理解把握准确到位，并进行了正确适用，对规范案件所属领域的法律关系具有积极作用，不少案件都体现出承办法官及合议庭把握案件处理的较强的司法能力。

昆明中院一贯坚持正确实施法律，准确适用法律法规、司法解释、指导意见和指导性案例，发挥司法裁判的导向作用，充分发挥司法裁判对彰显法治精神、强化规则意识、引领社会风尚、维护公共秩序的重要作用。为继续深入推进指导案例评选活动，倡导质量是审判工作永恒的主题的司法理念，进一步发挥精品案例在审判中的指导作用，鼓励法官重视对审判经验的总结，引导法官克服就案办案、机械办案意识，在审判实践中敢于创新思维，注重法律适用、证据运用、法律推理、裁判文书制作等职业技能水平的提高，多办精品案，不断提高案件审判质量，实现法律效果与社会效果的有机统一，按照惯例，我们将评选出的14篇精品案例进行整理并汇编成册，以方便全市广大法官干警学习掌握，方便社会和人民群众对审判工作进行监督。

昆明市中级人民法院

2018年12月

目　录

目　录

2018年度昆明市中级人民法院精品案例评选情况新闻发布稿

昆明中院新闻发言人、刑二庭副庭长　李兴虎

2019 年 1 月 3 日

各位来宾、各位朋友：

上午好！首先，我代表昆明中院的全体法官和干警，对各位的到来表示欢迎，并对各位长期以来对昆明中院精品案例评选工作的关注表示衷心的感谢！下面我就昆明中院 2018 年度精品案例评选情况及评选结果向大家作简要通报和介绍。

一、精品案例评选的基本情况

根据《昆明中院 2018 年度精品案例暨优秀裁判文书评选方案》，经过全市两级法院推荐、筛选，法院内外评委认真负责的多轮评选，并报昆明中院审判委员会审定，最后从全市法院报送的 69 篇参选案例中评选出精品案例 14 篇，其中刑事案例 5 篇、民商事案例 7 篇、行政案例 1 篇、执行案例 1 篇。

本次案例评选以“努力让人民群众在每一个司法案件中都感受到公平正义”为目标，以公正司法、提高司法公信力为指导思想，旨在强化全市法官干警的精品意识，打造精品案例。整个评选程序做到了坚持标准，规范操作，注重质量，所评选出的指导案例既体现我市法院法官理念的更新和创造性的司法能力，也是目前两级法院审判水平和法官综合业务

素质的集中展示。

精品案例评选工作是我院认真落实国家机关“谁执法谁普法”的普法责任制，建立和实施法官以案释法制度的一项有力措施。通过案例指导制度，及时选择对司法办案有普遍指导意义，对培育和弘扬社会主义核心价值观有示范作用的案例作为精品案例发布，有利于引导全体公民树立自觉守法、遇事找法、解决问题靠法的法治观念，助推法治新昆明建设。

二、入选精品案例的评选理由及审理亮点

（一）刑事案例5篇（中院2篇，基层法院3篇）

1. 代某某等聚众斗殴案（中院刑一庭）

[**裁判要旨**]“持械聚众斗殴”作为聚众斗殴罪加重处罚的法定情节，在罪刑法定原则下，对于“持械”的解释要紧紧围绕着文义进行，紧扣其“足以致人伤亡”的本质，并结合个案，从是否有预谋、在斗殴过程中的使用情况、造成的后果三方面来综合认定。

评选理由：本案对何谓“持械聚众斗殴”进行了详细阐释，在罪刑法定的边界内，按照文义解释，厘清了“械”的范畴，明确了“持械”的内涵。二审法院将“械”解释为能达到足以致人伤亡的非普通器械，避免了将就地取材的普通生活工具纳入“械”的范畴导致不当的扩大解释。认定事实客观公正，是非辨析分明，分析论证充分有力，体现了定纷止争的审判思维。本案在刑法解释论的运用上具有一定的指导价值。

合议庭组成人员：

审判长：阮文波；审判员：朱峥、刘华

案例提供单位：云南省昆明市中级人民法院刑事审判第一庭

承办人：阮文波；编写人：周舒

2. 王某某销售假冒注册商标的商品案（中院知产庭）

[**裁判要旨**]知识产权保护是对知识产权权利人拥有权利的限制性保护，因此知识产权犯罪行为认定与知识产权民事侵权行为存在具有紧密联系。知识产权刑事案件审判关键就在于确认行为人侵害知识产权民事侵权事实存在和侵权范围，依据刑法规定的处罚程度进行定罪量刑。

评选理由：本案的可贵之处在于法官面对查获的同一批假冒商品的时候，能够严格按照犯罪构成，对查获的商品进行分门别类的判断。依据是否是“同一种商品”的标准，将涉案物品的价值区分为属于企业合法注册商标商品范围内的涉案物品和不属于企业注册商标品牌范围的涉案物品。进而对不属于“同一种商品”的假冒物品价值进行扣减。这样做一方面增加了司法的精准度，另一方面切实保障了被告人的合法权益，体现了罪刑相适应的原则，对办理知识产权类刑事案件具有很强的指导作用。本案审判另一亮点是参照鉴定人出庭作证的相关法律、法规，尝试鉴定机构出庭作证，为司法鉴定证据的证明力审查做出新尝试，对于推进以审判为中心的刑事诉讼制度改革，实现庭审实质化起到了良好的改革示范效应。

合议庭组成人员：

审判长：马芸；审判员：车林恒、陈锐

法官助理：张俊

案例提供单位：云南省昆明市中级人民法院知识产权审判庭

承办人：马芸；编写人：马芸、张俊

3. 徐某某拒不执行判决、裁定案（官渡法院）

［**裁判要旨**］每个公民都有依法履行人民法院判决、裁定的义务，对人民法院的判决、裁定有能力执行而拒不执行的，情节严重的，应当追究相应的刑事责任。

评选理由：中华民族自古就有诚信的美德。刑法是公民社会治理最为严格的手段，通过刑罚威慑破局执行难的困局，是打击“老赖”，强化社会信用体系的有效手段。本案中，两级法院依法对转移财产，拒不执行法院判决的被告人判处刑罚，不仅对犯罪人本人产生刑罚效果，同时对公众也能起到良好的一般预防效果，形成示范效应，对藐视司法权威、背弃社会诚信的行为形成有效威慑。该案对惩治失信行为，维护裁判的公信力，促进诚信社会建设，推进解决执行难等方面具有积极作用。

合议庭组成人员：

审判长：杨婉菱；人民陪审员：尚炳昌、张宝宽

案例提供单位：云南省昆明市官渡区人民法院

承办人：杨婉菱；编写人：卢旭、杨婉菱

4. 李某某非法经营案（呈贡法院）

［**裁判要旨**］假冒注册商标罪，是指未经注册商标所有人许可，在同一种商品上使用与其注册商标相同的商标，情节严重的行为。违反国家规定，未经许可经营法律、行政法规规定的专营、专卖物品或者其他限制买卖的物品的，情节严重的，构成非法经营罪。被告人在未获得注册商标许可的商品种类上冒用注册商标的行为不构成假冒注册商标罪。

评选理由：该案是很容易将假冒注册商标罪和非法经营罪混淆的案件。审理亮点：承办法官在查明全案事实的基础上，将假冒注册商标罪与非法经营罪进行对比，分析了此罪与彼罪的差异，做出了准确的定性，充分阐释了行为构成非法经营罪的原因，论理层次清晰，论据分析透彻流畅，适用法律正确，符合立法宗旨和法律条文原义，充分体现了法官的理论功底和业务素质，值得首肯。

合议庭组成人员：

审判长：马兴东；代理审判员：邓丽君；人民陪审员：钱燕青

案例提供单位：云南省昆明市呈贡区人民法院

承办人：邓丽君；编写人：邓丽君

5. 陈某某危险驾驶案（东川法院）

［**裁判要旨**］被告人因犯罪被宣告缓刑，在上诉期内又犯新罪，是否应当撤销缓刑数罪并罚应遵从立法本意和举重以明轻的法律原则，参照适用《中华人民共和国刑法》第七十七条。

评选理由：本案涉及因犯罪被宣告缓刑，在上诉期内再次犯罪时如何适用法律的问题，具有一定的特殊性。审理亮点：现行法律虽未明确在上诉期内再次犯罪时应如何处理，但本案的裁判将理解适用法律、立足立法本意、遵从法律原则三者有机结合，紧密围绕案件事实，通过举重以明轻的方式对“缓刑考验期”的概念进行一定程度的扩大解释，将缓刑宣告后至生效前的时间解释进入缓刑考验期，参照《刑法》第七十七条的规定对被告人撤销缓刑数罪并罚，体现了承办法官较高的解释法律和适用法律的能力。

独任审判员：张静

案例提供单位：云南省昆明市东川区人民法院

承办人：张静；编写人：张静

（二）民商事案例共7篇（中院5篇，基层法院2篇）

1. 程某上诉中国农业银行股份有限公司昆明潘家湾支行储蓄存款合同纠纷案（中院民二庭）

［裁判要旨］持卡人银行卡被盗刷损失的赔偿责任认定应当从《中华人民共和国商业银行法》第六条“商业银行应当保障存款人的合法权益不受任何单位和个人的侵犯”的法益出发，根据证明责任分配的规则要求、证据距离当事人的远近、当事人对于其账户的控制支配能力及待证事实发生的盖然性，认定银行和持卡人是否存在过错，最后对持卡人账户资金不明支出的责任进行判定和划分。

评选理由：本案系因持卡人银行卡被盗刷后起诉银行要求就盗刷损失金额赔偿所引发的储蓄存款合同纠纷案件，基于银行卡交易纠纷类案件频发的现状，本案社会关注度高，社会影响力大。本案对今后审理此类案件时如何认定银行和持卡人的举证责任、认定各方的权利义务、银行是否就持卡人被盗刷的账户承担赔偿责任具有较强的指导意义。二审宣判后，各方当事人均服判息诉，实现了法律效果和社会效果的统一。

合议庭组成人员：

审判长：李能熊；审判员：方云红、古维贤

案例提供单位：云南省昆明市中级人民法院民事审判第二庭

承办人：古维贤；编写人：古维贤

2. 重庆市闰资投资有限公司诉云南中油华气天然气有限公司等合同纠纷案（中院民四庭）

［裁判要旨］由同一自然人担任各公司法定代表人或为公司实际控制人的关联公司，如果该自然人利用其对上述公司的控制权，无视公司独立人格，随意处置、混淆各个公司的财产或债权债务关系，造成关联公司人员、财产、经营场所、业务等方面交叉或混乱，严重损害债权人利益的，应当对关联公司的法人人格进行否定，关联公司应对外部债务承担连带责任。

评选理由：本案属于法人人格否认典型案例。关于法人人格否认，我国《公司法》第二十条做了规定，但该规定的适用范围比较狭窄，对于司法实践中关联公司利用法人人格独立造成人格混同并逃避债务严重损害债权人利益的情形未予以明确。本案例紧扣公司法人人格否认制度的理论的核心要件，在全面查清案件事实的基础上对案涉关联公司是否存在人格混同情形进行充分论证后，对《公司法》第二十条第三款进行扩张解释，有效保护了债权人的合法权益。本案的审理思路、证据运用、法律适用均在所属领域有所发展和创新，为类案形成了较为详尽的参照。

合议庭组成人员：

审判长：程青梅；审判员：起俊、陈锐

案例提供单位：云南省昆明市中级人民法院民事审判第四庭

承办人：程青梅；编写人：程青梅

3．李某诉黄某、云南天石建筑材料有限公司执行异议之诉案（中院民四庭）

［**裁判要旨**］由于执行程序需要贯彻已生效判决的执行力，在对执行异议是否成立的判断标准上，《最高人民法院关于人民法院办理执行异议和复议案件若干问题的规定》坚持较高的、外观化的判断标准。但如果当事人不服执行异议的处理结果，转而提起执行异议之诉后，人民法院在适用法律过程中，则不应再局限于上述规定，应根据《物权法》等法律确认执行标的权属并据此决定是否排除执行。

评选理由：本案系机动车等特殊动产物权确权的执行异议之诉中的经典案例。承办法官在《最高人民法院关于人民法院办理执行异议和复议案件若干问题的规定》第二十五条第一款第（二）项与《中华人民共和国物权法》第二十三条、第二十四条的司法实践中发生法律适用冲突时，准确区分执行异议与执行异议之诉中不同的法律程序、认定标准，正确适用《物权法》对特殊动产物权认定原则，较好地诠释了执行异议之诉制度作为实体性救济方式的法律意义，对确定车辆等特殊动产排除执行的法律依据和判断原则做出了有益的探索。

合议庭组成人员：

审判长：程青梅；审判员：起俊、张雪芳

法官助理：龚庆

案例提供单位：云南省昆明市中级人民法院民事审判第四庭

承办人：程青梅；编写人：田庄、龚庆

4. 昆明冠生园食品有限公司诉云南昆冠食品有限公司侵犯注册商标专用权、著作权及不正当竞争纠纷案（中院知产庭）

［**裁判要旨**］商标、企业名称或简称、知名商品的包装、装潢在商业活动中均有识别作用，但分别受不同的法律法规调整，由不同的行政机关管理，在取得条件、取得程序等方面均不相同。由于商业标识对积累和承载企业的商誉具有重要意义，因此商标权、企业名称权的设立、行使，商品包装、装潢的使用必须出于善意。当发生权利冲突时，一般应以尊重在先权利、维护公平竞争、禁止混淆为处理原则，同时要注意基于使用基础上的知名度动态保护。

评选理由：本案属知识产权典型案件。当事人的诉讼请求几乎涵盖了商业经营中可能涉及的全部商业标识，并涉及商标权、著作权的侵权判定，以及假冒行为、虚假宣传行为等不正当竞争行为的判定，法律事实和法律关系较多，审理难度较大。本案的审理从权利和行为两个基本点入手，阐明了处理案件的逻辑架构、分析路径，明确指出本案涉及的全部争议中权利和行为缺一不可，若当事人不具备权利，抑或利益范围小于其权利主张；被诉侵权人没有行为，抑或行为产生的外部性并未与当事人享有的权利内容产生重叠、冲突，则其诉请均缺乏基本的逻辑支点而不能成立。本案从保护商业成果、净化市场环境、培育企业品牌意识、维护消费者权利的高度，以制止混淆为核心，准确把握商业标志侵权行为的认定标准，正确界定商业标识的保护范围，使商业标识之间具有充分的可区别性，体现了承办法官扎实的法学理论功底和对商业标识保护精神的准确把握。

合议庭组成人员：

审判长：沈男；代理审判员：王立；人民陪审员：余小兵

案例提供单位：云南省昆明市中级人民法院知识产权审判庭

承办人：沈男；编写人：沈男

5. 云南盈鼎生物能源股份有限公司诉中国石化销售有限公司云南石油分公司、中国石化销售有限公司拒绝交易纠纷案（中院环资庭）

［**裁判要旨**］在买方滥用市场支配地位排除或限制竞争的垄断纠纷中，“相关市场”的界定应围绕受诉垄断行为从卖方（供给者）视角进行替代分析，即对卖方的产品能够在哪些市场上获得流通和销售，或是卖方的产品具备哪些现实或潜在的买家等因素进行经济分析，并据此划定引发竞争损害的行为所处“相关市场”的边界。

评选理由：本案系云南省首例反垄断案件，亦是我国石油系统拒绝交易第一案，同时还是国内少有的涉买方垄断案件，诉争问题在全国尚无先例，在法律适用方面存在巨大挑战。承办法官在案件审理过程中，准确把握《反垄断法》立法目的，运用经济学思维，从卖方（供给者）视角对买方垄断中“相关市场”的界定进行了较为准确的分析和阐述。该案件裁判体现了承办法官全面的专业知识、业务技能和较高的经济政策水平。该案审结后，立即受到社会各界的高度关注，社会影响巨大。该案对全省乃至全国同类垄断纠纷案件的审判起到示范作用、判例作用，具有深远意义。

合议庭组成人员：

审判长：杨越；审判员：韩晓岚、白昱

提供案例部门：云南省昆明市中级人民法院环境资源审判庭

承办人：杨越；编写人：杨越

6. 云南盛泰康业房地产股份有限公司与昆明易佳优力实业有限公司、第三人云南泰宇成工程有限公司、邱某某不当得利纠纷案（五华法院）

［**裁判要旨**］不当得利案件审理的重点难点为举证责任，应重点审查被告主张存在的法律关系是否成立并生效，获利是否违反法律规定及当事人约定。证据交换结束后提交的反驳证据作为定案依据的条件：属于“新证据”；在开庭前向法院申请重新确认举证期限。

评选理由：本案属不当得利典型案件。不当得利案件审理的难点在于举证责任分配。本案审理亮点有二：一是对于当事人在证据交换结束后提交的反驳证据要作为定案依据使用必须符合的条件予以明确；二是明确了不当得利案件中原、被告双方举证责任的分配原则。本案对不当得利案件的审理思路、证据运用、法律适用等具有指导意义。

合议庭组成人员：

审判长：张雪梅；审判员：张赟；人民陪审员：成绍清

案例提供单位：云南省昆明市五华区人民法院

承办人：张雪梅；编写人：张雪梅、朱娟

7. 李某芬等与某某县人民医院医疗损害责任纠纷案（嵩明法院）

［裁判要旨］按照规定填写并妥善保管病历属于医疗机构及其医务人员的法定义务，由于医疗机构及其医务人员封存的病历不完整，导致鉴定人员无法对医疗机构及其医务人员在为患者提供医疗服务的过程中是否存在过错，以及过错与患者死亡的损害后果之间是否存在因果关系和参与度进行鉴定，即医疗机构及其医务人员对患者的诊疗行为违反了法律的规定及诊疗规范，则可以推定医疗机构及其医务人员对患者的诊疗有过错。

评选理由：本案属典型的医疗损害责任纠纷案件。现实中因患者在就诊过程中死亡引发的纠纷频发，本案涉及病历缺失情形下医疗机构过错如何认定的问题。本案对我国《侵权责任法》《医疗事故处理条例》的准确理解、适用，符合立法原则和法律精神，较好地化解了医患纠纷，维护了社会稳定。

合议庭组成人员：

审判长：李绍录，人民陪审员：杨聪明、杨学明

案例提供单位：云南省昆明市嵩明县人民法院

承办人：李绍录；编写人：李绍录

（三）行政案例1篇（中院1篇）

昆明市人力资源和社会保障局及昆明市人民政府因劳动和社会保障行政确认及行政复议上诉案（中院行政庭）

［裁判要旨］《工伤保险条例》第十四条第（五）项规定的应认定为工伤情形中的“因工外出”，是指职工因工作上的需要外出，目的是为完成工作或为完成工作做准备。在因工作原因外出完成工作的同时顺便完成个人事务，并不影响“因工外出”的正当性。

评选理由：本案系工伤保险行政案件。本案对“因工外出”的特殊情形进行了分析和认定，对“因工外出”的理解作出了符合《工伤保险条例》立法本意和宗旨的扩展，明确指出职工的工作任务不能仅局限于其工作岗位的本职工作，还应包含单位安排布置的临时性工作任务，也包含相应的准备工作。“因工外出”重在审查职工外出的原因及目的，因工作上的需要，包括为完成工作的准备工作，都应当视为“因工”需要；在因工作原因外出完成工作的同时顺便完成个人事务，并不影响“因工外出”的正当性。本案对《工伤保险条例》第十四条第（五）项规定的理解与适用有了进一步的发展，值得肯定。

合议庭组成人员：

审判长：张锐；审判员：马勇、颜瑶瑶

案例提供单位：云南省昆明市中级人民法院行政庭

承办人：张锐；编写人：张锐

（四）执行案例1篇（中院1篇）

广州荔新投资有限公司执行异议案（中院研究室）

［**裁判要旨**］一是利害关系人依据《民事诉讼法》第二百二十五条对人民法院2008年4月1日前作出的执行行为认为违法，提出执行异议的人民法院不应受理；二是根据1991年《民事诉讼法》作出的终结执行裁定，当事人、利害关系人申请恢复执行的，应当受执行时效的约束；三是在执行过程中不良资产受让人在向人民法院提交承受权利的证明文件的情况下，可以向人民法院申请变更申请执行人。

评选理由：本案以执行异议救济应由2008年4月1日施行开始从而不溯及既往为基点，围绕当事人、利害关系人权利的保护、恢复执行的时效及执行程序中变更申请主体的审查提出了明确的法律适用意见。本案的审理思路、法律适用对规范执行异议案件的处理具有一定的指导意义。

合议庭组成人员：

审判长：谢海玲；审判员：李彩云；人民陪审员：吴素萍

案例提供单位：云南省昆明市中级人民法院研究室

承办人：谢海玲；编写人：谢海玲

三、14篇精品案例的主要特点及亮点

2018年评选出来的精品案例主要体现了以下特点：一是新类型案件较多，审理专业性强，适用法律难度较大，对新类型案件的审理具有较大的作用；二是涉及热点难点问题多，对于促进同类案件认识的统一有积极影响；三是具有一定的指导性，案件审理所确定的审判原则对于同类案件在办案指导思想、审判思路、责任认定、法律适用、两个效果的有机结合等方面具有较大的参考和指导作用；四是在法律适用方面，对相关立法原则、法律精神和法学理论、法律规定及司法解释的理解把握准确到位，并进行了正确适用，对规范案件所属领域的法律关系具有积极作用，不少案件都体现出承办法官及合议庭把握案件处理的较强的司法能力。

各位朋友，案件质量是审判工作永恒的主题。17年来昆明中院始终坚持组织开展精品案例评选活动，在各方面的大力支持下，在全市两级法院的积极参与下，先后评选出16批共219件精品案例，对统一裁判尺度、提高审判水平、增强司法公信力、普及法治宣传教育都起到了积极的作用，得到了人大代表、政协委员、上级法院的充分肯定和社会各界的一致好评。

今后，昆明中院将一如既往地将精品案例评选活动坚持和传承下去，进一步发挥精品案例在审判中的指导作用和精品效应，使之真正成为昆明法院增强法官审判能力、规范审判工作、指导审判实践、提高审判质量的一项长效机制。

谢谢大家！

代某某等聚众斗殴案

［**裁判要旨**］“持械聚众斗殴”作为聚众斗殴罪加重处罚的法定情节，在罪刑法定原则下，对于“持械”的解释要紧紧围绕着文义进行，紧扣其“足以致人伤亡”的本质，并结合个案，从是否有预谋、在斗殴过程中的使用情况、造成的后果三方面来综合认定。

［案 情］

2016年4月28日22时30分许，被告人蔡某某、刘某某等人与被告人罗甲、代某某、简某、汪某甲、赖某某在昆明市西山区车家壁村“麦克”KTV唱歌时因琐事发生纠纷。被告人刘某某遂邀约人员携带钢管，并亲自开车将邀约人员带至现场。被告人代某某等人闻讯后，代某某率先手持啤酒瓶从KTV包房出来，被告人代某某一方得知刘某某、蔡某某等人堵在KTV门口，代某某、罗甲、汪某甲等人持啤酒瓶、拖把棍一同来到KTV门口。双方对峙时，被告人赵某某用钢管连续击打汪某甲、代某某，随后被告人罗甲、赖某某、简某、代某某对被告人赵某某拳打脚踢，被告人汪某甲抢过被告人蔡某某所持钢管，击打被告人蔡某某的腿部。后民警赶到现场将被告人蔡某某、汪某乙、赵某某、罗甲、代某某、简某、汪某甲等人带回派出所进行调查。被告人刘某某、赖某某后经民警通知到派出所接受调查，并如实供述了犯罪事实。经鉴定，斗殴造成被告人蔡某某、赵某某、代某某、汪某甲四人轻微伤。案发后，斗殴双方达成了刑事谅解协议书，并相互进行了谅解。

[审　判]

一审法院认为，本案中，被告人刘某某纠集人员、准备钢管，并开车将参与斗殴人员送至现场，是聚众斗殴的组织者，系首要分子；被告人赵某某在斗殴中持械伤人，系积极参加者。被告人代某某持啤酒瓶率先冲出包房，并殴打被告人赵某某，系首要分子；被告人罗甲、简某、汪某甲、赖某某殴打被告人蔡某某、赵某某，系积极参加者。以上被告人的行为符合聚众斗殴罪的构成要件，构成聚众斗殴罪。被告人刘某某、赖某某经公安机关电话通知后到案接受调查，如实供述自己的罪行，系自首，可从轻处罚；被告人蔡某某、汪某乙、赵某某、罗甲、代某某、简某、汪某甲到案后能够如实供述自己的罪行，系坦白，可从轻处罚。被告人蔡某某、刘某某、汪某乙、赵某某系共同犯罪，其中被告人刘某某在共同犯罪中起主要作用，系主犯；被告人蔡某某、汪某乙、赵某某在共同犯罪中起次要作用，系从犯，依法应当减轻处罚。被告人罗甲、代某某、简某、汪某甲、赖某某系共同犯罪，其中被告人代某某在共同犯罪中起主要作用，系主犯；被告人罗甲、简某、汪某甲、赖某某在共同犯罪中起次要作用，系从犯，依法应当减轻处罚。就公诉机关提出的被告人刘某某一方为持械聚众斗殴，被告人代某某一方不应认定为持械聚众斗殴的公诉意见，经查，被告人刘某某一方，为聚众斗殴准备钢管，在斗殴过程中被告人赵某某使用钢管对被告人汪某甲、代某某进行殴打，且为共同犯罪，故对被告人刘某某一方应认定为持械聚众斗殴。而被告人代某某一方，在得知被告人刘某某一方人员到达 KTV 门口后即手持酒瓶、拖把棍冲出，并在斗殴过程中使用了啤酒瓶和拖把棍，故应认定为持械聚众斗殴。因双方已达成刑事谅解协议，对各被告人酌情从轻处罚。辩护人所提被告人刘某某并无聚众斗殴的主观故意，客观上没有参与打斗的辩护意见，经查，被告人刘某某邀约人员携带钢管，并开车带人到 KTV 门口，其虽未动手，但作为组织者，仍应承担相应责任，不予采纳该辩护意见。就辩护人所提被告人代某某不是首要分子，不是积极参加者，为一般参与者，系从犯的辩护意见，经查，被告人代某某一方在知晓对方的人来到后，代某某率先持酒瓶冲出，而罗甲等人则手持酒瓶和拖把棍随后出去，据代某某供述，其是几个人中年龄最大的，罗甲等人看到其做什么都会跟着，因此系被告人代某某率领其他被告人在实施犯罪的过程中相互配合与对方发生互殴，故被告人代某某系聚众斗殴的组织者，即首要分子，在共同犯罪中应认定为主犯，故不予采纳该辩护意见。就辩护人所提被告人汪某甲具有自首情节的辩护意见，其系在现场即被公安机关抓获，因其受伤经公安机关批准前往治疗后自行返回接受处理，其非自动投案，故不予采纳该辩护意见。根据九被告人的犯罪情节、认罪态度及过错对九被告人作出罪责刑相一致的判决。据此，依照《中华人民共和国刑法》第二百九十二条、第二十五条第一款、第二十六条、第二十七条、第六十七条、第六十四条、第四十五条、第四十七条、第七十二条第一款及第七十三条第二、三款之规定，以犯聚众斗殴罪，分别判处：被告人刘某某、代某某有期徒刑三年；被告人蔡某某、汪某乙、赵某某有期徒刑一年零六个月；被告人罗甲、简某、汪某甲有期徒刑一年；被告人赖某某有期徒刑一年，缓刑二年。

一审宣判后，昆明市西山区人民检察院提出抗诉，被告人代某某、简某、刘某某、赵某某、汪某甲提出上诉。

昆明市西山区人民检察院认为：昆明市西山区人民法院判决认定被告人代某某为首要分子，证据不足，代某某先出去是理论，没有动手，不能认定为率领同伴斗殴，不应认定其为首要分子、主犯。无相应证据证实代某某持“械”殴打对方，认定被告人代某某持啤酒瓶斗殴的证据不充分，定性为持械聚众斗殴有误，量刑过重。出庭支持抗诉的昆明市人民检察院检察员认为：一审判决认定被告人代某某属于聚众斗殴的首要分子事实不清、证据不足。无证据证实代某某有邀约、组织、策划、指挥的行为，不应认定为首要分子。认定被告人代某某一方属于持械聚众斗殴有误。其一方所持酒瓶、拖把棍属随手选取的生活用品，仅造成轻微伤的致伤后果，且是否使用酒瓶、拖把棍存疑，不应认定为持械聚众斗殴。支持昆明市西山区人民检察院的抗诉意见，请二审依法纠正。

上诉人代某某辩解称：其不是该起聚众斗殴的首要分子、主犯，其一方不应认定为持械聚众斗殴。请求从轻处罚。其辩护人提出如下辩护意见：1. 代某某不是聚众斗殴的首要分子、主犯，其未在犯罪中起主要作用，其从包房出来是劝架；2. 代某某一方不应认定为持械聚众斗殴，其一方使用的酒瓶、拖把棍系就地取材的生活用品，且无证据印证其一方使用过，请求二审法院对代某某从轻处罚。

上诉人简某辩解称：不应认定其为持械聚众斗殴；其当庭认罪，态度较好，请求从轻处罚。其辩护人提出如下辩护意见：1. 无证据证明简某持有拖把棍棒参与斗殴；2. 其不具有持械斗殴的故意，各被告已达成刑事谅解，请求撤销一审判决，从轻、减轻处罚。

上诉人刘某某辩解称：本案因民事纠纷引发，犯罪情节轻微；其有自首情节；其无聚众斗殴的故意，在现场是劝阻，没有参与打斗，其非现场打斗的主导者；本案的起因、矛盾激化过错不在刘某某一方，请求对其适用缓刑或减轻处罚。其辩护人发表辩护意见如下：1. 刘某某不应认定为首要分子；2. 刘某某一方不应认定为持械聚众斗殴；3. 原审判决对刘某某量刑过重，其具有自首情节，且无参与斗殴的故意，也无参与斗殴的行为，请求对其适用缓刑。

上诉人赵某某辩解称：其拿钢管不是去打架，拿着去是防止被打，自己也是被害人，原判量刑过重，请求对其从轻处罚。

上诉人汪某甲辩解称：其有自首情节、认罪态度好，过错在对方，双方已达成谅解，一审量刑过重，请求对其从轻处罚。

二审法院认为：原审判决认定各被告人犯聚众斗殴罪的事实清楚，证据确实充分，审判程序合法。针对昆明市人民检察院检察员的意见，二审法院认为，刑法中的首要分子是指在犯罪集团或是聚众犯罪中起组织、策划、指挥作用的犯罪分子。现有证据证实，在得知被告人刘某某一方堵在门外后，代某某一方仅有被告人代某某供述称“我跟他们说，大家一起出去看一下”，并无其他人指认代某某有邀约或是组织大家出去的行为，代某某一方其他被告人均供述称大家是一起出去的，因而代某某无组织行为。在打斗过程中，其一方人员也是各自为战，代某某并无指挥和策划的行为。综上，无证据证实代某某为首要分子，代某某也未在共同犯罪中起到主要作用。故抗诉机关所提“代某某不属于聚众斗殴的首要分子”的抗诉意见以及代某某辩护人所提“代某某不是聚众斗殴的首要分子、主犯”的辩护意见成立，二审法院予以采纳。

关于代某某一方是否构成“持械”聚众斗殴。二审法院认为，“持械”是聚众斗殴罪法定刑升级的情节之一，普通的工具不能成为聚众斗殴中的“械”，而必须是足以致人伤亡的器械。从是否为斗殴准备工具上看，本案中，代某某一方在唱歌过程中，听闻对方堵在门口，就地取材，顺手选取啤酒瓶、拖把棍作为工具，主观上没有使用“械”的预谋。从现实使用情况来看，现有证据证实，代某某、赖某某、简某、汪某甲称出去时拿了啤酒瓶，但并未使用。代某某一方除汪某甲说用过钢管外，其余全部称己方未使用任何工具，KTV 工作人员则说双方是拳打脚踢，未见使用工具。从斗殴结果来看，代某某、赵某某、汪某甲、蔡某某鉴定为轻微伤，且均系拳脚所伤，危害后果相对较轻。综合以上三点，不宜认定代某某一方为“持械”聚众斗殴。故一审判决认定代某某为聚众斗殴首要分子、代某某一方构成持械聚众斗殴确有不当，二审法院依法予以纠正。检察机关的抗诉理由成立，代某某、简某辩护人所提“代某某一方不应认定为持械聚众斗殴”的辩护意见成立，二审法院予以采纳。

对上诉人刘某某及其辩护人所提意见，经查，本案案发于公共场所，属持械斗殴并致四人轻微伤，具有一定社会危害性。故对其“犯罪情节轻微”的意见不予采纳。对其构成自首的辩护意见二审法院予以采纳。上诉人刘某某虽未参与斗殴，但其具有组织行为，其在案发当晚邀约人员准备钢管来帮忙，其后又开车将邀约人员送达现场，作为本次聚众斗殴的组织者，应当承担相应责任，故对其“无聚众斗殴的故意、不应认定为首要分子”的辩护意见不予采纳。本次冲突缘于邓某拍打刘某某车辆引发口角，事态一度平息，后刘某某邀约人员赶至现场，进而引发双方冲突，导致本案发生，故认为双方均有过错，故对刘某某认为“过错不在其一方”的意见不予采纳。刘某某在电话中告知邀约人员携带钢管，且其一方中的赵某某使用钢管击打对方，造成二人受伤，故辩护人认为“不应认定其一方为持械聚众斗殴”的辩护意见与查明事实不一致，二审法院不予采纳。鉴于上诉人刘某某未参与现场斗殴，二审法院综合考虑本案刘某某一方在犯罪中的行为表现及情节、刘某某认罪悔罪态度等因素决定对其减轻处罚。

对上诉人赵某某所提上诉意见，经查，上诉人赵某某在自己未受攻击时持钢管连续击打汪某甲、代某某，致其二人轻微伤，其行为直接导致冲突升级，故查明事实与其上诉意见相左，二审法院不予采纳。上诉人赵某某在此次斗殴中的莽撞和冲动，直接导致冲突升级，依据其在本次聚众斗殴中的行为，原审量刑适当，二审法院对原判予以维持。

对上诉人汪某甲所提的上诉意见，经查，上诉人汪某甲系被民警当场抓获，并对其人身自由进行了限制，因其受伤需要治疗，经公安机关同意才得以离开前往治疗，故认为其不构成自首。上诉人汪某甲在对方先动手的情况下，反应强烈，表现积极，根据其行为及情节，认为原审量刑适当，二审法院对原判予以维持。

对上诉人简某及其辩护人所提的意见，与本案查明的事实一致，二审法院予以采纳。

上诉人代某某、罗甲、汪某甲、简某参与了对赵某某的围殴，对一旁劝架的人不时呵斥、殴打，其手持拖把棍以壮声势，故应承担其相应刑事责任。代某某一方构成共同犯罪，但不宜区分主从，二审法院根据代某某一方各原审被告人的犯罪情节及表现，认为一审法院除对代某某量刑过重外，对其余原审被告人量刑适当，故予以维持。

综上，根据检察机关所提抗诉意见及其理由并结合本案事实及法律规定，抗诉意见于法有据，应予支持，故二审法院依法予以改判。据此，依照《中华人民共和国刑事诉讼法》第二百二十五条第一款（三）项，《中华人民共和国刑法》第二百九十二条、第二十五条第一款、第二十六条、第二十七条、第六十七条、第四十七条、第七十二条第一款及第七十三条第二、三款之规定，判决如下：

一、维持昆明市西山区人民法院（2016）云 0122 刑初 868 号判决第一、三、四、五、七、八、九、十项判决，即“一、被告人蔡某某犯聚众斗殴罪，判处有期徒刑一年零六个月；三、被告人汪某乙犯聚众斗殴罪，判处有期徒刑一年零六个月；四、被告人赵某某犯聚众斗殴罪，判处有期徒刑一年零六个月；五、被告人罗甲犯聚众斗殴罪，判处有期徒刑一年；七、被告人简某犯聚众斗殴罪，判处有期徒刑一年；八、被告人汪某甲犯聚众斗殴罪，判处有期徒刑一年；九、被告人赖某某犯聚众斗殴罪，判处有期徒刑一年，缓刑二年；十、没收作案工具钢管五根并依法处理”。

二、撤销昆明市西山区人民法院（2016）云0122刑初868号判决第二、六项判决，即“二、被告人刘某某犯聚众斗殴罪，判处有期徒刑三年；六、被告人代某某犯聚众斗殴罪，判处有期徒刑三年”。

三、被告人刘某某犯聚众斗殴罪，判处有期徒刑二年。

四、被告人代某某犯聚众斗殴罪，判处有期徒刑一年零六个月。

[评　析]

刑法解释是《刑法》的灵魂，要求法官不断往返于“文本”与“事实”之间进行交流沟通，一种不断交替于“文本”与“事实”之间进行涵摄推理，一种不断穿梭于“文本”与“事实”之间的一一对应，这贯穿于法官进行刑法适用的始终，极大地考验着法官的智慧。在现代刑事法治的视域下，在审判实践中如何正确解释法条文本的内涵，特别是正确理解、适用加重处罚的法定情节，决定了判决结果的正确性，也直接影响到裁判的公正性。

“持械”是《刑法》第二百九十二条规定的聚众斗殴罪中加重处罚的法定情节，对它的不同解释决定了加重刑罚的正确与否。因各地无统一的认定标准，无论是理论上还是实践中，对“持械”的理解也存在分歧，如何认定“持械”一直是司法审判的难点，这就要求法官在个案审判中发挥法律智慧，在罪刑法定原则下结合个案的证据，用好刑法解释方法，正确解释“持械”的含义，不能盲目超越刑法的文本作出扩张的类推解释。

本案中，被告人代某某一方是否应认定为“持械聚众斗殴”是二审审理中的一个焦点、难点问题。一审法院认为代某某一方在打斗中有人手持啤酒瓶、拖把棍击打过对方属于“持械聚众斗殴”，而检察院抗诉意见及被告人代某某一方的上诉意见均认为一审判决认定被告人代某某一方属于“持械聚众斗殴”有误，所持酒瓶、拖把棍属随手就地取材的生活用品，并且是否使用酒瓶、拖把棍存疑，不应认定为持械聚众斗殴。

要准确判断是否属于“持械聚众斗殴”，关键是要厘清“械”的内涵。对于何为“械”，《刑法》及司法解释中没有明确的规定。目前，无论是理论界还是实务界都存在着不同的理解，主流观点有以下两种：

一种观点认为，“械”主要指凶器，包括各种管制的刀具、棍棒、枪支等法律法规禁止个人携带的器械。这种观点主要依据为《最高人民法院关于审理抢劫、抢夺刑事案件适用法律若干问题的意见》的规定：“携带凶器抢夺”是指行为人随身携带枪支、爆炸物、管制刀具等国家、禁止个人携带的器械进行抢夺或者为了实施犯罪而携带的其他器械进行抢夺的行为。

另一种观点认为，“械”是指性质上或用法上足以致人伤亡的器械，认定某种器械是否是刑法上的“械”应当综合考虑其杀伤机能、供人使用的盖然性及社会一般观念所认识到的该器械对生命、身体的危险性程度。这种观点主要依据为江苏省高级人民法院、江苏省人民检察院、江苏省公安厅联合发布的《关于办理聚众斗殴案件适用法律若干问题的意见》中指出：“械”是指各种枪支、治安管制器具、棍棒等足以致人伤亡的工具。但该意见又同时强调对于持砖块等一般工具进行斗殴的，要结合所持一般工具在斗殴中的使用情况及造成的后果等情节，认定是否为“械”。上海市高级人民法院《关于办理聚众斗殴犯罪案件的若干意见》中则规定：“械”是各种枪支、刀具、棍棒、砖块等足以致人伤亡的工具。

第一种观点中比照“两抢”案件中对“凶器”的规定，仅将“械”解释为“凶器”，这就过度地限缩了“械”的范围，无法正确评价持非管制类器械进行斗殴的行为。第二种观点从“械”的“足以致人伤亡”这一本质特征出发，同时兼顾了其属于器械的物理属性，排除了其他诸如“领带”“笔尖”等形态的“可能致人伤亡”的普通生活物品，具有合理性。

既然《刑法》中将“持械”作为聚众斗殴罪法定刑升级的情节之一，这一设计即表明，要成为聚众斗殴中的“械”不可能是普通的器械，应当是要达到足以致人伤亡的标准。在个案处理中，如何来评判持“械”是否达到足以致人伤亡，可以从“是否有准备、有预谋”“在斗殴过程中的使用情况”“造成的后果”三方面来综合认定。具体到本案，二审法院在评判时根据本案现有证据考虑了如下因素：

（1）是否有准备、有预谋，即主观上是否有使用“持械”的预谋。本案中，刘某某一方事先携带钢管等物品到达斗殴现场，有准备、有预谋，而反观代某某一方欲使用的啤酒瓶、拖把棍等物品，均是在 KTV 唱歌的过程中得知对方要来打己方，临时就地取材，找了上述物品欲作为工具，因而没有准备、没有预谋。

（2）在斗殴中的使用情况，即客观上是否有“持械”的行为。根据现有证据可以查实，在聚众斗殴的过程中，刘某某一方用所持钢管对代某某一方实施了殴打行为，而无确实、充分的证据证实代某某一方使用过啤酒瓶、拖把棍殴打过对方。

（3）造成的后果：代某某一方有代某某、汪某甲受伤，刘某某一方有赵某某、蔡某某受伤，经鉴定四人为轻微伤，且均系拳脚所致，危害后果也相对较轻。

故二审法院认为，基于现有证据，本案中拖把棍等工具，是代某某一方临时就地取材的生活用品，不宜认定为“械”，代某某一方是否在斗殴中使用过该物品存疑，且结合斗殴行为实际产生的后果，不宜认定为“持械”聚众斗殴，不应对其一方加重处罚。

聚众斗殴罪侵害的法益是公共秩序，对于没有参与斗殴的社会公众来讲，对其主要的不利影响是恐慌，而不是伤害。因此，持械聚众斗殴中持的“械”必须是在正常情况下看来能够明显造成他人死伤，能够造成公众的紧张、不安甚至恐惧的器械，持有就地取材的普通的能够造成他人轻微伤害的“拖把棍”等生活工具进行斗殴，不足以造成公众的恐慌，将其认定为“持械”不符合公众认识，违反了公众可预测性，也违背了罪刑法定的原则，人为地加重了对被告人的处罚。因此，在个案的审判实践中，对“持械”的解释应当要紧紧围绕着文义进行，紧扣其“足以致人伤亡”的本质，并结合证据，从是否有预谋、在斗殴过程中的使用情况、造成的后果三方面来进行综合认定，以确保法律适用的正确性，维护司法的公信力。

[评选理由]

本案对何谓“持械聚众斗殴”进行了详细阐释，在罪刑法定的边界内，按照文义解释，厘清了“械”的范畴，明确了“持械”的内涵。二审法院将“械”解释为能达到足以致人伤亡的非普通器械，避免了将就地取材的普通生活工具纳入“械”的范畴导致不当的扩大解释。认定事实客观公正，是非辨析分明，分析论证充分有力，体现了定纷止争的审判思维。本案在刑法解释论的运用上具有一定的指导价值。

一审裁判文书：云南省昆明市西山区人民法院（2016）云0122刑初868号

二审裁判文书：云南省昆明市中级人民法院（2017）云01刑终98号

二审合议庭组成人员：

审判长：阮文波；审判员：朱铮、刘华

案例提供单位：云南省昆明市中级人民法院刑事审判第一庭

承办人：阮文波；编写人：周舒

附：

云南省昆明市中级人民法院
刑 事 判 决 书

（2017）云 01 刑终 98 号

抗诉机关昆明市西山区人民检察院。

上诉人（原审被告人）代某某，男，1985 年 1 月 13 日生，汉族，高中文化，四川省安岳县人，住四川省资阳市安岳县。2016 年 4 月 29 日因本案被刑事拘留，同年 6 月 3 日被逮捕，现羁押于昆明市西山区看守所。

辩护人罗乙、代甲，北京大成（昆明）律师事务所律师。

上诉人（原审被告人）简某，男，1989 年 1 月 24 日生，汉族，初中文化，四川省遂宁市人，住四川省遂宁市安居区。2016 年 4 月 29 日因本案被刑事拘留，同年 6 月 3 日被逮捕，羁押于昆明市西山区看守所。因一审判决刑期届满，2017 年 4 月 28 日经昆明市中级人民法院决定，被取保候审。

辩护人王某甲，北京大成（昆明）律师事务所律师。

上诉人（原审被告人）汪某甲，男，1989 年 1 月 5 日生，汉族，初中文化，四川省安岳县人，住四川省资阳市安岳县。2016 年 4 月 29 日因本案被刑事拘留，同年 6 月 3 日被逮捕，羁押于昆明市西山区看守所。因一审判决刑期届满，2017 年 4 月 28 日经昆明市中级人民法院决定，被取保候审。

上诉人（原审被告人）刘某某，男，1982 年 9 月 3 日生，汉族，小学文化，云南省会泽县人，住云南省曲靖市会泽县。2016 年 4 月 29 日因本案被刑事拘留，同年 6 月 3 日被逮捕，现羁押于昆明市西山区看守所。

辩护人王某乙，北京盈科（昆明）律师事务所律师。

上诉人（原审被告人）赵某某，男，1986 年 3 月 10 日生，汉族，小学文化，云南省会泽县人，住云南省曲靖市会泽县。2016 年 4 月 29 日因本案被刑事拘留，同年6月3日被逮捕，现羁押于昆明市西山区看守所。

原审被告人蔡某某，男，1983年10月25日生，汉族，初中文化，云南省会泽县人，住云南省曲靖市会泽县。2016年4月29日因本案被刑事拘留，同年6月3日被逮捕，现羁押于昆明市西山区看守所。

原审被告人汪某乙，男，1984年8月6日生，汉族，初中文化，云南省大关县人，住云南省昆明市寻甸县。2016年4月29日因本案被刑事拘留，同年6月3日被逮捕，现羁押于昆明市西山区看守所。

原审被告人罗甲，男，1989年6月16日生，汉族，大学文化，四川省安岳县人，住四川省资阳市安岳县。2016年4月29日因本案被刑事拘留，同年6月3日被逮捕，羁押于昆明市西山区看守所。因一审判决刑期届满，2017年4月28日经昆明市中级人民法院决定，被取保候审。

原审被告人赖某某，男，1991年10月6日出生，汉族，高中文化，四川省荣县人，家住四川省荣县。2016年5月26日因本案被刑事拘留，同年7月1日被取保候审。

昆明市西山区人民法院审理昆明市西山区人民检察院指控被告人蔡某某、刘某某、汪某乙、赵某某、罗甲、代某某、简某、汪某甲、赖某某犯聚众斗殴罪一案，于2016年12月19日作出（2016）云0112刑初868号刑事判决。宣判后，昆明市西山区人民检察院提出抗诉，原审被告人代某某、刘某某、简某、汪某甲、赵某某不服，提出上诉。本院受理后，依法组成合议庭，公开开庭审理了本案，昆明市人民检察院指派检察员李昀臻出庭履行职务，本案原审被告人刘某某、代某某、简某及其辩护人、原审被告人蔡某某、罗甲、赵某某、汪某乙、汪某甲、赖某某到庭参加了诉讼。现已审理终结。

原审判决认定：2016年4月28日晚22时30分许，被告人蔡某某、刘某某等人与被告人罗甲、代某某、简某、汪某甲、赖某某在昆明市西山区车家壁村麦克KTV唱歌时因琐事发生纠纷。被告人刘某某遂邀约人员携带钢管，并亲自开车将邀约人员带至现场。被告人代某某等人闻讯后，代某某率先手持啤酒瓶从KTV包房出来，被告人罗甲、汪某甲、简某等人持啤酒瓶、拖把棍随后出来。双方对峙时，被告人赵某某用钢管连续击打被告人汪某甲、代某某致其二人轻微伤，随后被告人罗甲、赖某某、简某、代某某围殴被告人赵某某。被告人汪某甲抢过被告人蔡某某所持钢管，击打被告人蔡某某的腿部。后民警赶到现场将被告人蔡某某、汪某乙、赵某某、罗甲、代某某、简某、汪某甲等人带回派出所进行调查。被告人刘某某、赖某某后经民警通知到派出所接受调查，并如实供述了犯罪事实。斗殴造成被告人蔡某某、赵某某、代某某、汪某甲四人轻微伤。案发后，斗殴双方达成了刑事谅解协议书，并相互进行了谅解。

原判认为：本案中，被告人刘某某纠集人员、准备钢管，并开车将参与斗殴人员送至现场，是聚众斗殴的组织者，系首要分子；被告人赵某某在斗殴中持械伤人，系积极参加者。被告人代某某持啤酒瓶率先冲出包房，并殴打被告人赵某某，系首要分子；被告人罗甲、简某、汪某甲、赖某某殴打被告人蔡某某、赵某某，系积极参加者。以上被告人的行为符合聚众斗殴罪的构成要件，构成聚众斗殴罪。被告人刘某某、赖某某经公安机关电话通知后到案接受调查，如实供述自己的罪行，系自首，可从轻处罚。被告人蔡某某、汪某乙、赵某某、罗甲、代某某、简某、汪某甲到案后能够如实供述自己的罪行，系坦白，可从轻处罚。被告人蔡某某、刘某某、汪某乙、赵某某系共同犯罪，其中被告人刘某某在共同犯罪中起主要作用，系主犯；被告人蔡某某、汪某乙、赵某某在共同犯罪中起次要作用，系从犯，依法应当减轻处罚。被告人罗甲、代某某、简某、汪某甲、赖某某系共同犯罪，其中被告人代某某在共同犯罪中起主要作用，系主犯；被告人罗甲、简某、汪某甲、赖某某在共同犯罪中起次要作用，系从犯，依法应当减轻处罚。就公诉机关提出的被告人刘某某一方为持械聚众斗殴，被告人代某某一方不应认定为持械聚众斗殴的公诉意见，经查，被告人刘某某一方，为聚众斗殴准备钢管，在斗殴过程中被告人赵某某使用钢管对被告人汪某甲、代某某进行殴打，且为共同犯罪，故对被告人刘某某一方应认定为持械聚众斗殴，而被告人代某某一方，得知被告人刘某某一方人员到达 KTV 门口后即手持酒瓶、拖把棍冲出，并在斗殴过程中使用了啤酒瓶和拖把棍，故应认定为持械聚众斗殴。因双方已达成刑事谅解协议，对各被告人酌情从轻处罚。辩护人所提被告人刘某某并无聚众斗殴的主观故意，客观上没有参与打斗的辩护意见，经查，被告人刘某某邀约人员携带钢管，并开车带人到KTV门口，其虽未动手，但作为组织者，仍应承担相应责任，不予采纳该辩护意见。就辩护人所提被告人代某某不是首要分子，不是积极参加者，为一般参与者，系从犯的辩护意见，经查，被告人代某某一方在知晓对方的人来到后，代某某率先持酒瓶冲出，而罗甲等人则手持酒瓶和拖把棍随后出去，据代某某供述，其是几个人中年龄最大的，罗甲等人看到其做什么都会跟着，因此系被告人代某某率领其他被告人，在实施犯罪的过程中相互配合与对方发生互殴。故被告人代某某系聚众斗殴的组织者，即首要分子，在共同犯罪中应认定为主犯，故不予采纳该辩护意见。就辩护人所提被告人汪某甲具有自首情节的辩护意见，其系在现场即被公安机关抓获，因其受伤经公安机关批准前往治疗后自行返回接受处理，其非自动投案，故不予采纳该辩护意见。根据九被告人的犯罪情节、认罪态度及过错对九被告人作出罪责刑相一致的判决。据此，原审法院依照《中华人民共和国刑法》第二百九十二条、第二十五条第一款、第二十六条、第二十七条、第六十七条、第六十四条、第四十五条、第四十七条、第七十二条第一款及第七十三条第二、三款之规定，以犯聚众斗殴罪，分别判处：被告人刘某某、代某某有期徒刑三年；被告人蔡某某、汪某乙、赵某某有期徒刑一年零六个月；被告人罗甲、简某、汪某甲有期徒刑一年；被告人赖某某有期徒刑一年，缓刑二年。

宣判后，昆明市西山区人民检察院抗诉认为：昆明市西山区人民法院判决认定被告人代某某为首要分子，证据不足，代某某先出去是理论，没有动手，不能认定为率领同伴斗殴，不应认定其为首要分子、主犯。无相应证据证实代某某持“械”殴打对方，认定被告人代某某持啤酒瓶斗殴的证据不充分，定性为持械聚众斗殴有误，量刑过重。

出庭支持抗诉的昆明市检察院检察员认为：一审判决认定被告人代某某属于聚众斗殴的首要分子事实不清、证据不足。无证据证实代某某有邀约、组织、策划、指挥的行为，不应认定为首要分子。认定被告人代某某一方属于持械聚众斗殴有误。其一方所持酒瓶、拖把棍属随手选取的生活用品，仅造成轻微伤的致伤后果，且是否使用酒瓶、拖把棍存疑，不应认定为持械聚众斗殴。支持昆明市西山区人民检察院的抗诉意见，请二审依法纠正。

上诉人代某某辩解称：其不是该起聚众斗殴的首要分子、主犯，其一方不应认定为持械聚众斗殴。请求从轻处罚。其辩护人提出如下辩护意见：1. 代某某不是聚众斗殴的首要分子、主犯。其未在犯罪中起主要作用，其从包房出来是劝架；2. 代某某一方不应认定为持械聚众斗殴，其一方使用的酒瓶、拖把棍系就地取材的生活用品，且无证据印证其一方使用过。请求二审法院对代某某从轻处罚。

上诉人简某辩解称：不应认定其为持械聚众斗殴；其当庭认罪，态度较好，请求从轻处罚。其辩护人提出如下辩护意见：1. 无证据证明简某持有拖把棍棒参与斗殴；2. 其不具有持械斗殴的故意，各被告已达成刑事谅解，请求撤销一审判决，请求从轻、减轻处罚。

上诉人刘某某辩解称：本案因民事纠纷引发，犯罪情节轻微；其有自首情节。其无聚众斗殴的故意，在现场是劝阻，没有参与打斗，其非现场打斗的主导者。本案的起因、矛盾激化过错不在刘某某一方。请求对其适用缓刑或减轻处罚。其辩护人发表辩护意见如下：1. 刘某某不应认定为首要分子；2. 刘某某一方不应认定为持械聚众斗殴；3. 原审判决对刘某某量刑过重，其具有自首情节，且无参与斗殴的故意，也无参与斗殴的行为。请求对其适用缓刑。

上诉人赵某某辩解称：其拿钢管不是去打架，拿着去是防止被打，自己也是被害人，原判量刑过重。请求对其从轻处罚。

上诉人汪某甲辩解称：其有自首情节、认罪态度好，过错在对方，双方已达成谅解。一审量刑过重，请求对其从轻处罚。

经开庭审理查明事实除认定案发当晚，被告人代某某一方得知刘某某、蔡某某等人堵在 KTV 门口，代某某、罗甲、汪某甲等人持啤酒瓶、拖把棍一同来到 KTV 门口，被告人赵某某用钢管连续击打汪某甲、代某某，随后被告人罗甲、赖某某、简某、代某某对被告人赵某某拳打脚踢外，其余事实与一审认定一致。

上述事实有经一审庭审质证、认证的户口证明、抓获经过、九被告人的供述及辩解、证人证言、司法鉴定意见书及鉴定意见通知书、辨认笔录及照片、现场辨认笔录及照片、现场提取笔录、作案工具辨认照片、视频辨认笔录及视频截图、监控视频、刑事谅解协议书等证据予以证实，经审核，本院依法予以确认。

本院认为：原审判决认定各被告人犯聚众斗殴罪的事实清楚，证据确实充分，审判程序合法。针对昆明市人民检察院检察员的意见，本院认为，刑法中的首要分子是指在犯罪集团或是聚众犯罪中起组织、策划、指挥作用的犯罪分子。现有证据证实，在得知被告人刘某某一方堵在门外后，代某某一方仅有被告人代某某供述称“我跟他们说，大家一起出去看一下”，并无其他人指认代某某有邀约或是组织大家出去的行为，代某某一方其他被告人均供述称大家是一起出去的，因而代某某无组织行为。在打斗过程中，其一方人员也是各自为战，代某某并无指挥和策划的行为。综上，无证据证实代某某为首要分子，代某某也未在共同犯罪中起到主要作用。故抗诉机关所提“代某某不属于聚众斗殴的首要分子”的抗诉意见以及代某某辩护人所提“代某某不是聚众斗殴的首要分子、主犯”的辩护意见成立，本院予以采纳。

关于代某某一方是否构成“持械”聚众斗殴，本院认为，“持械”是聚众斗殴罪法定刑升级的情节之一，普通的工具不能成为聚众斗殴中的“械”，而必须是足以致人伤亡的器械。从是否为斗殴准备工具上看，本案中，代某某一方在唱歌过程中，听闻对方堵在门口，就地取材，顺手选取啤酒瓶、拖把棍作为工具，主观上没有使用“械”的预谋。从现实使用情况来看，现有证据证实，代某某、赖某某、简某、汪某甲称出去时拿了啤酒瓶，但并未使用。代某某一方除汪某甲说用过钢管外，其余全部称己方未使用任何工具，KTV工作人员李某则说双方是拳打脚踢，未见使用工具。从斗殴结果来看，代某某、赵某某、汪某甲、蔡某某鉴定为轻微伤，且均系拳脚所伤，危害后果相对较轻。综合以上三点，不宜认定代某某一方为“持械”聚众斗殴。故一审判决认定代某某为聚众斗殴首要分子、代某某一方构成持械聚众斗殴确有不当，本院依法予以纠正。检察机关的抗诉理由成立，代某某、简某辩护人所提“代某某一方不应认定为持械聚众斗殴”的辩护意见成立，本院予以采纳。

对上诉人刘某某及其辩护人所提意见（前述），经查，本案发案于公共场所，属持械斗殴并致四人轻微伤，具有一定社会危害性。故对其“犯罪情节轻微”的意见不予采纳；对其构成自首的辩护意见本院予以采纳。上诉人刘某某虽未参与斗殴，但其具有组织行为，其在案发当晚邀约人员准备钢管来帮忙，后其又开车将邀约人员送达现场，作为本次聚众斗殴的组织者，应当承担相应责任，故对其“无聚众斗殴的故意、不应认定为首要分子”的辩护意见不予采纳。本次冲突缘于邓某拍打刘某某车辆引发口角，事态一度平息，后刘某某邀约人员赶至现场，进而引发双方冲突，导致本案发生，故本院认为双方均有过错，故对刘某某认为“过错不在其一方”的意见不予采纳。刘某某在电话中告知邀约人员携带钢管，且其一方中的赵某某使用钢管击打对方，造成二人受伤，故辩护人认为“不应认定其一方为持械聚众斗殴”的辩护意见与查明事实不一致，本院不予采纳。鉴于上诉人刘某某未参与现场斗殴，本院综合考虑本案刘某某一方在犯罪中的行为表现及情节、刘某某认罪悔罪态度等因素决定对其减轻处罚。对上诉人赵某某所提上诉意见（前述），经查，上诉人赵某某在自己未受攻击时持钢管连续击打汪某甲、代某某，致其二人轻微伤，其行为直接导致冲突升级。故查明事实与其上诉意见相左，本院不予采纳。上诉人赵某某在此次斗殴中的莽撞和冲动，直接导致冲突升级，依据其在本次聚众斗殴中的行为，本院认为原审量刑适当，本院对原判予以维持。对上诉人汪某甲所提的上诉意见（前述），经查，上诉人汪某甲系被民警当场抓获，并对其人身自由进行了限制，因其受伤需要治疗，经公安机关同意才得以离开前往治疗，故认为其不构成自首。上诉人汪某甲在对方先动手的情况下，反应强烈，表现积极。根据其行为及情节认为原审量刑适当，本院对原判予以维持。对上诉人简某及其辩护人所提的意见（前述），与本案查明的事实一致，本院予以采纳。上诉人代某某、罗甲、汪某甲、简某参与了对赵某某的围殴，对一旁劝架的人不时呵斥、殴打，其手持拖把棍以壮声势，故应承担其相应刑事责任。代某某一方构成共同犯罪，但不宜区分主从，本院根据代某某一方各原审被告人的犯罪情节及表现，认为原审法院除对代某某量刑过重外，对其余原审被告人量刑适当，故予以维持。

综上，根据检察机关所提抗诉意见及其理由并结合本案事实及法律规定，经本院合议庭评议认为抗诉意见于法有据，应予支持。

本院依法予以改判，据此，依照《中华人民共和国刑事诉讼法》第二百二十五条第三项，《中华人民共和国刑法》第二百九十二条、第二十五条第一款、第二十六条、第二十七条、第六十七条、第四十七条、第七十二条第一款及第七十三条第二、三款之规定，判决如下：

一、维持昆明市西山区人民法院（2016）云0122刑初868号判决第一、三、四、五、七、八、九、十项判决，即："一、被告人蔡某某犯聚众斗殴罪，判处有期徒刑一年零六个月；三、被告人汪某乙犯聚众斗殴罪，判处有期徒刑一年零六个月；四、被告人赵某某犯聚众斗殴罪，判处有期徒刑一年零六个月；五、被告人罗甲犯聚众斗殴罪，判处有期徒刑一年；七、被告人简某犯聚众斗殴罪，判处有期徒刑一年；八、被告人汪某甲犯聚众斗殴罪，判处有期徒刑一年；九、被告人赖某某犯聚众斗殴罪，判处有期徒刑一年，缓刑二年；十、没收作案工具钢管五根并依法处理。"

二、撤销昆明市西山区人民法院（2016）云0122刑初868号判决第二、六项判决，即："二、被告人刘某某犯聚众斗殴罪，判处有期徒刑三年。六、被告人代某某犯聚众斗殴罪，判处有期徒刑三年。"

三、被告人刘某某犯聚众斗殴罪，判处有期徒刑二年（刑期从判决执行之日起计算，判决执行前先行羁押的，羁押一日折抵刑期一日，即自2016年4月29日起至2018年4月28日止）。

四、被告人代某某犯聚众斗殴罪，判处有期徒刑一年零六个月（刑期从判决执行之日起计算，判决执行前先行羁押的，羁押一日折抵刑期一日，即自2016年4月29日起至2017年10月28日止）。

本判决为终审判决。

审　判　长　阮文波
审　判　员　朱　峥
审　判　员　刘　华

二〇一七年七月十一日

书　记　员　段云萍

王某某销售假冒注册商标的商品案

［**裁判要旨**］知识产权保护是对知识产权权利人拥有权利的限制性保护，因此知识产权犯罪行为认定与知识产权民事侵权行为存在具有紧密联系。知识产权刑事案件审判的关键就在于确认行为人侵害知识产权民事侵权事实存在和侵权范围，依据刑法规定的处罚程度进行定罪量刑。

［案　情］

原公诉机关昆明市官渡区人民检察院。

上诉人（原审被告人）王某某。

广东欧珀移动通信有限公司是中华人民共和国工商行政管理总局商标局颁发的第4571222号、第10535258号“OPPO”商标注册证注册人。其中，第4571222号“OPPO”商标注册证上核定的注册有效期限自2008年4月28日至2018年4月27日止，核定使用商品为第9类（其中包括耳塞机、插头、电池充电器、电源材料等）；第10535258号“OPPO”商标注册证上核定的注册有效期限自2013年9月14日至2023年9月13日止，核定使用商品为第9类（其中包括移动充电电源、数据线、手机无线充电器、移动电源等）。小米科技有限责任公司是中华人民共和国工商行政管理总局商标局颁发的第12861490号“mi”商标注册证注册人，注册有效期限日期自2014年11月14日至2024年11月13日，核定使用商品项目为第9类（其中包括移动电源等）。维沃移动通信有限公司是中华人民共和国工商行政管理总局商标局颁发的第15180323A号“VIVO”商标注册证注册人，注册有效期限自2016年4月21日至2026年4月20日，核定使用商品项目为第9类（其中包括头戴式耳机、移动电源、电池充电器等）。

2016年3月19日，昆明市公安局官渡分局世纪城派出所民警在昆明市新螺蛳湾国际商贸城10区4楼4153号，对上诉人王某某所经营的信德通讯手机店进行检查，从该手机店内查获印有“OPPO”注册商标的充电宝（20000mAh）1627个、充电宝（10800mAh）1964个、手机充电器插头4658个、手机数据线（DL109）624根、手机充电器（2A秒充）977个、手机充电器429个、礼品盒46盒、蓝牙耳机72个、耳机317个、数据线（散装）2500根、耳机（散装）960根；查获印有“mi”注册商标的充电宝（20800毫安）320个、充电宝［10400毫安（大）］1230个、充电宝［10400毫安（小）］1142个、充电宝（10480毫安）540个、充电宝（20000毫安）846个；查获印有“VIVO”注册商标的充电宝（20000mAh）1250个、充电宝（12000mAh）303个、充电器插头2930个、充电器234个、蓝牙耳机53个、充电器（2A秒充）373个、耳机（4POLE）572个、数据线363根、礼品盒37盒等物品，并予以扣押。上述物品经商标的注册人广东欧珀移动通信有限公司、小米科技有限责任公司及维沃移动通信有限公司确认均不是三家公司生产产品。经云南乾盛司法鉴定中心鉴定出具的乾盛司鉴字〔2016〕1052592号《对王某某涉嫌假冒注册商标案涉案的物品价格评估司法鉴定意见书》，鉴定结论为：王某某涉嫌假冒注册商标一案涉案物品（除“VIVO”礼品盒外）的价格合计为1925191.67元。

同时，依据广东欧珀移动通信有限公司、小米科技有限责任公司、维沃移动通信有限公司等企业获得合法注册商标核定使用的商品，逐一与公安机关查获扣押上诉人王某某物品进行比对，确认：（一）公安机关查获印有“OPPO”注册商标的充电宝（20000mAh）1627个、充电宝（10800mAh）1964个、手机充电器插头4658个、手机数据线（DL109）624根、手机充电器（2A秒充）977个、手机充电器429个、礼品盒46盒、耳机317个、数据线（散装）2500根、耳机（散装）960根等物品案发时属于广东欧珀移动通信有限公司合法取得“OPPO”注册商标专用权核定保护的商品范围，该企业未授权上诉人王某某及其经营的信德通讯手机店销售。（二）公安机关查获印有“mi”注册商标的充电宝（20800毫安）320个、充电宝［10400毫安（大）］1230个、充电宝［10400毫安（小）］1142个、充电宝（10480毫安）540个、充电宝（20000毫安）846个等物品案发时属于小米科技有限责任公司商标核定保护的商品范围，该企业未授权上诉人王某某及其经营的信德通讯手机店销售。以上涉案物品经云南乾盛司法鉴定中心补充鉴定出具了云乾〔2017〕第180号司法鉴定说明函，明确：王某某涉案扣押物品价格合计人民币1925191.67元，其中属于企业合法注册商标商品范围内的涉案物品价格为1119996.67元，不属于企业注册商标品牌范围的涉案物品价格为805195元。

［审　判］

云南省昆明市官渡区人民法院经一审审理认为：被告人王某某销售明知是假冒注册商标的商品，数额巨大，构成销售假冒注册商标的商品罪。本案证据无法确认涉案商品的实际销售价格，依据被告人供述和现场查获物品等证据可以证实被告人王某某销售的就是假冒注册商标标识的商品，其价值应当计入非法经营数额。经具有鉴定资质的云南乾盛司法鉴定中心根据市场鉴定方法鉴定出具的乾盛司鉴字〔2016〕1052592号《对王某某涉嫌假冒注册商标案涉案的物品价格评估司法鉴定意见书》，鉴定结论为：王某某涉嫌假冒注册商标一案涉案物品（除“VIVO”礼品盒外）的价格合计为1925191.67元。另外，被告人王某某现场被查获的假冒注册商标的商品尚未销售，属于犯罪未遂，在到案后能够如实供述自己的罪行可认定其具有坦白情节，系初犯，且认罪、悔罪态度较好，据此，根据被告人王某某的犯罪事实、性质、情节和对社会的危害程度及悔罪表现，依照《中华人民共和国刑法》第二百一十四条、第二十三条、第六十七条第三款、第六十四条之规定，以被告人王某某犯销售假冒注册商标的商品罪，判处有期徒刑五年，并处罚金一百万元，并对扣押在案的涉案物品予以没收。

宣判后，王某某提出上诉称：1. 应将“销售金额”与“涉案物品金额”予以区分，鉴定的是被假冒注册商标的商品的市场价值，并非是涉案物品的价值；2. 犯罪对象被扩大，假冒销售的部分商品与三家企业的商品不相同；3. 犯罪行为的状态应是犯罪预备；4. 当庭认罪，认罪态度较好，具有悔罪表现；5. 没有前科，系初犯，对其从轻处罚。

二审审理针对上诉人王某某上诉理由进行全案审查后发现：本案查获犯罪分子的物品分别贴有“OPPO”“VIVO”“mi”注册商标，但物品的种类与一审卷宗中存有合法注册商标证的核定范围不同；另外卷宗中存有侦查期间由公安机关委托的两个机构分别作出的三份价格认定意见，其中有两份价格认定意见认定内容一致但结论不同，有两份则是由同一个鉴定机构对不同内容认定意见而出具司法鉴定报告。上述问题将影响到行为人实际销售的物品是否属于假冒注册商标的商品，以及被认定为假冒注册商标的商品价值认定。为此，二审法院与支持起诉的检察机关沟通后提出，二审必须补充收集权利人合法注册商标与本案查获物品进行比对，对三份价格认定意见进行审查。

二审公开开庭，一方面着重对检察机关补充收集的权利人合法注册商标证等新证据进行审查，并通知鉴定机构和鉴定人出庭作证。在庭审中，检察机关依据一审及二审收集的商标注册证与案发公安机关从上诉人王某某处查获扣押物品逐一进行比较，确认属于合法取得注册商标保护的范围，认定属于假冒注册商标的商品部分商品，对没有落入商标注册证保护范围部分的金额应当从价格鉴定报告的金额中扣减。另一方面，在庭审中鉴定机构和鉴定人共同出庭作证。在鉴定机构出庭作证了解二审出现新证据和新事实认定，必然影响原有司法鉴定报告认定的价值。本着对司法鉴定报告负责，鉴定机构在原有鉴定的基础上补充二审查明事实部分相应的鉴定内容，提供给司法机关裁判。法院第二次开庭着重听取控辩双方对补充说明质证意见，检察机关、上诉人均无异议，二审法院采纳了鉴定报告及其补充说明作为二审量刑的标准。

二审庭审审理后昆明市人民检察院认为：1. 一审判决部分事实认定不清。一审判决认定的事实与起诉书指控的事实一致，即被查获扣押的物品均是假冒注册商标的商品。但根据《中华人民共和国刑法》第二百一十三条、第二百一十四条及《最高人民法院、最高人民检察院、公安部关于办理侵犯知识产权刑事案件适用法律若干问题的意见》第五条规定，销售假冒注册商标的商品罪的客观行为是销售明知是假冒注册商标的商品。“假冒注册商标的商品”是指在同一种商品上使用与其注册商标相同商标的商品，不能将“同一种商品”扩大到“类似商品”。而“同一种商品”是指名称相同的商品以及名称不同但指同一事物的商品。“同一种商品”的认定应当以注册商标证核定使用的商品为准。在本案中，注册商标核定使用的商品与查获扣押物品比较情况为：（1）标有“VIVO”商标的扣押物品与“VIVO”商标注册证核定使用商品因发案时间早于商标注册证核定期限，因此不能对应；（2）标有“OPPO”商标的扣押物品与“OPPO”商标注册证核定使用商品除蓝牙耳机 A3 不能对应外，其余扣押物品与该商标注册证核定使用商品可以对应；（3）标有“mi”商标的扣押物品与“mi”商标注册证核定使用商品可以对应。综合在案证据，被查获扣押物品中，部分物品不能认定为“同一种商品”，应当扣除该部分物品的货值金额，不计算在犯罪数额内。2．本案出现三份价格认定意见，应当以云南乾盛司法鉴定中心出具的乾盛司鉴字〔2016〕1052592 号《对王某某涉嫌假冒注册商标案涉案的物品价格评估司法鉴定意见书》及其补充说明为准。销售假冒注册商标的商品罪的犯罪数额需达一定金额才能构成该罪名。根据《最高人民法院、最高人民检察院关于办理侵犯知识产权刑事案件具体应用法律若干问题的解释》第十二条规定，本案中上诉人王某某已提交送货单、销售单据，但送货单上名称与本案查获扣押物品的名称不一致，因此查获扣押物品的实际销售平均价格无法查清，应按照被侵权产品的市场中间价格计算。本案共三份价格认定意见，根据有利于被告人的原则，应采信认定数额较少的鉴定意见。其中，第二、三份鉴定意见均系云南乾盛司法鉴定中心作出，鉴定人已说明：第二份鉴定意见乾盛司鉴字〔2016〕第 1052238 号涉及的内容是已经销售出的涉案产品，不包含在查获扣押物品中，该鉴定意见是涉案人员销售出涉案物品后的销售额；而第三份鉴定意见乾盛司鉴字〔2016〕第 1052592 号的鉴定对象是公安机关查获的扣押物品。对所扣押物品无法认定为“假冒注册商标的商品”货值金额，鉴定机构二审补充鉴定予以扣减。因此，上诉人王某某的犯罪数额应当按照乾盛司鉴字〔2016〕第 1052592 号鉴定意见及补充说明来认定。3. 处理意见：上诉人王某某主观上明知销售的是假冒注册商标的商品，客观上民警在其店内查获假冒注册商标的商品，其行为构成销售假冒注册商标的商品罪。鉴于公安机关对其查获的部分物品不是刑法意义上假冒注册商标的商品，该部分物品的货值金额不应计入犯罪数额，其犯罪数额应当按照第三份鉴定意见的补充说明认定。综上，一审判决认定的部分事实不清，可能影响量刑，建议法庭查清事实、考虑社会危害性，作出罪刑相适应的判决。

云南省昆明市中级人民法院经二审审理，确认一审法院认定的事实，并在二审出现新证据补充确认一审遗漏的事实。

云南省昆明市中级人民法院审理认为：上诉人王某某为谋取非法利益，明知是假冒注册商标的商品而进行销售，其主观方面具有销售假冒注册商标商品的犯罪故意，客观方面已经着手实施犯罪，触犯了《中华人民共和国刑法》第二百一十四条规定，构成销售假冒注册商标的商品罪，依法应当给予刑罚处罚。（一）关于犯罪销售金额及犯罪财物的认定。根据《中华人民共和国刑法》第二百一十三条规定，假冒注册商标行为是指未经注册商标所有人许可，在同一种商品上使用与其注册商标相同的商标，因此《中华人民共和国刑法》第二百一十四条规定销售假冒注册商标的商品罪中的“假冒注册商标的商品”应当是指在同一种商品上使用与其注册商标相同商标的商品。根据《最高人民法院、最高人民检察院、公安部关于办理侵犯知识产权刑事案件适用法律若干问题的意见》第五条规定，名称相同的商品以及名称不同但指同一事物的商品可以认定为“同一种商品”，认定“同一种商品”应当在权利人注册商标核定使用的商品和行为人实际生产销售的商品之间进行比较。本案上诉人王某某假冒“OPPO”“VIVO”“MI”注册商标进行销售，原公诉机关依据公安机关从上诉人王某某处查获扣押的标有“OPPO”“VIVO”“MI”商标的涉案物品起诉上诉人王某某涉嫌犯罪，应当依据这三种合法注册商标核定使用的商品与从上诉人王某某处查获扣押的物品逐一比较确定属于假冒注册商标的商品。假冒注册商标的商品尚未销售的，应当以其货值金额认定为上诉人王某某犯罪的销售金额。审理中，昆明市人民检察院认为：被查获的物品部分不能认定为假冒注册商标商品中的“同一种商品”，不属于假冒注册商标的商品，应当从查获物品的货值金额中扣除，不计算在犯罪数额内。上诉人王某某亦表示认可。同时具有司法鉴定资质的云南乾盛司法鉴定中心依照司法鉴定程序在原鉴定结论基础上，补入新证据，对查获扣押物品进行分类确定货值，其中确定属于企业合法注册商标商品范围内的涉案物品价格为人民币1119996.67元。这一货值金额庭审质证中昆明市人民检察院、上诉人王某某均表示认可。因此本院应当认定上诉人王某某销售假冒注册商标的商品销售金额为人民币1119996.67元，属于犯罪财物。（二）关于量刑处罚。根据《最高人民法院、最高人民检察院、公安部关于办理侵犯知识产权刑事案件适用法律若干问题的意见》第八条规定，上诉人王某某销售假冒注册商标的商品被公安机关在经营场所查获，应当认定上诉人王某某已经着手实施犯罪，商品尚未销售是因上诉人王某某意志以外的原因未得逞，属于犯罪未遂。鉴于上诉人王某某属犯罪未遂，可以比照既遂犯从轻处罚；上诉人王某某被公安机关抓获后能如实供述犯罪事实，认罪态度较好，具有认罪、悔罪表现，系初犯，可以从轻处罚。考虑上述量刑情节，本院认为上诉人王某某销售假冒注册商标的商品销售金额为人民币1119996.67元，根据《最高人民法院、最高人民检察院关于办理侵犯知识产权刑事案件具体应用法律若干问题的解释》第二条第二款规定，属于数额巨大，依法判处上诉人王某某有期徒刑三年，并处罚金。根据《最高人民法院、最高人民检察院关于办理侵犯知识产权刑事案件具体应用法律若干问题的解释（二）》第四条规定及认定上诉人王某某犯罪销售金额人民币1119996.67元，依法判决上诉人王某某罚金人民币60万元。根据《中华人民共和国刑法》第六十四条规定，从上诉人王某某处查获扣押并认定为犯罪财物依法应当予以没收。（三）关于上诉观点的采纳。本院经审理采纳了上诉人王某某提出的“犯罪对象被扩大，假冒销售的部分商品与三家公司的商品不相同”观点，二审补充鉴定假冒注册商标商品的销售金额，在二审量刑处罚中予以考虑。上诉人王某某主张认罪、悔罪及初犯等量刑情节，原审法院在一审判决中已充分考虑，本院应当支持。另外，上诉人王某某二审中对鉴定机构、鉴定人出庭作证以及二审补充鉴定内容均表示认可，视为其放弃对鉴定价格有异议的上诉观点。至于上诉人王某某主张自己属于犯罪预备，于法无据，且与本案确认事实不相符，本院不予采纳。综上所述，因二审审理出现新证据，本院经审查补充确认原审判决遗漏的事实。本院二审确认的事实不影响原审判决定罪部分，但会影响原审判决量刑及涉案犯罪财物的处理，故本院维持原审判决的定罪部分，对量刑不当之处及涉案犯罪财物没收部分予以纠正。昆明市人民检察院提出“一审判决认定的部分事实不清，可能影响量刑，建议法庭查清事实、考虑社会危害性，作出罪刑相适应的判决”的意见，本院予以支持。据此，依照《中华人民共和国刑法》第二百一十四条、第二十三条、第五十二条、第五十三条、第六十四条、第六十七条第三款，《最高人民法院、最高人民检察院关于办理侵犯知识产权刑事案件具体应用法律若干问题的解释》第二条第二款、第九条、第十二条第一款，《最高人民法院、最高人民检察院关于办理侵犯知识产权刑事案件具体应用法律若干问题的解释（二）》第四条，《最高人民法院、最高人民检察院、公安部关于办理侵犯知识产权刑事案件适用法律若干问题的意见》第五条、第八条，《中华人民共和国刑事诉讼法》第一百八十七条第三款、第一百九十一条、第二百二十五条第一款第（三）项的规定，判决如下：

一、维持昆明市官渡区人民法院（2016）云 0111 刑初 1307 号刑事判决的第一项定罪部分；

二、撤销昆明市官渡区人民法院（2016）云 0111 刑初 1307 号刑事判决第一项中对王某某的量刑部分、罚金部分；

三、撤销昆明市官渡区人民法院（2016）云 0111 刑初 1307 号刑事判决第二项，即扣押在案的涉案物品予以没收；

四、上诉人（原审被告人）王某某犯销售假冒注册商标的商品罪，判处有期徒刑三年，并处罚金人民币六十万元。（刑期从判决执行之日起计算。判决执行以前先行羁押的，羁押一日折抵刑期一日，即自 2016 年 3 月 30 日起至 2019 年 3 月 29 日止；罚金须于判决生效后 90 日内缴纳）；

五、从上诉人王某某处查获的印有“OPPO”注册商标的充电宝（20000mAh）1627个、充电宝（10800mAh）1964个、手机充电器插头4658个、手机数据线（DL109）624根、手机充电器（2A秒充）977个、手机充电器429个、礼品盒46盒、耳机317个、数据线（散装）2500根、耳机（散装）960根等物品，印有“MI”注册商标的充电宝（20800毫安）320个、充电宝［10400毫安（大）］1230个、充电宝［10400毫安（小）］1142个、充电宝（10480毫安）540个、充电宝（20000毫安）846个等物品予以没收。

[评　析]

知识产权刑事犯罪与知识产权民事侵权行为具有很强的关联性，这类犯罪是在知识产权民事侵权行为发生，并且侵权事实达到构成刑法处罚的严重情节，运用刑法定罪量刑。本案系销售假冒注册商标的商品罪刑事案件，认定这一罪名的关键犯罪分子销售的物品是否属于假冒注册商标的商品，以及对这类销售物品的价值金额确定将是罪与非罪和量刑的重要依据。

一、认定行为人销售商品是否属于假冒注册商标商品的法律界定

销售假冒注册商标的商品罪是指为谋取非法利益，明知是假冒注册商标的商品而进行销售，其主观方面具有销售假冒注册商标商品的犯罪故意，客观方面已经着手实施犯罪。那么，什么是假冒注册商标的商品呢？从字面理解人们往往会认为行为人实际销售物品上贴有假冒注册商标的就可以认定为假冒注册商标的商品，这种理解并不准确。因为司法机关对知识产权的保护是对知识产权的权利人拥有合法权利的保护，是种限制性保护，超出权利人合法权利以外则属于公共知识范围，应当由大众共同享有。因此，我国刑法对知识产权刑事犯罪做出了限制权利的规定。例如，《中华人民共和国刑法》第二百一十三条规定，假冒注册商标行为是指未经注册商标所有人许可，在同一种商品上使用与其注册商标相同的商标，因此销售假冒注册商标的商品罪中的“假冒注册商标的商品”

应当是指在同一种商品上使用与其注册商标相同商标的商品。那么，什么是同一种商品呢？根据《最高人民法院、最高人民检察院、公安部关于办理侵犯知识产权刑事案件适用法律若干问题的意见》第五条规定，名称相同的商品以及名称不同但指同一事物的商品可以认定为“同一种商品”，认定“同一种商品”应当在权利人注册商标核定使用的商品和行为人实际生产销售的商品之间进行比较。只有行为人实际销售的商品属于权利人合法商标核定保护范围中的“同一种商品”，才能确定行为人侵权事实存在，达到刑罚处罚的情节，才能认定为犯罪。

本案二审审理司法机关就是围绕这个关键问题进行调查，将行为人实际准备销售商品与权利人注册商标核定使用商品逐一比较、区分，最终划出属于权利人合法注册商标核定使用的商品，将这部分商品确定价值，认定为销售数额，依据销售数额及案件其他量刑情节进行定罪量刑。

二、鉴定机构和鉴定人共同出庭作证，增强假冒注册商标的商品价格的司法鉴定审查

庭审细化司法鉴定形式和实体审查内容。司法机关对销售假冒注册商标的商品罪中假冒注册商标的商品销售数额的认定往往是通过委托第三方价格认定获取。司法鉴定是司法机关委托第三方价格认定的方式之一，即诉讼活动中鉴定人运用科学技术或者专门知识对诉讼涉及的专门性问题进行鉴别和判断并提供鉴定意见的活动。由于司法鉴定是具有专业职能的机构，委托具有特有专业技术人员运用科学方法，按照专业要求对相关材料作出评判。因此，对司法鉴定的审查包括形式和实体审查内容。形式审查的重点是对鉴定机构资质和鉴定人的资格审查，实体审查重点科学技术或专业知识的运用，以及鉴别、判断的过程。其中，形式审查是法院主动审查的范围，主要审查鉴定机构是否具有与鉴定内容相对应的注册登记业务，核实鉴定人是否具有从事委托鉴定事项执业资格；实体审查是通过庭审调查，按照刑诉法和《司法鉴定通则》规定由鉴定人出庭回答控辩双方问题，经过举证质证完成。本案二审审理对一审判决采用的司法鉴定进行了形式和实体的审查，在确定了鉴定机构和鉴定人有合法资质的情况下，依法通知作出司法鉴定的鉴定人出庭作证。这是

因为，委托人委托鉴定机构，再有鉴定机构安排鉴定人做出鉴定，因此鉴定人出庭作证既代表自己回答鉴定报告的内容，也可代表鉴定机构的意愿。

庭审尝试鉴定机构出庭作证。刑诉法和《司法鉴定通则》都规定了鉴定人出庭作证，没有规定鉴定机构作证，这适用于一案一鉴定的情况。然而，一案出现多个鉴定机构出具多份鉴定报告情况也存在。例如，中华人民共和国司法部令第132号《司法鉴定通则》第三十二条第一款规定："重新鉴定应当委托原司法鉴定机构以外的其他司法鉴定机构进行；因特殊原因，委托人也可以委托原司法鉴定机构进行，但原司法鉴定机构应当指定原司法鉴定人以外的其他符合条件的司法鉴定人进行"；第二款规定："重新鉴定委托的司法鉴定机构的资质条件应当不低于原司法鉴定机构，进行重新鉴定司法鉴定人中应当至少有一名具有相关专业高级专业技术职称。"这是为了确保司法鉴定证据证明力的权威性，对重新鉴定作出的限制规定，该条没有限制同一个鉴定机构出具一份以上鉴定报告。在这种情况下，只有一个鉴定报告的鉴定人作证是不能对多份鉴定报告进行说明的，因此有关联的鉴定机构出庭作证就成为了必要。本案就是在这种情况下，通知鉴定机构出庭作证。

二审审理注意到卷宗材料中留存了三份价格认定意见由两个部门作出，经审理查实这是因为侦查期间公安机关首次委托价格认定部门作出价格认定意见书，犯罪嫌疑人提出意见要求重新鉴定，因此公安机关再次委托高于原部门的司法鉴定机构重新认定，检察机关起诉时采用由司法鉴定机构作出的价值认定。该鉴定机构经委托出具了两份内容不同的司法鉴定报告，如何使用以及确定这两份鉴定报告的关联性成为本案审理的又一个重点。因此，二审庭审通知鉴定机构出庭作证，由鉴定机构出庭说明他们在本案出具两份鉴定内容不同的司法鉴定报告法律效力和关联性。

经过庭审，鉴定机构和鉴定人出庭作证进一步确定了一审判决所采用司法鉴定结论的正确性。同时，在庭审中鉴定机构了解到二审审理出现新的证据，对原司法鉴定结论有影响，该鉴定机构表示愿意在原有司法鉴定基础上由鉴定人进行补充鉴定，确保该司法鉴定结论的科学客观和正确。二审司法鉴定机构在原有鉴定结论基础上做出补充说明，经过二审再次开庭听取控辩双方无意见的表态后，二审判决依法采用。

[评选理由]

本案的可贵之处在于法官面对查获的同一批假冒商品的时候，能够严格按照犯罪构成，对查获的商品进行分门别类的判断。依据是否是“同一种商品”的标准，将涉案物品的价值区分为属于权利人合法注册商标商品范围内的涉案物品和不属于权利人注册商标品牌范围的涉案物品，进而对不属于“同一种商品”的假冒物品价值进行扣减。这样做一方面增加了司法的精准度，另一方面切实保障了被告人的合法权益，体现了罪刑相适应的原则，对办理只是产权类刑事案件具有很强的指导作用。本案审判的另一亮点是参照鉴定人出庭作证的相关法律、法规，尝试鉴定机构出庭作证，为司法鉴定证据的证明力审查作出新尝试，对于推进以审判为中心的刑事诉讼制度改革，实现庭审实质化起到良好的改革示范效应。

一审裁判文书：云南省昆明市官渡区人民法院（2016）云 0111 刑初 1307 号

二审裁判文书：云南省昆明市中级人民法院（2017）云 01 刑终 274 号

二审合议庭组成人员：

审判长：马芸；审判员：车林恒、陈锐

法官助理：张俊

案例提供单位：云南省昆明市中级人民法院知识产权审判庭

承办人：马芸；编写人：马芸、张俊

附：本案法律文书

云南省昆明市中级人民法院
刑 事 判 决 书

（2017）云 01 刑终 274 号

原公诉机关昆明市官渡区人民检察院。

上诉人（原审被告人）王某某，男，1992 年 4 月 11 日出生，汉族，初中文化，身份证号码：44528119920411****，广东省普宁市人，住广东省普宁市燎原街道光南村王厝口寨 35 号。上诉人王某某因涉嫌犯假冒注册商标罪，于 2016 年 3 月 30 日被刑事拘留，同年 5 月 5 日被依法逮捕，现羁押于昆明市官渡区看守所。

昆明市官渡区人民法院审理的昆明市官渡区人民检察院指控被告人王某某犯销售假冒注册商标的商品罪一案，于 2017 年 3 月 13 日作出（2016）云 0111 刑初 1307 号刑事判决。宣判后，原审被告人王某某不服，提出上诉。本院受理后，依法组成合议庭，于 2017 年 8 月 14 日、2017 年 8 月 24 日公开开庭审理，昆明市人民检察院指派检察员赵滇、检察员助理赵雄出庭履行职务，上诉人王某某到庭参加诉讼。本案现已审理终结。

原审法院认定：2016 年 3 月 29 日，民警在昆明市官渡区新螺蛳湾 10 区 4 楼 4153 号上诉人王某某经营的信德通讯手机店内查获大量标有“VIVO”“OPPO”“mi”注册商标的手机配件均为假冒注册商标商品，价值为人民币 1925191.67 元。

原审判决认定上述事实的证据有：抓获经过、被告人供述及辩解、证人证言、鉴定结论、辨认笔录及照片、扣押物品及清单、相关书证、物证及照片等证据。

原审法院认为，被告人王某某销售明知是假冒注册商标的商品，数额巨大，构成销售假冒注册商标的商品罪。针对辩护人提出的鉴定价格过高的辩护意见，根据《最高人民法院、最高人民检察院关于办理侵犯知识产权刑事案件具体应用法律若干问题的解释》第十二条的规定，本案证据无法确认涉案商品的实际销售价格，而价格鉴定意见是由具有鉴定资质的鉴定机构根据市场鉴定方法做出，鉴定意见于法有据，予以确认；针对辩护人提出本案中市场上没有实际种类的商品应当扣减的辩护意见，本案依据被告人供述和现场查获物品等证据可以证实被告人王某某销售的就是假冒注册商标标识的商品，其价值应当计入非法经营数额。同时鉴定机构对涉案物品中没有品牌商品对应的，以市场调研价格的平均值作为评估计价符合法律规定，故不采纳这项辩护意见；针对辩护人提出被告人王某某系犯罪预备的意见，经查实被告人王某某现场被查获的假冒注册商标的商品尚未销售，属于犯罪未遂，根据《最高人民法院、最高人民检察院、公安部关于办理侵犯知识产权刑事案件适用法律若干问题的意见》第八条之规定，对被告人王某某应以销售假冒注册商标的商品罪（未遂）定罪处罚，可比照既遂犯从轻处罚，故不采纳这项辩护意见；针对辩护人提出被告人系初犯且认罪、悔罪态度较好的辩护意见符合庭审查明的事实，予以采纳。鉴于被告人王某某在到案后能够如实供述自己的罪行，可认定其具有坦白情节，依法可对其从轻处罚。据此，根据被告人王某某的犯罪事实、性质、情节和对社会的危害程度及悔罪表现，依照《中华人民共和国刑法》第二百一十四条、第二十三条、第六十七条第三款、第六十四条之规定，以被告人王某某犯销售假冒注册商标的商品罪，判处有期徒刑五年，并处罚金一百万元，并对扣押在案的涉案物品予以没收。

宣判后，王某某提出上诉称：1. 应将“销售金额”与“涉案物品金额”予以区分，鉴定的是被假冒注册商标的商品的市场价值，并非是涉案物品的价值；2. 犯罪对象被扩大，假冒销售的部分商品与三家企业的商品不相同；3. 犯罪行为的状态应是犯罪预备；4. 当庭认罪，认罪态度较好，具有悔罪表现；5. 没有前科，系初犯，对其从轻处罚。

昆明市人民检察院认为：1. 一审判决部分事实认定不清。一审判决认定的事实与起诉书指控的事实一致，即被查获扣押的物品均是假冒注册商标的商品。但根据《中华人民共和国刑法》第二百一十三条、第二百一十四条、《最高人民法院、最高人民检察院、公安部关于办理侵犯知识产权刑事案件适用法律若干问题的意见》第五条规定，销售假冒注册商标的商品罪的客观行为是销售明知是假冒注册商标的商品。“假冒注册商标的商品”是指在同一种商品上使用与其注册商标相同商标的商品，不能将“同一种商品”扩大到“类似商品”，而“同一种商品”是指名称相同的商品以及名称不同但指同一事物的商品。“同一种商品”的认定应当以注册商标证核定使用的商品为准。在本案中，注册商标核定使用的商品与查获扣押物品比较情况为：（1）标有“VIVO”商标的扣押物品与“VIVO”商标注册证核定使用商品因发案时间早于商标注册证核定期限，因此不能对应；（2）标有“OPPO”商标的扣押物品与“OPPO”商标注册证核定使用商品除蓝牙耳机 A3 不能对应外，其余扣押物品与该商标注册证核定使用商品可以对应；（3）标有“MI”商标的扣押物品与“MI”商标注册证核定使用商品可以对应。综合在案证据，在被查获扣押物品中，部分物品不能认定为“同一种商品”，应当扣除该部分物品的货值金额，不计算在犯罪数额内。2. 本案出现三份价格认定意见，应当以第三份鉴定意见及其补充说明为准。销售假冒注册商标的商品罪的犯罪数额需达一定金额才能构成该罪名。根据《最高人民法院、最高人民检察院关于办理侵犯知识产权刑事案件具体应用法律若干问题的解释》第十二条规定，本案中上诉人王某某已提交送货单、销售单据，但送货单上名称与本案查获扣押物品的名称不一致，因此查获扣押物品的实际销售平均价格无法查清，应按照被侵权产品的市场中间价格计算。本案共三份价格认定意见，根据有利于被告人的原则，应采信认定数额较少的鉴定意见。其中，第二、三份鉴定意见均系云南乾盛司法鉴定中心作出，鉴定人已说明：第二份鉴定意见乾盛司鉴字〔2016〕第 1052238 号涉及的内容是已经销售出的涉案产品，不包含在查获扣押物品中，该鉴定意见是涉案人员销售出涉案物品后的销售额；而第三份鉴定意见乾盛司鉴字〔2016〕第 1052592 号的鉴定对象是公安机关查获的扣押物品。对所扣押物品无法认定为“假冒注册商标的商品”货值金额，鉴定机构二审补充鉴定予以扣减。因此，上诉人王某某的犯罪数额应当按照乾盛司鉴字〔2016〕第1052592号鉴定意见及补充说明来认定。3．处理意见。上诉人王某某主观上明知销售的是假冒注册商标的商品，客观上民警在其店内查获假冒注册商标的商品，其行为构成销售假冒注册商标的商品罪。鉴于公安机关对其查获的部分物品不是刑法意义上假冒注册商标的商品，该部分物品的货值金额不应计入犯罪数额，其犯罪数额应当按照第三份鉴定意见的补充说明认定。综上，一审判决认定的部分事实不清，可能影响量刑，建议法庭查清事实、考虑社会危害性，作出罪刑相适应的判决。

经一审出示，二审庭审审查的证据：

1．公安机关抓获经过。

2．公安机关查获涉案物品的扣押清单。

3．广东欧珀移动通信有限公司取得的第4571222号“OPPO”商标注册证，该公司于2016年3月31日出具的鉴定书、价格证明及未授权声明。

4．小米科技有限责任公司取得的第12861490号“mi”商标注册证，该公司于2016年3月31日出具的鉴定书、价格证明及未授权证明。

5．维沃移动通信有限公司经步步高通信科技有限公司合法转让取得第10660532号“VIVO”商标注册证，该公司于2016年4月1日出具的鉴定报告及价格证明。

6．2016年4月26日官渡区发展和改革局价格监测和认证中心出具编号为官发改价认〔2016〕191、192、193号价格认定结论书，结论：侵犯“OPPO”注册商标专用权的产品认定价格为人民币793305元；侵犯“VIVO牌”注册商标专用权的产品认定价格为人民币791815元；侵犯“小米牌”注册商标专用权的产品认定价格为人民币387641元。

7．2016年10月26日云南乾盛司法鉴定中心出具的乾盛司鉴字〔2016〕第1052238号《对王某某涉嫌假冒注册商标案涉案销售额司法会计鉴定意见书》，该鉴定范围与内容仅针对王某某因涉嫌假冒注册商标被警方查获的销售凭证所记录的产品销售额进行司法鉴定，结论为：王某某涉嫌假冒注册商标销售产品的销售额为人民币265931元。

8．2016年12月12日云南乾盛司法鉴定中心出具的乾盛司鉴字

〔2016〕1052592 号《对王某某涉嫌假冒注册商标案涉案的物品价格评估司法鉴定意见书》，该鉴定范围与内容仅针对委托方提供的王某某涉嫌假冒注册商标一案涉案物品价格资料载明的信息及数据进行司法鉴定，结论为：王某某涉嫌假冒注册商标一案涉案物品（除“VIVO”礼品盒外）的价格合计为 1925191.67 元。

经二审出示，庭审举证、质证的证据：

1. 昆明市人民检察院出示的新证据。

第一组：（1）广东欧珀移动通信有限公司取得的第 10535258、14220551A 号“OPPO”商标注册证；（2）维沃移动通信有限公司取得的第 15180323A 号“VIVO”商标注册证。上述证据证明“OPPO”“VIVO”商标核定使用的范围及服务项目。

第二组：国家工商行政管理总局商标局作出的《“OPPO”商标异议裁定书》（2012）商标异字第 70163 号，证明广东欧珀移动通信有限公司注册并使用在“手提电话、数字音乐播放器”商品上的“OPPO”商标为驰名商标。

第三组：广东欧珀移动通信有限公司出具的情况说明，证明本案被查获的“OPPO”礼包中包含的商品为“OPPO 移动电源”（充电宝）。

第四组：云南乾盛司法鉴定中心出具的云乾〔2017〕第 121 号司法鉴定说明函，说明乾盛司鉴字〔2016〕第 1052238 号、1052592 号司法鉴定意见书的价格鉴定方法及鉴定结论；并说明第 1052238 号司法鉴定意见涉及的内容是已经销售出的涉案产品，并不包含在查获扣押物品中，而第 1052592 号司法鉴定意见就是对查获扣押物品的价格鉴定。由于查获扣押物品的部分价格存在不确定性，因此第 1052592 号司法鉴定意见采用司法资产评估的方法进行。

上诉人王某某对上述四组新证据均无异议。

2. 鉴定机构及鉴定人出庭作证。

依据《中华人民共和国刑事诉讼法》第一百八十七条第三款规定，本院审理通知云南乾盛司法鉴定中心及乾盛司鉴字〔2016〕1052592 号司法鉴定意见书的鉴定人出庭，该中心说明乾盛司鉴字〔2016〕1052238 号、1052592 号司法鉴定意见书的关联性，乾盛司鉴字〔2016〕1052592 号司法鉴定意见书的鉴定人说明该意见书的鉴定程序和方法。

昆明市人民检察院、上诉人王某某对鉴定机构及鉴定人出庭陈述内容无异议。

3．二审重点调查事实，即案发公安机关从上诉人王某某处查获扣押物品是否属于合法取得注册商标保护的范围。

昆明市人民检察院认为：查获标有“OPPO”物品中的蓝牙耳机与“OPPO”注册商标核定使用的商品不相对应；查获标有“VIVO”物品案发时间是2016年3月与“VIVO”注册商标核定使用商品的注册期限自2016年4月起开始，案发时间早于注册商标保护起始时间。因此，法院应当将上述不属于合法注册商标保护的物品价格从原鉴定报告确定的价格中扣减。这一观点上诉人王某某表示认可。

4．经庭审调查上述事实后，云南乾盛司法鉴定中心二审补充鉴定内容。

云南乾盛司法鉴定中心认为，新的补充证据对乾盛司鉴字〔2016〕第1052592号司法鉴定意见书的鉴定意见有直接影响，依据司法部令132号《司法鉴定程序通则》第三十条规定进行补充鉴定，2017年8月16日出具了云乾〔2017〕第180号司法鉴定说明函，证明：上诉人王某某涉案扣押物品价格合计人民币1925191.67元，其中属于合法注册商标商品范围内的涉案物品价格为1119996.67元，不属于合法注册商标品牌范围的涉案物品价格为805195元。

昆明市人民检察院、上诉人王某某对该补充鉴定内容无异议。

本院对一、二审出现的证据，经过庭审审查核实后进行综合评判，确认本案法律事实。

经审理查明：（一）广东欧珀移动通信有限公司是中华人民共和国工商行政管理总局商标局颁发的第4571222号、第10535258号“OPPO”商标注册证注册人。其中，第4571222号“OPPO”商标注册证上核定的注册有效期限自2008年4月28日至2018年4月27日止，核定使用商品为第9类（其中包括耳塞机、插头、电池充电器、电源材料等）；第10535258号“OPPO”商标注册证上核定的注册有效期限自2013年9月14日至2023年9月13日止，核定使用商品为第9类（其中包括移动充电电源、数据线、手机无线充电器、移动电源等）；（二）小米科技有限责任公司是中华人民共和国工商行政管理总局商标局颁发的第12861490号“MI”商标注册证注册人，注册有效期限日期自2014年11月14日至2024年11月13日，核定使用商品项目为第9类（其中包括移动电源等）；（三）维沃移动通信有限公司是中华人民共和国工商行政管理总局商标局颁发的第15180323A号“VIVO”商标注册证注册人，注册有效期限自2016年4月21日至2026年4月20日，核定使用商品项目为第9类（其中包括头戴式耳机、移动电源、电池充电器等）。

2016年3月19日，昆明市公安局官渡分局世纪城派出所民警在新螺蛳湾国际商贸城10区4楼4153号，对上诉人王某某所经营的信德通讯手机店进行检查，从该手机店内查获印有“OPPO”注册商标的充电宝（20000mAh）1627个、充电宝（10800mAh）1964个、手机充电器插头4658个、手机数据线（DL109）624根、手机充电器（2A秒充）977个、手机充电器429个、礼品盒46盒、蓝牙耳机72个、耳机317个、数据线（散装）2500根、耳机（散装）960根；查获印有“MI”注册商标的充电宝（20800毫安）320个、充电宝［10400毫安（大）］1230个、充电宝［10400毫安（小）］1142个、充电宝（10480毫安）540个、充电宝（20000毫安）846个；查获印有“VIVO”注册商标的充电宝（20000mAh）1250个、充电宝（12000mAh）303个、充电器插头2930个、充电器234个、蓝牙耳机53个、充电器（2A秒充）373个、耳机（4POLE）572个、数据线363根、礼品盒37盒等物品，并予以扣押。上述物品经商标的注册人广东欧珀移动通信有限公司、小米科技有限责任公司及维沃移动通信有限公司确认均不是三家公司生产产品。经云南乾盛司法鉴定中心鉴定出具的乾盛司鉴字〔2016〕1052592号《对王某某涉嫌假冒注册商标案涉案的物品价格评估司法鉴定意见书》，鉴定结论为：王某某涉嫌假冒注册商标一案涉案物品（除“VIVO”礼品盒外）的价格合计为1925191.67元。

同时，依据广东欧珀移动通信有限公司、小米科技有限责任公司、维沃移动通信有限公司等企业获得合法注册商标核定使用的商品，逐一与公安机关查获扣押上诉人王某某物品进行比对，确认：（一）公安机关查获印有“OPPO”注册商标的充电宝（20000mAh）1627个、充电宝（10800mAh）1964个、手机充电器插头4658个、手机数据线（DL109）624根、手机充电器（2A秒充）977个、手机充电器429个、礼品盒46盒、耳机317个、数据线（散装）2500根、耳机（散装）960根等物品案发时属于广东欧珀移动通信有限公司合法取得“OPPO”注册商标专用权核定保护的商品范围，该企业未授权上诉人王某某及其经营的信德通讯手机店销售。（二）公安机关查获印有“mi”注册商标的充电宝（20800毫安）320个、充电宝［10400毫安（大）］1230个、充电宝［10400毫安（小）］1142个、充电宝（10480毫安）540个、充电宝（20000毫安）846个等物品案发时属于小米科技有限责任公司商标核定保护的商品范围，该企业未授权上诉人王某某及其经营的信德通讯手机店销售。以上涉案物品经云南乾盛司法鉴定中心补充鉴定出具了云乾〔2017〕第180号司法鉴定说明函，明确：王某某涉案扣押物品价格合计人民币1925191.67元，其中属于企业合法注册商标商品范围内的涉案物品价格为1119996.67元，不属于企业注册商标品牌范围的涉案物品价格为805195元。

本院认为：上诉人王某某为谋取非法利益，明知是假冒注册商标的商品而进行销售，其主观方面具有销售假冒注册商标商品的犯罪故意，客观方面已经着手实施犯罪，触犯了《中华人民共和国刑法》第二百一十四条规定，构成销售假冒注册商标的商品罪，依法应当给予刑罚处罚。

关于犯罪销售金额及犯罪财物的认定。根据《中华人民共和国刑法》第二百一十三条规定，假冒注册商标行为是指未经注册商标所有人许可，在同一种商品上使用与其注册商标相同的商标，因此《中华人民共和国刑法》第二百一十四条规定销售假冒注册商标的商品罪中的“假冒注册商标的商品”应当是指在同一种商品上使用与其注册商标相同商标的商品。根据《最高人民法院、最高人民检察院、公安部关于办理侵犯知识产权刑事案件适用法律若干问题的意见》第五条规定，名称相同的商品以及名称不同但指同一事物的商品可以认定为“同一种商品”，认定“同一种商品”应当在权利人注册商标核定使用的商品和行为人实际生产销售的商品之间进行比较。本案上诉人王某某假冒

“OPPO”“VIVO”“mi”注册商标进行销售，原公诉机关依据公安机关从上诉人王某某处查获扣押的标有“OPPO”“VIVO”“mi”商标的涉案物品起诉上诉人王某某涉嫌犯罪，应当依据这三种合法注册商标核定使用的商品与从上诉人王某某处查获扣押的物品逐一比较确定属于假冒注册商标的商品。假冒注册商标的商品尚未销售的，应当以其货值金额认定为上诉人王某某犯罪的销售金额。审理中，昆明市人民检察院认为：被查获的物品部分不能认定为假冒注册商标商品中的“同一种商品”，不属于假冒注册商标的商品，应当从查获物品的货值金额中扣除，不计算在犯罪数额内。上诉人王某某亦表示认可。同时，具有司法鉴定资质的云南乾盛司法鉴定中心依照司法鉴定程序在原鉴定结论基础上，补入新证据，对查获扣押物品进行分类确定货值，其中确定属于企业合法注册商标商品范围内的涉案物品价格为人民币1119996.67元。这一货值金额庭审质证中昆明市人民检察院、上诉人王某某均表示认可。因此，本院应当认定上诉人王某某销售假冒注册商标的商品销售金额为人民币1119996.67元，属于犯罪财物。

关于量刑处罚。根据《最高人民法院、最高人民检察院、公安部关于办理侵犯知识产权刑事案件适用法律若干问题的意见》第八条规定，上诉人王某某销售假冒注册商标的商品被公安机关在经营场所查获，应当认定上诉人王某某已经着手实施犯罪，商品尚未销售是因上诉人王某某意志以外的原因未得逞，属于犯罪未遂。鉴于上诉人王某某属犯罪未遂，可以比照既遂犯从轻处罚；上诉人王某某被公安机关抓获后能如实供述犯罪事实，认罪态度较好，具有认罪、悔罪表现，系初犯，可以从轻处罚。考虑上述量刑情节，本院认为上诉人王某某销售假冒注册商标的商品销售金额为人民币1119996.67元，根据《最高人民法院、最高人民检察院关于办理侵犯知识产权刑事案件具体应用法律若干问题的解释》第二条第二款规定，属于数额巨大，依法判处上诉人王某某有期徒刑三年，并处罚金。根据《最高人民法院、最高人民检察院关于办理侵犯知识产权刑事案件具体应用法律若干问题的解释（二）》第四条规定及认定上诉人王某某犯罪销售金额人民币1119996.67元，依法判决上诉人王某某罚金人民币60万元。根据《中华人民共和国刑法》第六十四条规定，从上诉人王某某处查获扣押并认定为犯罪财物依法应当予以没收。

关于上诉观点的采纳。本院经审理采纳了上诉人王某某提出的“犯罪对象被扩大，假冒销售的部分商品与三家公司的商品不相同”观点，二审补充鉴定假冒注册商标商品的销售金额，在二审量刑处罚中予以考虑。上诉人王某某主张认罪、悔罪及初犯等量刑情节，原审法院在一审判决中已充分考虑，本院应当支持。另外，上诉人王某某二审对鉴定机构、鉴定人出庭作证以及二审补充鉴定内容均表示认可，视为其放弃对鉴定价格有异议的上诉观点。至于上诉人王某某主张自己属于犯罪预备，于法无据，且与本案确认事实不相符，本院不予采纳。

综上所述，因二审审理出现新证据，本院经审查补充确认原审判决遗漏的事实。本院二审确认的事实不影响原审判决定罪部分，但会影响原审判决量刑及涉案犯罪财物的处理，故本院维持原审判决的定罪部分，对量刑不当之处及涉案犯罪财物没收部分予以纠正。昆明市人民检察院提出“一审判决认定的部分事实不清，可能影响量刑，建议法庭查清事实、考虑社会危害性，作出罪刑相适应的判决”的意见，本院予以支持。据此，依照《中华人民共和国刑法》第二百一十四条、第二十三条、第五十二条、第五十三条、第六十四条、第六十七条第三款，《最高人民法院、最高人民检察院关于办理侵犯知识产权刑事案件具体应用法律若干问题的解释》第二条第二款、第九条、第十二条第一款，《最高人民法院、最高人民检察院关于办理侵犯知识产权刑事案件具体应用法律若干问题的解释（二）》第四条，《最高人民法院、最高人民检察院、公安部关于办理侵犯知识产权刑事案件适用法律若干问题的意见》第五条、第八条，《中华人民共和国刑事诉讼法》第一百八十七条第三款、第一百九十一条、第二百二十五条第一款第（三）项的规定，判决如下：

一、维持昆明市官渡区人民法院（2016）云 0111 刑初 1307 号刑事判决的第一项定罪部分。

二、撤销昆明市官渡区人民法院（2016）云 0111 刑初 1307 号刑事判决第一项中对王某某的量刑部分、罚金部分。

三、撤销昆明市官渡区人民法院（2016）云 0111 刑初 1307 号刑事判决第二项，即扣押在案的涉案物品予以没收。

四、上诉人（原审被告人）王某某犯销售假冒注册商标的商品罪，判处有期徒刑三年，并处罚金人民币六十万元（刑期从判决执行之日起计算，判决执行以前先行羁押的，羁押一日折抵刑期一日，即自2016年3月30日起至2019年3月29日止；罚金须于判决生效后90日内缴纳）。

五、从上诉人王某某处查获的：印有“OPPO”注册商标的充电宝（20000mAh）1627个、充电宝（10800mAh）1964个、手机充电器插头4658个、手机数据线（DL109）624根、手机充电器（2A秒充）977个、手机充电器429个、礼品盒46盒、耳机317个、数据线（散装）2500根、耳机（散装）960根等物品；印有“mi”注册商标的充电宝（20800毫安）320个、充电宝［10400毫安（大）］1230个、充电宝［10400毫安（小）］1142个、充电宝（10480毫安）540个、充电宝（20000毫安）846个等物品予以没收。

本判决为终审判决。

审 判 长 马 芸
审 判 员 车林恒
审 判 员 陈 锐

二〇一七年九月十四日

法官助理 张 俊
书 记 员 张茹琳

徐某某拒不执行判决、裁定案

［**裁判要旨**］每个公民都有依法履行人民法院判决、裁定的义务，对人民法院的判决、裁定有能力执行而拒不执行的，情节严重的，应当追究相应的刑事责任。

［案　情］

公诉机关指控：2012年6月1日，昆明市官渡区人民法院审理的杨某某诉徐某某一案，判决徐某某偿还杨某某借款400000元及利息24000元，承担案件受理费4280元。后徐某某不服提出上诉，2012年11月3日昆明市中级人民法院作出终审判决，维持原判。判决生效后杨某某向法院申请强制执行，徐某某一直未履行判决确定的义务，并于2016年7月将领取的拆迁赔偿款100余万元转移藏匿。后经法院执行员多次传唤，徐某某仍拒不执行判决。公诉机关认为，被告人徐某某对人民法院的判决、裁定有能力执行而拒不执行，情节严重，其行为已触犯《中华人民共和国刑法》第三百一十三条之规定，构成拒不执行判决、裁定罪，请求依法严惩。

被告人徐某某辩称：拆迁补偿了90多万元，存入了平安银行，领取拆迁款后将钱用于偿还其他债务，并不是转移、藏匿，其中盖住房用去了30多万元，偿还合伙期间债务用了50多万元，后因自己与申请人杨某某还存在合伙纠纷，在执行中与申请人杨某某存在调解协议而且已经将钱12万余元打给法院。因此，公诉机关指控其犯拒不执行判决、裁定罪不成立。

被告人徐某某的辩护人提出：被告人徐某某已经偿还30万元债务，主观恶性小、情节轻微，未造成债权人重大损失以及法院判决无法执行的严重后果，请求法院对徐某某免予刑事处罚。

昆明市官渡区人民法院经审理查明：2012年6月1日，昆明市官渡区人民法院审理的杨某某诉徐某某一案，判决徐某某偿还杨某某借款400000元及利息24000元，承担案件受理费4280元。后徐某某不服提出上诉，2012年11月3日昆明市中级人民法院作出终审判决，维持原判。判决生效后杨某某向本院申请强制执行，2013年4月27日本院向徐某某送达执行通知书、报告财产令，但徐某某一直未履行判决确定的义务，并于2016年7月将领取的拆迁赔偿款997967元转移藏匿。后经法院执行员多次传唤，徐某某仍拒不执行判决。另查明，2016年8月3日，被告人徐某某向本院执行局缴执行款120000元，后杨某某收到本院执行局发还执行款120000元。2016年12月16日，杨某宝向本院执行局账户汇入执行款30万元，系其替被告人徐某某缴纳的执行款。

昆明市中级人民法院依法确认了一审认定的事实。

[审　判]

昆明市官渡区人民法院认为，人民法院的判决、裁定一经生效，即具有法律强制力，有关单位和个人必须执行，被告人徐某某为逃避债务，对人民法院的判决、裁定有能力执行而拒不执行，在人民法院发出执行通知书、报告财产令后，一直未履行判决确定的义务，并在有能力执行时转移财产，致使人民法院的生效判决无法执行，情节严重，其行为已构成拒不履行判决、裁定罪。依照《中华人民共和国刑法》第三百一十三条之规定，判决：被告人徐某某犯拒不执行判决、裁定罪，判处有期徒刑二年零六个月。

一审宣判后，被告人徐某某不服，提出上诉称：其已实际履行完毕生效判决义务，一审判决认定事实错误，请求二审法院依法撤销一审判决。

昆明市中级人民法院经审理认为，上诉人徐某某为逃避债务，对人民法院的判决、裁定有能力执行而拒不执行，在人民法院发出执行通知书、报告财产令后，一直未履行判决确定的义务，并在有能力执行时转移财产，致使人民法院的生效判决无法执行，情节严重，其行为已构成拒不执行判决、裁定罪，依法应予惩处。原审法院认定事实清楚，定罪及适用法律正确，审判程序合法，唯量刑不当，故依法改判。据此，依照《中华人民共和国刑事诉讼法》第二百二十五条第一款第（二）项及《中华人民共和国刑法》第四十七条、第三百一十三条之规定，判决如下：

一、撤销昆明市官渡区人民法院（2017）云 0111 刑初 264 号刑事判决；

二、被告人徐某某犯拒不执行判决、裁定罪，判处有期徒刑一年零六个月。

[评　析]

在中华民族悠久的文明历史中，诚信被视为一个人应当具备的最基本的品质。浩如烟海的各种典籍中对诚信也有数不胜数的名言警句：《周易》中有“人之所助者，信也”；《礼记》中有“不宝金玉，而忠信以为宝”；《资治通鉴》有“丈夫一言许人，千金不易”；孔子言：“人而无信不知其可”；孟子道“诚者，天之道也；思诚者，人之道也”；朱熹认为“信犹五行之土，无定位，无成名，而水金木无不侍是以生者”。

然而在当下，由于社会转型所带来的新的社会矛盾，导致一些人将诚信置之脑后，尤其在履行法院生效裁判文书方面尤为突出，以官渡法院为例，每年执行案件受案量已经超过同期民商事案件受案数的一半以上，这也是近年来人民法院执行案件不降反增的原因之一。此外，法院系统出现的很多信访案件也多是由于执行不到位引发，但其中绝大多数并不是因为法院不作为所致，而是被执行者丧失诚信不愿意履行所致。从小了看，执行难问题折射出的是部分当事人丧失诚信，缺乏最基本道德底线；从大了讲，是少数人对国家司法权威的藐视，损害的是一个国家的法治秩序和根基。

党的十八大提出了24字社会主义核心价值观，其中就有诚信。2016年3月，最高人民法院院长周强在全国“两会”上郑重承诺，要用两到三年时间基本解决执行难问题。本案就是在这样的大背景下经过公安、检察院、法院的依法侦查、公诉直至审判，目的是通过个案震慑那些尚未积极履行法院生效裁判文书的当事人，同时彰显司法权威。

本案中，被告人徐某某在得到拆迁赔偿款后有偿还全部债务的能力，但其为逃避债务，仅将其中12万元用于偿还判决确定的债务，其余款项被挪作他用，而后一直未偿还余下的债务，致使人民法院的生效判决无法执行，损害了原告杨某某的债权和司法权威，情节严重，法院认为其行为已构成拒不执行判决、裁定罪。

本案一审宣判前，被告人徐某某并未被羁押，其在执行过程中明知有未履行的债务，还在法院通知其限期履行后将财产转移；后官渡区法院执行局多次预对其进行司法拘留，最终因其患有高血压无法羁押而未果，因此导致被告人徐某某认为法院对其行为无任何惩戒办法，态度更为恶劣，并曾经辱骂法官，拒不认罪。一审在量刑时综合考虑被告人徐某某的行为和认罪态度判处其有期徒刑二年零六个月。一审宣判后人民法院依法对其进行了逮捕和羁押，被告人徐某某不服上诉，二审期间其逐渐认识到了自己行为的错误，态度也有了较大转变，并表示认罪。二审法院考虑到本案已经达到了对其行为的打击和惩戒目的，故对其刑期进行了改判。本案宣判后也达到了很好的教育效果，在一审宣判后就有部分被执行人主动到官渡区法院履行了相关债务。

近两年来，人民法院为解决执行难问题出台了《关于落实“用两到三年的时间基本解决执行难问题”的工作纲要》，与相关职能部门建立了联动体系和网络查控系统，目的就是让“老赖”无处藏身。2018年3月，又逢全国“两会”，周强院长在作最高人民法院工作报告时表示，今年是“基本解决执行难”的决战之年，人民法院将坚决攻克这一妨碍公平正义、损害人民权益的顽瘴痼疾。相信在全体法院人的奋力拼搏下，在社会各界的共同努力下，必将实现这一目标，还人民群众一个诚信友善的社会。

[评选理由]

中华民族自古就有诚信的美德。刑罚是社会治理最为严格的手段，通过刑罚威慑破局执行难的困局，是打击“老赖”，强化社会信用体系的有效手段。本案中，两级法院依法对转移财产，拒不执行法院判决的被告人判处刑罚，不仅对犯罪人本人产生刑罚效果，同时对公众也能起到良好的一般预防效果，形成示范效应，对藐视司法权威、背弃社会诚信的行为形成有效威慑。该案对惩治失信行为，维护裁判的公信力，促进诚信社会建设，推进解决执行难等方面具有积极作用。

一审裁判文书：云南省昆明市官渡区人民法院（2017）云0111刑初264号

二审裁判文书：云南省昆明市中级人民法院（2017）云01刑终426号

一审法院合议庭组成人员：

审判长：杨婉菱；人民陪审员：尚炳昌、张宝宽

承办人：杨婉菱；编写人：卢旭、杨婉菱

附：

云南省昆明市官渡区人民法院
刑事判决书

（2017）云0111刑初264号

公诉机关昆明市官渡区人民检察院。

被告人徐某某，女，1961年12月25日出生，汉族，小学文化，户籍所在地云南省昆明市官渡区，因涉嫌拒不执行判决、裁定罪，于2016

年9月2日被昆明市公安局官渡分局取保候审。经本院决定，于2017年5月15日被昆明市公安局官渡分局执行逮捕，现羁押于昆明市看守所。

昆明市官渡区人民检察院以官检公一科刑诉〔2017〕257号起诉书指控被告人徐某某犯拒不执行判决、裁定罪，于2017年3月14日向本院提起公诉。本院受理后，依法适用普通程序组成合议庭，于2017年5月15日在本院第二法庭公开开庭审理了本案。昆明市官渡区人民检察院指派检察员李靓、书记员刘天妍、崔旭照出席法庭支持公诉，被告人徐某某到庭参加诉讼。现已审理终结。

公诉机关指控：2012年6月1日，昆明市官渡区人民法院审理的杨某某诉徐某某一案，判决徐某某偿还杨某某借款400000元及利息24000元，承担案件受理费4280元。后徐某某不服提出上诉，2012年11月3日昆明市中级人民法院作出终审判决，维持原判。判决生效后杨某某向法院申请强制执行，徐某某一直未履行判决确定的义务，并于2016年7月将领取的拆迁赔偿款100余万元转移藏匿。后经法院执行员多次传唤，徐某某仍拒不执行判决。

公诉机关认为：被告人徐某某对人民法院的判决、裁定有能力执行而拒不执行，情节严重，其行为已触犯《中华人民共和国刑法》第三百一十三条之规定，构成拒不执行判决、裁定罪，提请依法判处，并当庭建议本院对被告人徐某某判处三年以下有期徒刑、拘役或者罚金。

公诉机关针对起诉指控的拒不执行判决、裁定罪的犯罪事实，当庭宣读和出示了以下证据予以证实：

一、被告人徐某某的供述

被告人共在公安机关做过三次供述，均否认构成拒不执行判决、裁定罪。其陈述：官渡区人民法院的判决是我赔偿杨某某的借款424000元整，后我上诉到昆明市中级人民法院，结果是维持原判。问：钱是谁借给你的？答：钱是杨某某借给我的，借条是我写的，钱是我和杨某某合伙时借的。问：政府赔偿了多少拆迁款给你？拆迁款存入哪个银行？答：赔偿了90多万元，存入了平安银行，钱被我还盖住房的费用去了30多万元，被我还之前合伙期间造成的损失50多万元，被我汇到官渡区法院执行局的银行有12万元。问：秧草凹村是什么时候拆迁的？答：2016年

7月份拆迁的。问：你为什么不执行法院的判决呢？答：在执行期间，我跟杨某某约定等四人（我和杨某某、杨昊承、杨忠林）合伙案的最终结算。

二、书　证

1．《滇中临空产业园项目农房拆迁安置协议书》一份、滇中临空产业园项目农房拆迁测绘六方签证表一份、《滇中临空产业园项目农房（宅基地建房）拆迁补偿协议书》一份、补偿协议审核意见书一份、房屋照片二份、滇中临空产业园区项目建（构）筑物及附属设施移交书一份、证明一份、承诺书一份、户口册（复印件）二份、身份证（复印件）一份、滇中临空产业园项目秧草凹村房屋征收五标段验收单一份，证实：被告人徐某某所有的位于长水社区的房屋被拆迁。

2．平安银行昆明南亚支行出具的银行流水一份、查询个人存款函一份，证实：2016年7月12日滇中临空产业园现场指挥部向被告人徐某某的银行账户汇入拆迁补偿款577967元，被告人徐某某于汇款第二日通过柜面取款和柜台转账的方式将拆迁补偿款577967元全部转移；2016年7月25日滇中临空产业园现场指挥部向被告人徐某某的银行账户汇入拆迁补偿款420467元，被告人徐某某于汇款第二日通过柜面取款方式将拆迁补偿款中的420000元转移。

3．《昆明市官渡区人民法院移送函》一份，《关于徐某某涉嫌拒不执行判决、裁定罪的情况简介》一份，证实：昆明市官渡区人民法院执行局将本案犯罪线索移送至昆明市公安局官渡分局。

4．执行立案审批表一份，证实：申请人杨某某于2013年1月9日向法院申请立执行案，被申请人为徐某某，执行标的为428280元，申请依据为一、二审判决书及送达回证，法院同意立案。

5．执行笔录一份，证实：2016年8月1日，执行员问被告人徐某某何时执行？徐某某回答：双方按1989案执行。执行员告知被告人徐某某：有能力履行拒不履行将追究法律责任。被告人徐某某回答：明天之内全部付清。

6．昆明市官渡区人民法院（2012）官民一初字第1024号民事判决书一份、昆明市中级人民法院（2012）昆民二终字第969号民事判决书一份，证实：2012 年 6 月 1 日官渡区人民法院判决被告人徐某某偿还杨某某借款 400000 元及利息 24000 元，两项共计 424000 元，案件受理费 4280 元。被告人徐某某不服上诉至昆明市中级人民法院，2012 年 11 月 13 日昆明市中级人民法院驳回上诉，维持原判。

7. 徐某某及杨昊承所写的情况反映、杨某某所写的民事诉状、合作协议、民事答辩状、徐某某所写的报案材料。

8. 昆明市官渡区人民法院送达回证一份，证实：2013 年 4 月 27 日执行员向被告人徐某某送达廉政监督卡、执行通知书、财产申报表，徐某某在送达回证上签字。

9. 云南鼎丰司法鉴定中心云鼎鉴文字〔2017〕第 143 号鉴定意见书，证实：日期为“2013 年 4 月 27 日”的《昆明市官渡区人民法院送达回证》受送达人或盖章处“徐某某”的签名字迹与样本上“徐某某”的签名字迹为同一人书写。

10. 昆明市人民检察院“不支持监督申请决定书”一份。

11. 被告人徐某某提供的民事判决书、民事裁定书、合作协议、进账单、短信记录、民事监督受案申请书（均为复印件）等。

12. 官渡区人民法院执行局出具的情况说明一份，证实：徐某某与杨某某经执行局调解两次，但未达成调解协议。

针对以上证据，被告人徐某某质证后认为自己不构成本罪，辩解如下：1. 自己与申请人杨某某还存在合伙纠纷；2. 在执行中与申请人杨某某存在调解协议而且已经将钱打给法院；3. 领取拆迁款后将钱用于偿还其他债务，并不是转移、藏匿。因此，公诉机关指控其犯拒不执行判决、裁定罪不成立。

被告人徐某某当庭向法庭出示了以下证据予以证实：1. 股权转让协议公证书一份；2. 贷款协议一份、昆明市西山区拓达小额贷款有限公司贷款结清证明一份、2010—2011 年昆明市西山区拓达小额贷款有限公司出具的发票多份；3. 2010 年 8 月 23 日杨昊承归还贷款的中国农业银行客户回单一份；4. 2012 年 3 月 23 日的收据两张；5. 2012 年 5 月 21 日与刘某稳的借款合同一份及刘某稳于 2016 年 8 月 21 日出具的收条一份；6. 借款人徐某稳于 2012 年向朱学文借款的借条两份（金额共计 8 万元）；7．借款人为徐某某于2015年1月5日向刘某兰柜借款10万元的借条一份；8．2016年7月26日户名为李某媛的存款凭条一张；9．2010年户名为徐某某的中国工商银行凭证多张；10．2014年1月8日杨某某写的撤诉申请（复印件）一份；11．时间为2016年12月1日、2016年12月16日，付款人为杨某宝，金额为300000元，收款人为昆明市官渡区人民法院执行局，转账用途为调解事项款（杨某宝）的平安银行智能填单两份；12．向官渡区人民法院申请调取证据的申请书；13．云南省人民检察院民事监督案件受理通知书一份。

本院对被告人徐某某当庭出示的证据组织质证，对被告人徐某某的辩解，公诉机关质证后答辩称：1．被告人所称的调解并不存在；2．被告人所提交证据是被告人与其他人的经济纠纷，发生在2016年的只有3万元、30万元，其他的证据都是发生在2010年的，与本案无关；3．平安银行的回执说明与杨某宝的证据与本案无关。

本院在充分听取控、辩双方发表的质证及辩论意见的基础上，并根据以上证据的合法性、关联性、有效性，确认以下案件事实：

2012年6月1日，昆明市官渡区人民法院审理的杨某某诉徐某某一案，判决徐某某偿还杨某某借款400000元及利息24000元，承担案件受理费4280元。后徐某某不服提出上诉，2012年11月3日昆明市中级人民法院作出终审判决，维持原判。判决生效后杨某某于向本院申请强制执行，2013年4月27日本院向徐某某送达执行通知书、报告财产令，但徐某某一直未履行判决确定的义务，并于2016年7月将领取的拆迁赔偿款997967元转移藏匿。后经法院执行员多次传唤，徐某某仍拒不执行判决。

另查明，2016年8月3日，被告人徐某某向本院执行局缴执行款120000元，后杨某宝收到本院执行局发还执行款120000元。2016年12月16日，杨某宝向本院执行局账户汇入执行款30万元。

本院认为，人民法院的判决、裁定一经生效，即具有法律强制力，有关单位和个人必须执行，被告人徐某某为逃避债务，对人民法院的判决、裁定有能力执行而拒不执行，在人民法院发出执行通知书、报告财产令后，一直未履行判决确定的义务，并在有能力执行时转移财产，致使人民法院的生效判决无法执行，情节严重，其行为已构成拒不履行判决、裁定罪。公诉机关指控被告人徐某某的犯罪事实清楚，证据确实充分，指控罪名成立，本院予以确认。

对被告人徐某某提出的辩解意见，本院认为，依据庭审出示的证据能够证实被告人徐某某与申请人杨某某在执行过程中并未达成调解协议，被告人徐某某作为被执行人在获得拆迁补偿款后，具有履行生效判决的能力，却于收到拆迁款后的第二日即将款项转移藏匿，致使判决无法执行，其行为侵犯了国家司法权威及申请执行人的财产权利，符合认定为拒不执行判决、裁定罪的构成要件，故被告人徐某某的辩解理由不能成立。鉴于被告人徐某某于2016年8月3日部分履行义务，另经查明杨某宝于2016年12月16日汇入本院执行局账户执行款30万元，系其替被告人徐某某缴纳的执行款，故可酌情对被告人徐某某从轻处罚。据此，根据被告人徐某某的犯罪事实、性质、情节和对社会的危害程度及悔罪表现，依照《中华人民共和国刑法》第三百一十三条之规定，判决如下：

被告人徐某某犯拒不执行判决、裁定罪，判处有期徒刑二年零六个月（刑期自判决执行之日起计算，判决执行前羁押一日折抵刑期一日，即自2017年5月15日起至2019年11月14日止）。

如不服本判决，可在接到判决书的第二日起十日内，通过本院或者直接向云南省昆明市中级人民法院提出上诉。书面上诉的，应当提交上诉状正本一份，副本一份。

审　判　长　杨婉菱
人民陪审员　尚炳昌
人民陪审员　张宝宽

二〇一七年五月十五日
书　记　员　张　志

李某某非法经营案

［裁判要旨］

假冒注册商标罪，是指未经注册商标所有人许可，在同一种商品上使用与其注册商标相同的商标，情节严重的行为。违反国家规定，未经许可经营法律、行政法规规定的专营、专卖物品或者其他限制买卖的物品的，情节严重的，构成非法经营罪。被告人在未获得注册商标许可的商品种类上冒用注册商标的行为不构成假冒注册商标罪。

［案　情］

公诉机关昆明市呈贡区人民检察院。

被告单位云南某某种业有限公司，法定代表人李某某。

诉讼代表人何中奎。

辩护人兰天茂，云南华东律师事务所律师。

被告人李某某。

辩护人罗坷、安鹏，云南天外天律师事务所律师。

被告人李某某系被告单位云南某某种业有限公司法定代表人。2015年12月以来，李某某为公司谋取利益，自购玉米种子并加工、套用云南浩禾农业科技有限公司“五谷3861”玉米杂交种子进行销售。后于2016年3月25日在昆明市呈贡区王家营国际物流4幢4–5号被查获。经查，云南某某种业有限公司无农作物种子生产经营许可证。经称量，现场查获的玉米种子重17467公斤；经鉴定，查获的种子与“五谷3861”种子系同一品种，价值人民币807849元。

公诉机关以被告人李某某的行为构成假冒注册商标罪，提出指控。后变更起诉，以被告单位云南某某种业有限公司、被告人李某某犯非法经营罪，提出指控。

被告单位云南某某种业有限公司的诉讼代表人认为他们只是出资，不参与管理，不清楚公司的销售、获利情况。

被告人李某某对公诉机关指控的事实和罪名无异议。

被告单位的辩护人对指控罪名及事实有异议，认为被告单位不构成非法经营罪。提出以下辩护意见：李某某自购玉米种子加工、套用云南浩禾农业科技有限公司包装进行销售系个人行为，与被告单位无关，被告单位不应承担刑事责任；云南某某种业有限公司属于合法经营，并未扰乱市场秩序，不构成犯罪。

被告人李某某的辩护人对公诉机关指控的犯罪事实及罪名有异议，认为李某某无罪。提出以下辩护意见：李某某经营的云南某某种业有限公司的经营范围包含不再分装的种子销售，不需要办理种子生产经营许可证；云南某某种业有限公司的行为按照《云南省种子条例》的规定，属于行政处罚的范畴；起诉书指控涉嫌非法经营存在事实不清的情况，某某公司还经营过其他玉米种子，库房中还有剩余的玉米种子，存在剩下的玉米种子是否会和查封的玉米种子存在混合的情况；查获的大部分种子是散种，因芽率不合格，准备转为商品玉米，不应认定为犯罪数量的种子；被告人在销售过程中已开始回收种子，社会危害性小，没有达到扰乱市场经济秩序和社会经济发展；被告人的行为客观上没有造成严重后果和社会影响。

[审　判]

昆明市呈贡区人民法院经审理后认为，被告单位云南某某种业有限公司违反《中华人民共和国种子法》的规定，未经许可非法经营种子，扰乱市场秩序，情节严重，其行为触犯了《中华人民共和国刑法》第二百二十五条之规定，构成非法经营罪，应负刑事责任，被告人李某某作为直接负责的主管人员，亦构成非法经营罪。公诉机关指控罪名成立。李某某当庭自愿认罪，可酌情从轻处罚。根据本案证据，李某某与何中奎、蓝波等人成立云南某某种业有限公司，公司的经营范围为不再分装袋装种子的销售、农业技术推广服务、农具农膜销售、国内贸易物资供销，并由李某某担任公司的法定代表人，全权负责公司生产经营管理活动，李某某在公司未取得种子生产经营许可证的情况下，生产加工玉米种子销售，所得利益归于公司，情节严重，被告单位云南某某种业有限公司及被告人李某某的行为已经构成非法经营罪，因此被告单位辩护人关于李某某自购玉米种子加工、销售系李某某个人行为，被告单位不构成犯罪及李某某辩护人关于李某某不构成犯罪的辩护意见，本院不予采纳；其余辩护意见本院予以注意。综上，公诉意见有事实及法律依据，本院予以采纳；量刑建议本院予以注意。据此，根据被告单位、被告人犯罪的事实、性质、情节以及对社会的危害程度等，依照《中华人民共和国刑法》第二百二十五条，第二百三十一条，第六十七条第三款，第六十四条之规定，判决如下：

一、被告单位云南某某种业有限公司犯非法经营罪，判处罚金 20 万元（罚金于本判决生效后 90 日内缴纳）。

二、被告人李某某犯非法经营罪，判处有期徒刑一年零六个月，并处罚金 50000 元（罚金于本判决生效后 90 日内缴纳）。

三、扣押在案的玉米种子 17467 公斤、包装机 1 台、斗式提升机 1 台、种子包衣机 1 台依法予以没收。

宣判后，在法定期限内，公诉机关未提出抗诉，被告单位、被告人未提出上诉，判决生效。

[评　析]

昆明市呈贡区人民检察院第一次以被告人李某某涉嫌假冒注册商标罪向本院提起公诉，认为被告人李某某自购玉米种子并套用被害单位云南浩禾农业科技有限公司包装袋假冒浩禾公司“五谷 3861”玉米杂交种子，“浩禾”属于注册商标。现场查获的假冒“浩禾”牌注册商标玉米种子重 17467 公斤，价值人民币 807849 元，属于情节特别严重，构成假冒注册商标罪。

假冒注册商标罪，是指未经注册商标所有人许可，在同一种商品上使用与其注册商标相同的商标，情节严重的行为。经过开庭审理查明，云南浩禾农业科技有限公司经云南红穗农业科技开发有限公司授权使用“HAOHE”牌商标，该商标系云南红穗农业科技开发有限公司于2013年9月7日注册“HAOHE”商标核定使用第31类商品，包括玉米、植物、辣椒，有效期至2023年9月6日。后云南浩禾公司将该商标运用到其生产经营的“五谷3861”玉米种子上。因“HAOHE”牌玉米种子已经在市场上具有一定的知名度，容易销售，李某某为获取更大的经济利益，从种植“五谷3861”种子的农民处购买大量“五谷3861”种子，伪造“HAOHE”牌玉米种子的包装袋进行包装并销售。

根据商标分类表，第31类包括：（3101）未加工的林业产品；（3102）未加工的谷物及农产品（不包含蔬菜，种子）；（3103）花卉，园艺产品、草木；（3104）活动物；（3105）未加工的水果及干果；（3106）新鲜蔬菜；（3107）种子；（3108）动物饲料；（3109）麦芽；（3110）动物栖息用品。经核实，云南红穗农业科技开发有限公司注册的“HAOHE”牌商标的范围为第31类第3102项中的玉米及3103项中的辣椒（植物）、植物。本案中云南浩禾农业科技有限公司的“五谷3861”玉米种子一直使用“HAOHE”的商标，且该商标已在种子市场上具有一定的知名度，但根据法律规定假冒注册商标罪要求的是在同一种商品上使用与其注册商标相同的商标，而云南红穗农业科技开发有限公司的“HAOHE”牌商标未获得第31类第（3107）项种子的商标许可，因此“HAOHE”牌不属于玉米种子的注册商标，被告人李某某将“HAOHE”牌商标用于玉米种子上的行为不构成假冒注册商标罪。

经昆明市呈贡区人民法院建议，昆明市呈贡区人民检察院变更起诉，以非法经营罪对被告单位云南某某种业有限公司、被告人李某某提起公诉。根据刑法规定，违反国家规定，未经许可经营法律、行政法规规定的专营、专卖物品或者其他限制买卖的物品的，情节严重的，构成非法经营罪。首先，根据《中华人民共和国种子法》规定，生产种子需要经县级以上的农业部门颁发种子生产经营许可证，即生产玉米种子应当取得生产经营许可证。本案中，李某某与何中奎、蓝波等人成立云南某某种业有限公司，公司的经营范围为不再分装袋装种子的销售、农业技术推广服务、农具农膜销售、国内贸易物资供销，其无生产玉米种子的生产经营许可证。李杰熙收购散装玉米种子，对种子进行包衣处理，并包装成“HAOHE”牌“五谷3861”种子进行销售，该过程已经超出了其公司的生产经营范围，属于未取得经营许可证生产玉米种子。其次，云南某某种业有限公司由李某某担任公司的法定代表人，负责公司的全部生产经营管理活动，李某某在公司未取得种子生产经营许可证的情况下，生产加工玉米种子销售，所得利益归于公司。最后，云南某某种业有限公司、被告人李某某非法经营玉米种子价值人民币807849元，已超过司法解释中单位非法经营达50万元人民币以上的立案标准，属于情节严重的情形。综上，该行为符合非法经营罪的构成要件，被告单位云南某某种业有限公司及被告人李某某的行为已经构成非法经营罪。

故对被告单位云南某某种业有限公司、被告人李某某以非法经营罪定罪判处。

[评选理由]

该案是很容易将假冒注册商标罪和非法经营罪混淆的案件。审理的亮点在于：承办法官在查明全案事实的基础上，将假冒注册商标罪与非法经营罪进行对比，分析了此罪与彼罪的差异，做出了准确的定性，充分阐释了行为构成非法经营罪的原因，论理层次清晰，论据分析透彻流畅，适用法律正确，符合立法宗旨和法律条文原义，充分体现了法官的理论功底和业务素质，值得首肯。

一审裁判文书：云南省昆明市呈贡区人民法院（2016）云0114刑初390号

一审合议庭组成人员：

审判长：马兴东；代理审判员：邓丽君；人民陪审员：钱燕青

案例提供单位：云南省昆明市呈贡区人民法院

承办人：邓丽君；编写人：邓丽君

附：

昆明市呈贡区人民法院
刑事判决书

（2016）云0114刑初390号

公诉机关昆明市呈贡区人民检察院。

被告单位云南某某种业有限公司，法定代表人李某某。

诉讼代表人何某某，男，1969年10月出生，云南某某种业有限公司股东。

辩护人兰天茂，云南华东律师事务所律师。

被告人李某某，男，汉族，1989年10月出生，四川省简阳市人，

辩护人罗坷、安鹏，云南天外天律师事务所律师。

昆明市呈贡区人民检察院以呈检公诉刑诉（2016）381号起诉书指控被告人李某某犯假冒注册商标罪，于2016年9月29日向本院提起公诉。本院受理后，依法适用普通程序组成合议庭，于2016年11月1日公开开庭进行审理。在审理过程，昆明市呈贡区人民检察院以补充侦查为由，两次建议本院延期审理。2017年4月12日，昆明市呈贡区人民检察院变更起诉，以非法经营罪对被告单位云南某某种业有限公司、被告人李某某提起公诉，本院适用普通程序由同一合议庭成员于2017年5月16日再次公开开庭审理。昆明市呈贡区人民检察院指派代理检察员张毅莹、花志文出庭支持公诉。诉讼代表人何中奎，被告单位辩护人兰天茂、被告人李某某，辩护人罗坷、安鹏到庭参加诉讼。本案现已审理终结。

昆明市呈贡区人民检察院指控：被告人李某某系被告单位云南某某种业有限公司法定代表人，2015年12月以来，李某某为公司谋取利益，自购玉米种子并加工、套用云南某某农业科技有限公司“五谷3861”玉米杂交种子进行销售。后于2016年3月25日在昆明市呈贡区王家营国际物流被查获。经查，云南某某种业有限公司无农作物种子生产经营许可证。经称量，现场查获的玉米种子重17467公斤；经鉴定，查获的种子与“五

谷 3861”种子系同一品种，价值人民币 807849 元。

公诉机关认为：被告单位云南某某种业有限公司违反《中华人民共和国种子法》的规定，未经许可非法经营种子，扰乱市场秩序，情节严重，其行为触犯了《中华人民共和国刑法》第二百二十五条之规定，犯罪事实清楚，证据确实、充分，应当以非法经营罪追究其刑事责任，李某某作为直接负责的主管人员，亦构成本罪。建议判处被告单位罚金；判处李某某二年以上三年以下有期徒刑。据此提起公诉，请依法判处。

被告单位云南某某种业有限公司的诉讼代表人认为他们只是出资，不参与管理，不清楚公司的销售、获利情况。

被告人李某某对公诉机关指控的事实和罪名无异议。

被告单位的辩护人对指控罪名及事实有异议，认为被告单位不构成非法经营罪。提出以下辩护意见：李某某自购玉米种子加工、套用云南某某农业科技有限公司包装进行销售系个人行为，与被告单位无关，被告单位不应承担刑事责任；云南某某种业有限公司属于合法经营，并未扰乱市场秩序，不构成犯罪。

被告人李某某的辩护人对公诉机关指控的犯罪事实及罪名有异议，认为李某某无罪。提出以下辩护意见：李某某经营的云南某某种业有限公司的经营范围包含不再分装的种子销售，不需要办理种子生产经营许可证；云南某某种业有限公司的行为按照《云南省种子条例》的规定，属于行政处罚的范畴；起诉书指控涉嫌非法经营存在事实不清的情况，某某公司还经营过其他玉米种子，库房中还有剩余的玉米种子，存在剩下的玉米种子是否会和查封的玉米种子存在混合的情况；查获的大部分种子是散种，因芽率不合格，准备转为商品玉米，不应认定为犯罪数量的种子；被告人在销售过程中已开始回收种子，社会危害性小，没有达到扰乱市场经济秩序和社会经济发展；被告人的行为客观上没有造成严重后果和社会影响。

经审理查明，公诉机关指控被告单位云南某某种业有限公司、被告人李某某非法经营的事实属实。

上述事实，有下列公诉机关及辩护人当庭出示并经质证的证据证实，本院予以确认：

1. 受案登记表、立案决定书。证实：民警于2016年3月25日12时11分接苏某某报警称其在王家营国际物流仓库内发现有人假冒其公司名称和商标的种子。经开分局于2016年3月25日对该案立案侦查。

2. 抓获经过。证实：民警接报赶到现场后发现仓库内有大量标有云南某某科技有限公司“五谷3861”字样包装的玉米杂交种子，并在现场仓库找到该仓库老板李某某。

3. 户籍证明。证实：李某某犯本罪时已年满十八周岁，具备完全刑事责任能力，且无犯罪前科。

云南某某种业有限公司，法定代表人李某某，组织机构代码35183963–3。

4. 被告人李某某的供述及辩解。证实：他于2015年8月份成立了云南某某种业有限公司，公司法定代表人是他。2015年10月份他花了35万元左右（每公斤12元）从甘肃同张某购买了3万公斤左右的杂交玉米种子，这些玉米杂交种子放在昆明经开区洛阳街道办事处王家营国际物流仓库内，12月左右他向一个小作坊提供了某某公司玉米种子的包装袋，并付了5万多元给这个作坊制作了一万多个包装袋。2015年12月上旬，他请临时工人把从甘肃同张某购买的杂交玉米种子中的约1万公斤左右装进了云南某某农业有限公司的“五谷3861”外包装内，总共装了6000至7000小袋，合计约300至350大袋。2015年12月下旬，他请临时工把从甘肃同张某购买的约1万公斤左右的玉米杂交种子装到了某某农业有限公司的“五谷3861”的包装袋，装了1000小袋大概50大袋，剩下的种子他装到了公司的某某牌的包装袋内。到2016年1月份他又从张某买了一万公斤玉米杂交种子，并把这些种子全部装到了某某公司“3861”的包装袋内，装了1000小袋，总计约50大袋。

2015年12月中旬，他把假冒某某公司的玉米种子卖到了红河和临沧，总共约6000小袋300大袋。2016年1月份他又把假冒某某的种子卖到了临沧和红河，卖了400 ~ 500小袋，共计20 ~ 25大袋，总共卖了26万元左右，剩下的他一直没有卖直到被查。

2015年12月，他以900元的价格卖了20大袋给红河石屏县一家种子农资批发经营部，卖了18000元；以45000元卖了50大袋给泸西县的一家种子农资批发经营部；以108000元的价格卖了120大袋给临沧双江县一家种子农资批发经营部；其他的就记不清了。这些交易都是现金，因为知道是违法的他也没有记账。公司到现在还没有分红，其他股东不知道他的账目情况。他卖得的钱都用于公司及个人的日常支出了，现在钱已经用完了。假冒某某公司“3861”牌玉米杂交种子是因为这个品牌价格高，利润空间大，他想多赚点钱。

卖出去的种子大概回收了 164 件，共计 5000 多公斤。因为某某公司已经发现了市场上有假冒的某某玉米，2016 年 2 月底他主动去文山找到了苏某某，苏某某说只要他把卖出去的假冒种子收回来，就大事化小，小事化了。这些回收回来的种子准备包装拆掉，种子做报废处理。

在仓库里查获的种子有的是一直没有卖出去过的已经包装好的成品，有的是卖出去了以后又收回来已经包装好的成品，有的是之前卖出又收回来拆开了的。其中，已经包装好的成品大约有 150 大袋，摆在仓库进门左侧墙角下；包装好卖出去又收回来的大约有 100 大袋，摆在仓库里靠右的墙角边，这些是才从临沧收回来，当时有 119 大袋，后来拆开了一部分，完整的还剩 100 大袋，用灰白色的外编织袋包着；另外还有一部分种子他们收回后拆开了倒在仓库门口空地上堆着，这部分种子的具体数量不清楚；还有一部分种子是拆开了小袋后把种子装在大袋子里面堆放在门边和仓库中间的空地上，数量不清楚。

后供述称公司股东蓝某也知道他假冒“某某牌 3861”种子的事情，种子都是蓝某销售出去的。他一共给了蓝某 6000 小袋玉米种子，卖得 26 万元左右，蓝某是分三次给他的，一次是现金给了 1 万元，一次是 2016 年 1 月底蓝某从 ATM 机上直接存到公司使用的农村信用社卡上 3 万元，第三次是转账 22 万元到公司的卡上。蓝某卖种子是以个人名义销售的。他卖给蓝某种子的收入由于还没有过销售季节就还没有分红。

5. 证人证言。

（1）证人苏某某的陈述。证实：2016 年 2 月份左右，有群众向工商部门举报有人使用他们公司的名称和商标销售大量种子。后工商部门联系他们公司，他们分别到云南罗平和泸西配合工商行政管理局调查，通过调查得知，这些盗用商标的种子货源都是从昆明发过来的。2016 年 3 月 23 日下午，她接到举报称从临沧有 119 件盗用公司名称和商标包装的植物种子发往昆明。经过调查后，他们跟着如意物流城泽零担快运公司一辆车牌号为云 A·U××××的货车到经开区新长征王家营物流港，下货时看到有公司名称和商标的种子，他们就报警了。这些使用他们公司名称和商标的种子是“五谷 3861”种子，一袋有 1.6 公斤，售价是 80 元～85 元一袋。

2016 年 3 月 11 日，有一名男子打电话说泸西假种子的事情是该男子干的。3 月 12 日 22 时，一名男子到她家让她不要追究了，她让男子将销售出去的种子进行回收销毁，并去向执法部门坦白，后该男子匆忙走了。3 月 25 日，他们跟到王家营仓库时看到了当天晚上找她谈的人。她是某某农业科技有限公司的法人代表，某某牌的注册商标是由红穗公司注册的，红穗公司的法人代表是她老公。

（2）证人蓝某的陈述。证实：2015 年 11 月至 12 月左右，他和他父亲蓝某某、李某某、何某某、陈某某成立了云南某某种业有限公司，他们四人各占 11%，李某某占 56%，当时约定公司由李某某全权管理，其他股东只分红。2016 年 3 月份左右，李某某跟他说有“五谷 3861”的玉米种子，让他帮忙问问有没有经销商要这种玉米种子，后泸西的经销商说可以卖，他联系了李某某，李某某就开始生产“五谷 3861”的种子，后来下面的经销商一部分直接联系李某某要“五谷 3861”玉米种子，他卖了 1000 小袋，李某某给他的价格是 45 元～50 元一小袋，他卖 50 元～55 元，卖了 5 万元左右。2016 年 4 月份，他听经销商说某某公司在泸西的代理商跟经销商说他卖的“五谷 3861”玉米种子是假冒的，他才知道他们卖的种子是假的。他问李某某怎么处理，李某某说找经销商把种子收回来，他大概收了 500～600 小袋，钱是由李某某负责退的。他只把种子卖到过泸西。经销商打来的款有直接打到他卡上的，也有打到李某某卡上的，打到他卡上的钱他又转给李某某。他之所以在李某某给的价格上加价出售是为了从中弄点钱。他和李某某成立的公司到目前为止还没有分过红。他给李某某的钱都是现金形式，其给过李某某 2 万元。

（3）证人蓝某某、陈某某的陈述。证实：他们是云南某某种业有限公司的股东。他们对公司盗用云南某某农业科技有限公司的“五谷 3861”品牌的事情不清楚，公司经营到现在还没有盈利分红过。蓝某某陈述银行流水中，2015 年 10 月 28 日打的 32500 元及 2015 年 12 月 18 日打的 67000 元是给李某某的股本金。

（4）证人吕某的陈述。证实：他是某某种业有限公司推销员，公司的法人代表是李某某，他是 2016 年 3 月 1 日到公司上班的，李某某的老婆说公司是被授权进行销售的公司，做直接的成品销售，他来做的是示范种，到目前为止他只送了几次示范种到丽江的华坪、宁蒗，德宏陇川县，以及迪庆州、怒江的泸水市等几家。在公司期间他没有见过也没有听过公司在销售“五谷 3861”。

（5）证人杨某某的陈述。证实：他是 2015 年 8 月 24 日到云南某某种业有限公司工作的，从事财务工作，平时记录财务收支、发工资，公司老板李某某开了两张卡，一张是农村信用社的卡，一张是中国农业银行的卡，这两张卡平时是由他保管，有时买办公用品时会去支取。他有两本记账本，一本是不是现金日记账单，另一本是银行存款日记账本，主要记录两张银行卡的转入转出记录，这个记录平常都是李某某告诉他怎么记他就怎么记，具体情况只有老板清楚，还有一本是出库单，他从来没有去过仓库，也是李某某说怎么记就怎么记。公司是卖玉米杂交种子，“某某 168”是公司自己的产品，他没有见过“五谷 3861”的产品，李某某也没有跟他讲过。公司除了李某某还有四名股东，但是平时都是李某某负责管理公司。

（6）证人青某某的陈述。证实：2016 年 3 月 25 日 9 时左右，李某某打电话说有一批玉米杂交种子要到租的仓库（昆明市经开区洛阳街道办事处王家营新长征物流港 4 栋 5–6 号仓库）内下货，让他帮忙接货，李某某将仓库钥匙给了他。10 时许他到了仓库，仓库门口已经有李某某叫来下货的几个工人在等着了，过了一会儿来了一辆白色 130 货车，车到了后他核实了就是帮李某某拉玉米种子的车，他们开始下货，经过清点后一共有 109 包外包装为云南某某农业科技有限公司“某某 3861”牌的玉米杂交种子。货刚下完李某某就来了，李某某指挥工人把种子搬入仓库内，并让工人拆开包装为云南某某农业科技有限公司“某某 3861”牌的玉米杂交种子倒在仓库内，到了十多包警察就来了。工人倒种子是撕开标有云南某某农业科技有限公司“某某 3861”牌的玉米杂交种子的口子，把里面的小包装的标有云南某某农业科技有限公司“某某 3861”牌的玉米杂交种子倒在仓库的地上。他帮李某某接过两次货，还有一次是在 2016 年 3 月 23 日，当时是 20 件货，但具体牌子记不清了。李某某的仓库是 2016 年 2 月底左右租的。

（7）证人张某某的陈述。证实：他是昆明市经开区洛阳街道办事处王家营联合物流市场的老板，他和李某某于 2016 年 3 月 7 日签订了租仓库的合同，合同日期是 2016 年 3 月 7 日至 2017 年 3 月 20 日。

（8）证人钱某某的陈述。证实：2016 年 3 月 25 日 11 时左右，和他一起在小板桥摆车拉货的小陈让他帮忙拉一车货到王家营。小陈给了他提货地点、提货人电话以及收货人电话，他按照安排到广卫物流城装了 130 件左右的玉米种子送到王家营国际物流城的一个仓库内。

（9）证人段某某的陈述。证实：他是泸西县植源农业有限责任公司的销售户。蓝某说可以提供种子给他们卖，他找蓝某要“某某 3861”的玉米种子，每次都是蓝某把货拉到泸西，他们去提货。蓝某分两次卖了 80 件货给他，每件 1200 元。他用他岳母的账号分两次打到了蓝某的卡上，一次打了 6 万元，一次打了 3.6 万元。后来他们发现每个小包的编号是一样的，跟正规包装不一样，2016 年 3 月 28 日，他将种子拉到呈贡退给蓝某。他退了 45 件零 3 个小包。退货后蓝某退了 3 万元，还有 3.5 万元的尾款没退。

（10）证人毕某某的陈述。证实：他是泸西县呈誉农资有限公司的经营者。他向蓝某订购了 100 件“五谷 3861”，一大件 1200 元，每大件共 20 个小袋，每小袋 60 元。他用他老婆罗某燕的账号分三次打给蓝某的账号 12 万元。后来工商发现货有问题不准卖。2016 年 3 月 6 日退了 55 件货给蓝某，退货后蓝某退了 5.5 万元，还有 1.1 万元没退。

6. 辨认笔录。证实：张某某辨认出向其租仓库的男子是李某某；苏某某辨认出李某某。李某某辨认蓝某是从自己手上拿了 6000 小袋的“五谷 3861”种子去卖的人。段某某、毕某某辨认出蓝某是提供“谷子 3861”种子的人。

7. 盘点记录、扣押决定书、扣押笔录、扣押清单。证实：经盘点，王家营国际物流仓库内共有 225 大袋（一大袋内有 20 小袋，一大袋重 32

公斤，一小袋重 1.6 公斤）标有云南某某农业科技有限公司“五谷 3861”外包装的玉米杂交种子，标有云南某某农业科技有限公司“五谷 3861”字样未封口外包装的玉米杂交种子 109 大袋（每袋重 43 公斤，共计重 4687 公斤）；未包装的堆放在地上的玉米杂交种子重 5580 公斤。民警对上述物品依法予以扣押。

民警在现场发现了李某某作案时使用的正远包装 VFS500B 全自动包装机 1 台、DTY–3 型斗式提升机 1 台、绿炬牌 5BY–3 型种子包衣机 1 台。李某某将上述物品藏匿于王家营国际物流，民警依法对上述物品予以扣押。

8. 搜查证、搜查笔录等。证实：民警对李某某位于呈贡区呈钢小区的住所进行了搜查，未搜到有价值的证据。

民警对呈贡新农资市场云南某某种业有限公司进行了搜查，未搜到有价值的证据。

9. 现场辨认笔录及照片。证实：李某某指认其于王家营国际物流假冒了云南某某科技有限公司的五谷 3861 牌的玉米杂交种子。

10. 书证材料。

（1）某某公司出具的证明。证实：某某农业科技有限公司没有授权给任何其他企业生产、制造“某某牌五谷 3861”玉米杂交种子。小袋包装出厂批发价格 45 元 / 袋，市场中间销售价格为 80 元 / 袋，每小袋包装质量为 1.6 公斤，经核算，出厂价格为 28.125 元 / 公斤，市场中间销售价格为 50 元 / 公斤。大袋包装出厂批发价格为 900 元 / 袋 /32 公斤，市场中间销售价格为 1600 元每袋（每大袋内含 20 袋小包装种子）

（2）某某公司营业执照。证实：某某公司于 2012 年 4 月 26 日注册成立，为自然人独资有限责任公司，法定代表人为苏某某。其公司有经营农作物种子经营许可证。

（3）云南某某种业有限公司相关资料。证实：云南某某种业有限公司于 2015 年 8 月 10 日注册成立，法定代表人为李某某，公司类型为自然人投资或控股，其经营范围为不再分装袋装种子的销售、农业技术推广服务、农具农膜销售、国内贸易物资供销。

仲衍种业股份有限公司于 2015 年 9 月 1 日授权某某种业有限公司经

销其公司生产经营的不再分装的农作物小袋包装种子。

（4）云南某某种业有限公司账目情况。证实：从现金日记账、银行流水账中显示有相关购买包装机、支付包衣包装费用等记录，以及退泸西毕某某55000元的记录。

（5）李某某银行卡流水记录。证实：李某某所有的6223691390447054的农信社银行卡显示2016年2月23日蓝某转入18万元；2016年1月21日蓝某转入135000元；2016年3月24日现金取出87000元。

（6）云南省农作物品种审定委员会办公室出具的证明。证实：玉米新品种“五谷3861”于2009—2010年参加了云南省玉米新品种区域试验，两年区域平均亩产693.6千克，较对照增产9.45%，增产点率85%，生产试验平均亩产647.8千克，较对照增产10.3%，增产点率100%。但由于该品种因高感大斑病，未达到推荐标准，没有通过推荐品审委审定，属于未通过审定品种。

（7）李某某与张某某签订的租赁合同。证实：双方于2016年3月7日签订租赁合同，约定租赁王家营联合物资市场商铺，约定两间铺面租金为6万元。

（8）蓝某银行卡流水信息。证实：蓝某于2016年2月22日收到机构代码为060××××的转款12万元。于2016年2月23日转款18万元至李某某银行卡；于2016年1月21日转款135000元至李某某银行卡。

（9）电话记录。证实：2016年4月4日，民警拨打了帮助李某某制作某某科技有限公司“五谷3861”牌玉米杂交种子外包装袋的包装企业负责人，该负责人表示其企业在安徽合肥，并未帮助李某某制作过相应包装袋。

（10）情况说明。证实：经侦查查明，民警在昆明市经开区查获的对方在地上的玉米杂交种子（重5580公斤），系李某某从经销商处回收的其假冒云南某某农业有限科技公司“五谷3861”牌杂交种子后拆封倒在王家营国际物流仓库内的，该玉米杂交种子系李某某假冒云南某某农业有限科技公司的“五谷3861”牌的玉米杂交种子。

民警于2016年8月19日11时25分通过电话联系仲衍种业股份有限公司负责人李某某，其称公司授权给云南某甲种业公司经销的是某乙种业股份有限公司的不再分装的农作物小包装种子，不包括散装种子。

11．鉴定意见。证实：已封口的标有云南某某农业科技有限公司“五谷 3861”商标的玉米杂交种子 225 袋（一大袋内有 20 小袋，每小袋重 1.6 公斤），共计 7200 公斤，市场中间销售价格为 46.25 元 / 公斤，认定价格为 333000 元；已装袋但未封口的标有云南某某农业科技有限公司“五谷 3861”商标的玉米杂交种子 109 袋（每袋重 43 公斤）共计 4687 公斤，市场中间销售价格为 46.25 元 / 公斤，认定价格为 216773.75 元；未包装的堆放在地上的玉米杂交种子，共计 5580 公斤，经委托方明确为假冒云南某某农业科技有限公司“五谷 3861”商标的玉米杂交种子，市场中间销售价格为 46.25 元 / 公斤，认定价格为 258075 元。上述鉴定结论已告知被告人李某某。

12．现场勘验笔录及照片。证实：民警对王家营国际物流城进行了现场勘查。在仓库大门东北靠墙处堆放一堆已经封好口的标有“五谷 3861”字样的玉米杂交种子，在仓库大门口靠中间处堆放一堆散放在地上的玉米杂交种子，仓库中间及散堆的玉米周边放有 4 装袋但未封口的玉米杂交种子。

13．提取笔录、检验报告等。证实：经检验，本案提取的种子与“五谷 3861”号种子极近似或相同。

14．云南省农业厅出具的说明。证实：云南某某种业有限公司未取得农作物种子生产经营许可证。

15．关于“五谷 3861”玉米新品种的情况说明。证实：“五谷 3861”号品种在云南由云南某某农业科技有限公司承担试验示范工作，未授权李某某及云南某某种业有限公司该品种。

16．云南某某种业有限公司股东补充协议、公司章程。证实：云南某某种业有限公司股东出资等相关情况。

本院认为，被告单位云南某某种业有限公司违反《中华人民共和国种子法》的规定，未经许可非法经营种子，扰乱市场秩序，情节严重，其行为触犯了《中华人民共和国刑法》第二百二十五条之规定，构成非法经营罪，应负刑事责任，被告人李某某作为直接负责的主管人员，亦构成非法经营罪。公诉机关指控罪名成立。李某某当庭自愿认罪，可酌情从轻处罚。根据本案证据，李某某与何中奎、蓝某等人成立云南某某种业有限公司，公司的经营范围为不再分装袋装种子的销售、农业技术推广服务、农具农膜销售、国内贸易物资供销，并由李某某担任公司的法定代表人，全权负责公司生产经营管理活动，李某某在公司未取得种子经营许可证的情况下，生产加工玉米种子销售，所得利益归于公司，情节严重，被告单位云南某某种业有限公司及被告人李某某的行为已经构成非法经营罪，因此被告单位辩护人关于李某某自购玉米种子加工、销售系李某某个人行为，被告单位不构成犯罪及李某某辩护人关于李某某不构成犯罪的辩护意见，本院不予采纳；其余辩护意见本院予以注意。综上，公诉意见有事实及法律依据，本院予以采纳；量刑建议本院予以注意。据此，根据被告单位、被告人犯罪的事实、性质、情节以及对社会的危害程度等，依照《中华人民共和国刑法》第二百二十五条、第二百三十一条、第六十七条第三款、第六十四条之规定，判决如下：

一、被告单位云南某某种业有限公司犯非法经营罪，判处罚金 20 万元（罚金于本判决生效后 90 日内缴纳）。

二、被告人李某某犯非法经营罪，判处有期徒刑一年零六个月，并处罚金 50000 元（刑期从判决执行之日起计算，判决执行前先行羁押的，羁押一日，折抵刑期一日，即从 2016 年 3 月 26 日起至 2017 年 9 月 25 日止；罚金于本判决生效后 90 日内缴纳）。

三、扣押在案的玉米种子 17467 公斤、包装机 1 台、斗式提升机 1 台、种子包衣机 1 台依法予以没收。

如不服本判决，可在接到判决书的第二日起十日内，通过本院或者直接向云南省昆明市中级人民法院提出上诉，书面上诉的，应当提交上诉状正本一份，副本一份。

审　判　长　马兴东
代理审判员　邓丽君
人民陪审员　钱燕青

二〇一七年六月二十九日

书　记　员　杨青青

陈某某危险驾驶案

［裁判要旨］ 被告人因犯罪被宣告缓刑，在上诉期内又犯新罪，是否应当撤销缓刑数罪并罚应遵从立法本意和举重以明轻的法律原则，参照适用《中华人民共和国刑法》第七十七条之规定。

［案　情］

公诉机关：昆明市东川区人民检察院。

被告人：陈某某，男，1972 年 6 月 12 日生，汉族，小学文化，无业。2017 年 3 月 9 日因犯危险驾驶罪被昆明市东川区人民法院判处拘役二个月，缓刑二个月，并处罚金 2000 元（已缴纳）。因本案被告人于 2017 年 3 月 28 日被昆明市东川区公安局取保候审。经本院决定，被告人于 2017 年 12 月 5 日被昆明市东川区公安局执行逮捕。

公诉机关指控：2017 年 3 月 9 日 16 时许，被告人陈某某酒后驾驶云 A ××××× 号普通二轮摩托车行驶至东川区白云街与古铜路交叉口路段时被查获。经检验：陈某某静脉血样中检出乙醇成分，含量为 158mg/100mL。

公诉机关认为，被告人陈某某醉酒后驾驶机动车辆上道行驶，其行为已触犯《中华人民共和国刑法》第一百三十三条之一的规定，犯罪事实清楚，证据确实充分，应当以危险驾驶罪追究其刑事责任。鉴于被告人陈某某在缓刑考验期内又犯新罪，依法应当撤销缓刑，数罪并罚。被告人陈某某属无证驾驶，应当从重处罚。建议判处被告人陈某某拘役五个月至六个月，并处罚金。

被告人陈某某对公诉机关指控罪名和事实均无异议。

经审理查明：2017 年 3 月 9 日 16 时许，被告人陈某某醉酒后无证驾驶云A ××××× 号普通二轮摩托车行驶至昆明市东川区白云街与古铜路交叉口路段时被民警查获。经检验：被告人陈某某血样中检出乙醇成分，含量为 158mg/100mL。

[审　判]

昆明市东川区人民法院经一审审理认为：被告人陈某某醉酒后驾驶机动车辆上道行驶，其行为已构成危险驾驶罪，公诉机关指控罪名成立，本院予以支持。被告人陈某某无证驾驶机动车辆，可对其酌情从重处罚。被告人陈某某归案后如实供述犯罪事实，认罪态度较好，依法可以从轻处罚。被告人陈某某在前罪宣告后当日又犯新罪，关于与前罪的并罚问题，就实质层面而言，被告人陈某某在缓刑确定前又犯新罪，其主观恶性明显大于缓刑考验期内又犯新罪时的情形，结合《中华人民共和国刑法》第七十七条关于缓刑撤销的规定及危害性的比较，应当撤销对被告人陈某某的缓刑，与本罪数罪并罚。综合考虑被告人陈某某的犯罪事实、情节、社会危害程度及悔罪表现，依照《中华人民共和国刑法》第一百三十三条之一第一款第二项、第六十七条第三款、第六十九条第一款和第三款、第七十一条之规定，判决：

一、撤销昆明市东川区人民法院（2017）云 0113 刑初 62 号刑事判决书中对罪犯陈某某宣告缓刑二个月的执行部分，执行拘役二个月。

二、被告人陈某某犯危险驾驶罪，判处拘役四个月，并处罚金 3500 元；原犯危险驾驶罪判处拘役二个月，并处罚金 2000 元（已缴纳）；总和刑期为拘役六个月，并处罚金 5500 元（已缴纳 2000 元）；决定执行拘役五个月，并处罚金 5500 元（已缴纳 2000 元）。

宣判后，在法定期限内，公诉机关未提出抗诉，被告人未提出上诉，判决生效。

[评　析]

本案审理的焦点问题是：被告人因犯罪被宣告缓刑，在上诉期内又犯新罪时的处理，现行法律未做明确规定，是否能够参照我国《刑法》第七十七条关于撤销缓刑数罪并罚的规定。

我国《刑法》第七十七条第一款规定："被宣告缓刑的犯罪分子，在缓刑考验期内犯新罪或者发现判决宣告以前还有其他罪没有判决的，应当撤销缓刑，对新犯的罪或者新发现的罪作出判决，把前罪和后罪所判处的刑罚，依照本法第六十九条的规定，决定执行的刑罚。"第七十三条第三款规定："缓刑考验期限，从判决确定之日起计算。"由此可以得出如下结论：从宣告确定之日始至缓刑考验期满之日止，行为人在此期间内又犯新罪抑或违反相关规定并达到情节严重的程度，再或者被发现判决宣告前还有漏罪时，应当被撤销缓刑。但对行为人在缓刑判决宣告后至生效前又犯新罪的情形应如何处理却不明晰。司法实践中有以下三种处理意见：

第一种意见认为，此时应当启动审判监督程序，撤销原判刑罚，将前后两罪一并判决；第二种意见认为，此种情形不应撤销原判缓刑，而应在对行为人新犯之罪量刑时适当考虑旧罪因素，酌情从重处罚，并适用实刑；第三种意见认为，此种情形应当撤销缓刑，并实行数罪并罚。本案采纳了第三种意见，理由如下：

一、行为人在缓刑宣告生效前又犯新罪，不再符合缓刑的实质条件，应撤销缓刑后数罪并罚

缓刑制度能否充分发挥其功能，实现其价值，在很大程度上取决于整个运作机制之成败，其中关键在于是否正确把握缓刑适用的实质条件。缓刑适用的实质条件是缓刑适用的标准，是指据以判断对行为人不实际执行刑罚也不至于再危害社会或再犯罪的条件。我国《刑法》第七十二条第一款规定："对于被判处拘役、三年以下有期徒刑的犯罪分子，同时符合下列条件的，可以宣告缓刑，对其中不满十八周岁的人、怀孕的妇女和已满七十五周岁的人，应当宣告缓刑：（一）犯罪情节较轻；

（二）有悔罪表现；（三）没有再犯罪的危险；（四）宣告缓刑对所居住社区没有重大不良影响。”据此，是否可以适用缓刑的关键是看行为人是否具有社会危害性。

犯罪分子的悔罪表现是考量其行为社会危险性的主要因素之一，决定缓刑适用与否。司法实践中，悔罪表现的判断不仅要看行为人对于其所犯罪行有无痛心与追悔，更要看其有无改过自新的意愿与行动，如主动采取减少、弥补或者挽回其犯罪行为所造成的危害结果的措施，在内心深处深刻认识到所犯罪行的性质和危害，真诚地自我谴责、反省等。本案行为人在前案中醉酒后驾驶机动车上道行驶，本应深刻反省其犯罪行为，却在被判处缓刑后的当日就再次醉酒驾驶，足见行为人毫无悔过之意。

行为人没有再犯罪的危险是宣告缓刑所期待的重要目标宗旨。判定“没有再犯罪的危险”所解决的问题实质是再犯预测问题，即行为人没有再犯罪的动机或可能性。再犯预测不能主观臆断，应当依据客观事实进行综合论证，即应当综合案件的各种情况和行为人的主客观因素，做一个整体性的观察与评价。行为人在原审判决尚未生效时又犯危险驾驶罪，说明其并未从前罪的刑罚中汲取教训，对法律心存藐视，不符合适用缓刑的条件。缓刑作为一种刑罚执行方式，当然具有刑罚的威慑和教育功能。缓刑虽然是“附条件地不执行原判刑罚”，但是行为人已经被实际追诉和被宣告了刑罚，被宣告的刑罚是否能够免除执行并不能当即最终确定。缓刑的适用如同给行为人带上一个“紧箍咒”，促使其自我约束和良好改造，避免收监执行成为现实。然而本案行为人在缓刑宣告尚未生效时又犯新罪，足以说明初宣告缓刑已失去威慑和教育功能，应予以撤销以兹补救。

从缓刑制度的立法本意上来看，宣告缓刑的只能是确实不致再危害社会的犯罪分子，它体现了宽严相济、区别对待、惩罚和教育相结合刑事办案原则。如果失去了可以适用缓刑的前提条件，就应当予以撤销。然而，我国现行缓刑撤销的法律规定恰恰出现了立法上的空白和漏洞。如果张某在缓刑考验期内又犯新罪或者在判决宣告前发现漏罪，依照现有刑法可以撤销缓刑，实行数罪并罚；那么发生在上诉期内主观恶性更大的犯罪行为，反而不能直接撤销其缓刑显然不符合我国的刑事立法原则。

二、缓刑宣告生效前又犯新罪时，不能启动刑事审判监督程序撤销缓刑判决

刑事审判监督程序是我国刑事诉讼法贯彻实事求是、有错必纠原则的一项重要程序，对于纠正生效裁判的错误，维护司法公正，保障当事人合法权益具有重要作用。换言之，刑事审判监督程序的目的在于纠正生效裁判的错误，在生效裁判没有错误或者裁判尚未发生效力但被告人又犯新罪的情况下，是不能适用审判监督程序而撤销的。

根据《刑事诉讼法》及《最高人民法院关于适用〈中华人民共和国刑事诉讼法〉的解释》（以下简称《解释》）的相关规定，刑事审判监督程序启动的情形有：（1）有新的证据证明原判决、裁定认定的事实确有错误，可能影响定罪量刑的；（2）据以定罪量刑的证据不确实、不充分、依法应当排除的；（3）证明案件事实的主要证据之间存在矛盾的；（4）主要事实依据被依法变更或者撤销的；（5）认定罪名错误的；（6）量刑明显不当的；（7）违反法律关于溯及力规定的；（8）违反法律规定的诉讼程序，可能影响公正裁判的；（9）审判人员在审理案件时有贪污受贿、徇私枉法、枉法裁判行为的。需要特别强调的是，《解释》第三百七十五条第三款规定，申诉不具有上述情形的，应当说服申诉人撤回申诉；对仍然坚持申诉的，应当书面通知驳回，即刑事审判监督程序的启动情形只有上述所列 9 项，没有扩大解释的空间。

综合分析上述刑事审判监督程序启动的各种情形，其适用要件必须是判决已经生效，且由于某些原因导致事实不清或者法律适用不当，才有必要启动审判监督程序。这与立法原意也是相契合的。本案中，被告人危险驾驶的行为发生于原审判决宣告后、生效前，且原判决并无错误，因此不符合启动刑事审判监督程序的要件。

三、缓刑宣告生效前又犯新罪的，应参照适用《刑法》第七十七条

《刑法》第七十七条是撤销缓刑及处理的唯一法律依据。该条规定了撤销缓刑的两个要件：一是时间要件，即缓刑考验期内或者宣告之前；二是事实要件，即新罪、漏罪或者有情节严重但尚不构成犯罪的违法行为。对于缓刑宣告后生效前又犯新罪的，适用哪条法律规定，在刑法上

找不到直接依据。因为本案的情况虽然符合第七十七条规定的事实要件，但与时间要件并不吻合。本案经审理认为，应当参照第七十七条的规定作出撤销缓刑的判决。理由主要是：本案情形符合撤销缓刑的实质要件。事实要件和时间要件相比较，事实要件是实质要件，是撤销缓刑的根本理由。如果没有事实要件，那么，撤销缓刑就没有了事实根据。而时间要件的意义在于，它只是事实要件必要的补充要件，即事实要件必须发生在时间要件的范围内。立法者在精心设计法条时所考虑的是，在缓刑还没宣告时还有其他罪没有判决的，就不具备适用缓刑的实质条件；在缓刑考验期限内犯新罪的，则说明缓刑已经失去威慑和教育功能。因此，出现上述情况的，都应当撤销缓刑。但是，由于法律条文永远涵括不了现实，立法者所未能预料的是，在缓刑宣告后至确定前（即本案所指的未生效缓刑宣告上诉期内的情况），缓刑考验期限还未开始计算。这是第七十七条规定的时间要件上的一个漏洞，而现实中恰恰就有被告人在这个时间段内实施新的犯罪行为。既然如前所述不能通过再审程序撤销缓刑，而撤销缓刑却是符合第七十七条的本质精神的，那么，虽然第七十七条规定的时间要件没有明确包括本案的情况，缓刑仍然应当撤销。在这种情形下，只有参照适用第七十七条是比较科学的。需要明确的是，参照适用完全不同于传统刑法中的类推。

类推指的是法条没有明文规定为犯罪，但行为具有社会危害性，因而比照最相类似的刑法条文确定行为构成犯罪。而参照适用第七十七条指的是，缓刑必须撤销，但又找不到撤销的直接条文依据。其前提是行为人的几个行为均构成犯罪且均需要判处刑罚。因此，适用第七十七条撤销缓刑，符合适用法律的正当性原则。

综上，行为人在缓刑宣告确定前又犯新罪，不再符合“有悔罪表现”和“没有再犯罪的危险”这两项条件，且初宣告缓刑已失去威慑和教育功能，故应予以撤销。由于缓刑撤销后，行为人的原判刑罚尚未实际执行，故应当与新罪所判处的刑罚实行数罪并罚。

［评选理由］

本案涉及因犯罪被宣告缓刑，在上诉期内再次犯罪时如何适用法律的问题，具有一定的特殊性。审理亮点是：现行法律虽未明确在上诉期内再次犯罪时应如何处理，但本案的裁判将理解适用法律、立足立法本意、遵从法律原则三者有机结合，紧密围绕案件事实，通过举重以明轻的方式对“缓刑考验期”的概念进行一定程度的扩大解释，将缓刑宣告后至生效前的时间解释计入缓刑考验期，参照《刑法》第七十七条的规定对被告人撤销缓刑数罪并罚，体现了承办法官较高的解释法律和适用法律的能力。

一审裁判文书：云南省昆明市东川区人民法院（2017）云 0113 刑初 375 号

一审独任审判员：张静

案例提供单位：云南省昆明市东川区人民法院

承办人：张静；编写人：张静

附：

昆明市东川区人民法院
刑 事 判 决

（2017）云 0113 刑初 375 号

公诉机关昆明市东川区人民检察院。

被告人陈某某，男，1972 年 6 月 12 日生，汉族，昆明市东川区人，小学文化，无业，住昆明市东川区，2017 年 3 月 9 日因犯危险驾驶罪被本院判处拘役二个月，缓刑二个月，并处罚金 2000 元（已缴纳）。因本案被告人于 2017 年 3 月 28 日被昆明市东川区公安局取保候审。经本院决定，2017 年 12 月 5 日被昆明市东川区公安局执行逮捕。现羁押于昆明市东川区看守所。

昆明市东川区人民检察院以东检公诉刑诉〔2017〕354 号起诉书指控被告人陈某某犯危险驾驶罪，于 2017 年 11 月 20 日向本院提起公诉。本院依法适用简易程序，实行独任审判，于 2017 年 11 月 28 日公开开庭审理了本案。昆明市东川区人民检察院检察员柳时飞、被告人陈某某到庭参加了诉讼。现已审理终结。

公诉机关指控，2017 年 3 月 9 日 16 时许，被告人陈某某醉酒后无证驾驶云A ××××× 号普通二轮摩托车行驶至昆明市东川区白云街与古铜路交叉口路段时被民警查获。经检验：被告人陈某某血样中检出乙醇成分，含量为 158mg/100mL。

公诉机关认为，被告人陈某某醉酒后驾驶机动车辆上道行驶，其行为已触犯《中华人民共和国刑法》第一百三十三条之规定，犯罪事实清楚，证据确实充分，应当以危险驾驶罪追究其刑事责任。鉴于被告人陈某某在缓刑考验期内又犯新罪，依法应当撤销缓刑，数罪并罚。被告人陈某某属无证驾驶，应当从重处罚。建议判处被告人陈某某拘役五个月至六个月，并处罚金。

上述事实，被告人陈某某在开庭审理过程中亦无异议，并有受案登记表、立案决定书，户口证明、查获经过、取保候审材料、本院（2017）云 0113 刑初 62 号刑事判决书、执行通知书、社区矫正告知书、保证书，昆明市东川区公安局交通警察大队公安交通管理行政强制措施凭证、案件照片、抽取当事人血样登记表及抽取血样照片、身份证复印件、行驶证复印件、驾驶人及机动车信息查询结果单，鉴定指派书、鉴定人及鉴定机构资格证书、昆明市东川区公安司法鉴定中心法医毒物鉴定检验报告书及鉴定意见告知书，被告人陈某某的供述与辩解等证据予以证实，足以认定。

本院认为，被告人陈某某醉酒后驾驶机动车辆上道行驶，其行为已构成危险驾驶罪，公诉机关指控罪名成立，本院予以支持。被告人陈某某无证驾驶机动车辆，可对其酌情从重处罚。被告人陈某某归案后如实供述犯罪事实，认罪态度较好，依法可以从轻处罚。被告人陈某某在前罪宣告后当日又犯新罪，关于与前罪的并罚问题，就实质层面而言，被告人陈某某在缓刑确定前又犯新罪，其主观恶性明显大于缓刑考验期内又犯新罪时的情形，结合《中华人民共和国刑法》第七十七条关于缓刑撤销的规定及危害性的比较，应当撤销对被告人陈某某的缓刑，与本罪数罪并罚。综合考虑被告人陈某某的犯罪事实、情节、社会危害程度及悔罪表现，依照《中华人民共和国刑法》第一百三十三条之一第一款第二项、第六十七条第三款、第六十九条第一款和第三款、第七十一条之规定，判决如下：

一、撤销昆明市东川区人民法院（2017）云 0113 刑初 62 号刑事判决书中对罪犯陈某某宣告缓刑二个月的执行部分，执行拘役二个月。

二、被告人陈某某犯危险驾驶罪，判处拘役四个月，并处罚金 3500 元；原犯危险驾驶罪判处拘役二个月，并处罚金 2000 元（已缴纳）；总和刑期为拘役六个月，并处罚金 5500 元（已缴纳 2000 元）；决定执行拘役五个月，并处罚金 5500 元（已缴纳 2000 元）。

（刑期从判决执行之日起计算。判决执行以前先行羁押的，羁押一日折抵刑期一日，即自 2017 年 12 月 5 日起至 2018 年 5 月 4 日止；罚金自判决生效之日起十日内缴纳。）

如不服本判决，可在接到判决书的第二天起十日内，通过本院或者直接向云南省昆明市中级人民法院提出上诉，书面上诉的，应提交上诉状正本一份，副本二份。

审 判 员 张 静

二〇一七年十二月五日

书 记 员 孙 毓

程某上诉中国农业银行股份有限公司昆明潘家湾支行储蓄存款合同纠纷案

［**裁判要旨**］持卡人银行卡被盗刷损失的赔偿责任认定应当从《中华人民共和国商业银行法》第六条“商业银行应当保障存款人的合法权益不受任何单位和个人的侵犯”的法益出发，根据证明责任分配的规则要求，证据距离当事人的远近、当事人对于其账户的控制支配能力及待证事实发生的盖然性，认定银行和持卡人是否存在过错，最后对持卡人账户资金不明支出的责任进行判定和划分。

［案　情］

上诉人（原审原告）：程某

被上诉人（原审被告）：中国农业银行股份有限公司昆明潘家湾支行（以下简称：农业银行）。

程某持有卡号为6228**************** 农业银行借记卡，2015年6月21日因结息转入111.01元，当时余额为67334.25元。其后于2015年8月24日至2015年8月31日间，该账户发生12笔存入业务共计880981.17元及85笔支出业务共计948314.85元，上述业务均通过网上银行及第三方支付操作办理，其中在发生多笔转出业务后，于2015年8月25日至2015年8月31日间通过网上银行分7笔存入142105元。截至

2015 年 9 月 1 日，该账户余额为人民币 0.5 元。另查明，程某持有的卡号为 62284505*********** 农业银行借记卡，于 2015 年 9 月 24 日通过网上银行分 4 笔支出 371 元。程某所持有的上述两张银行借记卡均办理了网上银行及手机银行业务。

程某与农业银行协商处理上述事件未果后，向法院起诉，请求判令：一、农业银行向程某返还存款 776381.41 元及利息（利息自 2015 年 8 月 24 日起按中国人民银行同期存款利率计至农业银行付清款项之日止）；二、农业银行承担本案诉讼费。

[审　判]

五华区人民法院经审理认为：程某在中国农业银行股份有限公司昆明潘家湾支行办理了卡号为 6228*************** 及卡号为 62284505*********** 的农业银行借记卡两张，故程某与农业银行建立了储蓄合同关系。根据《中华人民共和国民事诉讼法》第六十四条规定“当事人对自己提出的主张，有责任提供证据”，以及《最高人民法院关于民事诉讼证据的若干规定》第二条规定“当事人对自己提出的诉讼请求所依据的事实或者反驳对方诉讼请求所依据的事实有责任提供证据加以证明。没有证据或者证据不足以证明当事人的事实主张的，由负有举证责任的当事人承担不利后果”，原审法院认为，依据法律规定，程某主张银行系统存在安全隐患或其他损害程某账户资金安全的行为导致其损失的，应该由程某举证证明，本案中程某没有证据证明程某账款上的款项是被盗用的，也无证据证明农业银行存在过错或违反操作规程的情况，而且程某所持银行借记卡 6228*************** 在此期间仍有多笔存入业务，且转入金额较大，如果账户存在盗取，也不可能有存入业务，存入也与常理违背。综上，程某所诉无事实及法律依据，原审法院予以驳回。据此，依照《中华人民共和国民事诉讼法》第六十四条、第一百一十八条之规定，判决：驳回程某的诉讼请求。原审案件受理费 11564 元，减半收取 5782 元由程某承担。

原审判决宣判后，程某不服提起上诉，请求撤销原审判决，改判支持程某的全部诉讼请求。

昆明市中级人民法院二审中依据程某提交的证据以及依职权调取证据补充认定如下事实：一审认定的事实与本院二审查证事实一致，本院依法予以确认。并补充认定如下事实：2015 年 9 月 1 日，程某向昆明市公安局五华分局大观派出所报案，称其于 2015 年 9 月 1 日 13 时 45 分左右发现，其在中国农业银行潘家湾支行里面办理的开户人为其本人，卡号为 6228*************** 的储蓄卡上的金额被盗刷 78 万元左右。派出所已经详细登记备案，拟报立刑事案件。2015 年 9 月 2 日，程某向嵩明县公安局嵩阳镇派出所报警，称其被人冒用身份信息在嵩明县嵩阳镇黄龙大街农业银行办理了一张银行卡。经初步了解得知，系 2015 年 8 月 21 日有人使用一张程某的临时身份证办理了银行卡。2015 年 11 月 13 日，中国银行业监督管理委员会向程某发函回复，载明：2015 年 8 月 21 日，一名客户持临时身份证到农业银行嵩明黄龙支行开立借记卡一张，所持临时身份证姓名为程某，女，1981 年 8 月 2 日生，汉族，住安徽省亳州市谯城区沙土镇马小行政村马平庄 69 号，身份证号 34160219810802****。证件有效期为 2015 年 7 月 28 日至 2015 年 10 月 28 日。农业银行嵩明黄龙支行的柜员对该客户提供的临时身份证与客户本人进行核对，将临时身份证复印留存并进行联网核查，联网核查凭证显示核查结果为“居民身份证号码与姓名一致，且存在照片”。柜员根据该客户填写的“个人结算账户申请书”进行信息资料录入时将客户电话号码登记为 1343029****。经系统将客户资料自动上传授权中心进行远程授权审核后，该行系统为客户开立借记卡一张（卡号：62284808**********）。农业银行嵩明黄龙支行在借记卡（卡号：62284808**********）开户业务的办理过程中，相关工作人员对客户提供的临时身份证的真实性审核未做到严格审慎尽职，未按有关监管规定采取其他辅助措施对客户身份的真实性作进一步的核实验证，对客户重要信息资料（手机号码）进行登记变更审核时也未做到严格审慎尽职。

另查明，2015 年 8 月 24 日，因为程某的理财产品到期，农业银行向程某卡号为 6228*************** 的借记卡返还本金 700000 元以及利息 8676.16 元。自 2015 年 8 月 24 日起至 2015 年 8 月 31 日止，程某的借记卡 6228**************** 发生的支付银行交易中，交易的省市涉及浙江、深圳、云南、上海，交易时间多发生在凌晨。农业银行在 2015 年 8 月 21 日之后，将程某借记卡 6228**************** 上的账户消费短信息均发送到 1343029**** 的电话号码上。

昆明市中级人民法院经二审审理认为：本案的争议焦点为农业银行在履行与程某的储蓄存款合同中是否存在过错，是否应当承担赔偿责任。依据《中华人民共和国商业银行法》第六条“商业银行应当保障存款人的合法权益不受任何单位和个人的侵犯”之规定，商业银行对持卡人存款具有安全保障义务。该安全保障义务包括对交易机具、交易场所的安全管理，以及对包括银行卡在内的各项软硬件设施及时更新升级，以最大限度防范持卡人资金交易安全漏洞。程某与农业银行之间存在储蓄存款合同关系，农业银行应保障程某账户内资金的安全。本案中，程某账户消费以及程某未能及时发现账户资金变化的原因是 2015 年 8 月 21 日农业银行嵩明黄龙支行在经系统将客户资料自动上传授权中心进行远程授权审核后对程某的银行预留电话号码变更为 1343029****。对于农业银行提交的 2015 年 8 月 21 日客户资料登记、变更表，个人结算账户申请书，银行卡存款凭条，程某认为上述证据中的“程某”的签字并不是其本人亲自签名，并已经申请司法鉴定，经法庭释明，农业银行未能在指定的期限内提交上述证据的原件用于鉴定，农业银行应当就此承担举证不能的法律后果，二审法院认定 2015 年 8 月 21 日申请办理开户变更程某账户的不是程某本人。农业银行在授权变更程某账户银行预留电话号码和信息的行为存在过错。由于银行预留电话号码的变更，导致程某本人对其账户资金情况不能及时知悉，自 2015 年 8 月 21 日之后就对其账户失去控制。自 2015 年 8 月 24 日起至 2015 年 8 月 31 日止，程某的借记卡 6228**************** 发生的银行支付交易中，交易时间多发生在凌晨。交易的省市涉及浙江、深圳、云南、上海，多次出现极短时间内跨省市交易的情形，不可能系程某本人持真卡进行的交易。银行对持卡人资金负有安全保障义务，无论持卡人账户资金以何种形式对外发生支出，银行均应进行审核，在确保系持卡人或持卡人授权的情况下，方能支付。本案中，由于农业银行在未确认是程某本人的情形下，授权将程某银行预留电话号码变更，导致程某账户资金变动时不能及时知悉并失去对账户的控制，农业银行不能举证证明其已对涉案的程某账户资金支付尽到应有的安全保障，其应对程某账户资金的不明支出承担责任，故农业银行应当就程某账户卡号为6228*************** 以及 62284505**********农业银行借记卡中资金支出 776381.41 元承担赔偿责任，原审法院对此认定错误，二审法院予以纠正，程某的上诉主张有事实及法律依据，予以支持。农业银行抗辩本案程某银行卡不存在盗刷的主张与本案查清的事实相悖，二审法院不予支持。

关于程某提出按中国人民银行同期贷款利率支付利息的诉讼主张，因程某的诉争存款账户为活期存款账户，其资金在该账户中的收益仅为活期存款利息，其主张按同期存款利率支付符合法律规定，二审法院按中国人民银行活期存款利率予以支持，即支持程某主张的以 776010.41 元为本金，自 2015 年 8 月 24 日起至款项实际清偿之日止，按照中国人民银行同期存款利率计算的利息，以及以 371 元为本金，自 2015 年 9 月 24 日起至款项实际清偿之日止，按照中国人民银行同期存款利率计算的利息。

依照《中华人民共和国合同法》第六条、第六十条，《中华人民共和国民事诉讼法》第六十四条第一款、第一百七十条第一款第二项，《最高人民法院关于适用〈中华人民共和国民事诉讼法〉的解释》第九十条、第九十一条第一款之规定，判决：一、撤销昆明市五华区人民法院（2015）五法民三初字第 2269 号民事判决；二、由中国农业银行股份有限公司昆明潘家湾支行于判决生效之日起十日内赔偿程某存款损失 776381.41 元，并支付以 776010.41 元为本金，自 2015 年 8 月 24 日起至款项实际付清之日止，按中国人民银行活期存款利率计算的利息，以及以 371 元为本金，自 2015 年 9 月 24 日起至款项实际付清之日止，按中国人民银行活期存款利率计算的利息。

[评　析]

截至 2016 年年末，我国银行卡累计发卡量达 63.7 亿张，同比增长 13.5%。从人均持卡量来看，截至 2016 年年末，我国人均持有银行卡 4.62

张，在2015年、2014年的基础上持续增长，人均持有借记卡4.16张，人均持有信用卡0.46张。[①]巨大的银行卡的后面是各种围绕银行卡盗刷交易问题的激增。本案即属于上述银行卡盗刷交易问题中的一个案例。在本案一审过程中，因原告程某举证不力，未能证明本案中存在其银行卡账户被盗刷的情形。二审中，经过法院对当事人进行了很好的释明以及重新分配举证责任，并对当事人进行诉讼引导以及向有关部门调取证据，使得本案的事实愈发清晰，由于农业银行在未确认是程某本人操作的情形下，授权将程某银行预留电话号码变更，导致程某账户资金变动时不能及时知悉并失去对账户的控制，农业银行不能举证证明其已对涉案的程某账户资金支付尽到应有的安全保障，其应对程某账户资金的不明支出（支出中包含伪卡交易和非伪卡交易）承担责任。本案宣判后，各方当事人均服判息诉，判决已经生效，本案的审判产生了良好的法律效果和社会效果。

一、银行卡交易纠纷案件民刑交叉情形下的受理问题

在银行卡纠纷案件中，存在着因为其涉及刑事犯罪嫌疑，故认为该案件实质是刑事纠纷案件而不作为民商事案件立案，或者虽作为民事案件立案，但最终以其为刑事案件为由裁定驳回起诉的做法。银行也常常将“本案涉及刑事犯罪、应当先刑后民”等作为民事案件中的一个抗辩理由。

笔者认为，这实质涉及如何正确理解此类交叉案件分别立案、审理原则的问题。具体到银行卡纠纷中涉及的民刑交叉案件而言，尽管有证据证明系犯罪分子以在发卡行的ATM机上安装盗码器、摄像头等方式窃取了持卡人银行卡的密码以及卡内信息制作伪卡盗取持卡人卡内资金涉及刑事犯罪嫌疑的，但由于发卡行与持卡人之间因申领银行卡行为而建立了民商事法律关系，故无论持卡人是基于合同法律关系还是侵权法律关系诉请发卡行承担卡内资金损失责任的，由于持卡人与发卡行之间存在着民事法律关系，则该案件均应作为民商事案件受理，而不能因为其涉及刑事犯罪嫌疑而裁定不予受理，或者受理后裁定驳回起诉。在

① 数据来源：《中国银行卡产业发展蓝皮书（2017）》。

实体审理过程中，法院可以通过查明发卡行是否存在违约或者侵权的事实，判决是否应支持持卡人的诉讼请求。在信用卡失窃被他人盗刷的情形下，如果持卡人以特约商户未尽合理审查义务致其资金损失为由诉请特约商户承担赔偿责任，尽管因失窃卡被他人盗刷涉及构成刑事犯罪嫌疑，但由于持卡人与特约商户之间存在着民事法律关系，故该案件仍应作为民事案件受理、审理。最高人民法院也于2005年8月1日起施行《最高人民法院关于银行储蓄卡密码被泄露导致存款被他人骗取引起的储蓄合同纠纷应否作为民事案件受理问题的批复》（法释〔2005〕7号）规定："因银行储蓄卡密码被泄露，他人伪造银行储蓄卡骗取存款人银行存款，存款人依其与银行订立的储蓄合同提起民事诉讼的，人民法院应当依法受理。"笔者认为，银行在此种情况下承担的是先行垫付责任，刑事案件告破后，银行仍可向盗用人提起诉讼，要求盗用人承担最终责任。

二、银行卡交易纠纷案件中所涉及的法律关系分析

涉及主体：在银行卡交易纠纷案件中涉及的法律主体主要有发卡行、收单行、签约商户、持卡人等。

涉及法律关系：

1. 发卡行与持卡人之间的储蓄合同或借贷合同法律关系。上述两种法律关系的划分主要以持卡人持有的银行卡性质为区分标准。当持卡人持有的银行卡系借记卡时，其与发卡行之间形成储蓄合同关系；当持卡人持有的银行卡系贷记卡时，其与发卡行之间形成的是发卡行作为贷款人、持卡人作为借款人的借贷合同关系。

2. 发卡行与收单行之间的委托付款合同关系。

3. 持卡人与签约商户之间的商品买卖或服务消费合同关系。

4. 在伪卡交易中，则是犯罪分子冒用持卡人身份，持有非法伪造的银行卡与发卡行等主体发生上述法律关系。

三、银行卡交易纠纷案件原因分析。

银行卡交易纠纷类案件频发，主要是由如下几个方面的原因造成的：

1. 银行现有安全保障技术的制约。任何技术的发展都有其固有的短板和局限性，银行系统的更新升级不可避免地会发生相当的延迟。

2. 犯罪技术不断升级。特别是随着计算机黑客技术的发展，能给盗取者带来直接经济利益的银行账户密码等信息更是成为黑客觊觎的重点目标。

3. 网络安全性不够。据中国互联网络信息中心的统计，当前中国网民的电脑使用环境普遍偏差，电脑安装正版操作软件及杀毒软件的网民比例明显偏低，使得原本脆弱的网络环境更加恶化。

4. 持卡人的过失。持卡人通过银行卡交易过程中安全意识不够，致使银行卡信息泄露，被他人盗取或骗取。

四、银行卡交易纠纷案件中出现的盗刷情形区分

按照是否存在伪卡交易区分，分为伪卡交易和非伪卡交易。

伪卡：非银行卡本人所使用的卡。

伪卡交易：非银行卡本人所使用的卡进行交易的行为。核心是有对银行卡（克隆卡、复制卡）的使用。例如，ATM 取现，使用银行卡的转账、POS 机刷卡消费等通过银行卡交易的行为。

非伪卡交易：非银行卡本人在无卡情形下进行交易的行为。核心是非伪卡交易中无对银行卡（克隆卡、复制卡）的使用。例如，无须使用银行卡的网上银行转账、快捷支付等无须使用银行卡交易的行为。

五、伪卡交易的认定

一般而言，具备下列情况之一的，可以认定存在伪卡交易：

1. 行为人并非持卡人本人，且存在安装测录装置盗取银行卡信息、密码等行为的；

2. 交易银行卡的样式、颜色、标记等与真实的银行卡差异较大的；

3. 涉案银行卡账户短时间内在异地交易，有证据或者依据常理推断持卡人未在该时该地交易的（可以根据经验法则，结合交易行为地与持卡人处所的距离、交易时间和报案时间、持卡人身份、持卡人的陈述等情况，综合考量后，对是否存在伪卡交易作出认定）；

4. 签购单等交易单据上的签名与银行卡上记载的持卡人签名明显不一致的；

5. 其他能够证明伪卡交易的情形的。

简而言之，认定原则为持卡人“人在当地、卡在身、交易在异地”。

六、伪卡交易案件的举证责任分配

在伪卡交易诉讼中，由于持卡人所持银行卡的性质不同，涉及的诉讼主体亦有区别。当持卡人持银行卡系借记卡时诉讼主体由持卡人（原告）、发卡行（被告）、收单行（第三人）构成。鉴于持卡人与发卡行之间的储蓄合同关系，持卡人的主合同义务系将其存款存储于发卡行；发卡行的主合同义务则是到期还本付息。伪卡交易引发的银行卡纠纷案件，涉及发卡行、收单行、持卡人、特约商户、制作伪卡进行交易的犯罪分子等多方主体，法律关系复杂。各方主体应依法依约履行相应义务：发卡行负有按约给付存款本息、保障持卡人用卡安全等义务；收单行负有保障持卡人用卡安全的义务；持卡人负有妥善保管银行卡及密码的义务；特约商户负有审核持卡人真实身份和银行卡真伪的义务。任何一方违反义务，均应承担相应责任。关于责任承担问题。持卡人基于银行卡合同法律关系起诉发卡行，发卡行因第三人制作伪卡构成违约的，应当向持卡人承担违约责任。发卡行承担责任后，有权向第三人主张权利。

在伪卡交易认定中，持卡人需就交易性质系伪卡交易进行初步证明。如其持有的银行卡并未脱离其控制、诉争款项非其本人支取或消费。在审判实践中，持卡人一般无须就密码泄露非本人责任进行举证，原因在于交易密码泄露原因难以举证，同时如果存在持卡人故意泄露密码情形则涉及刑事上的共同犯罪，发卡行可在刑事案件中得以救济。当持卡人持有贷记卡时涉及的诉讼主体较为复杂，在诉讼实践中多以发卡行起诉持卡人还款的形式出现。此类案件中，持卡人如抗辩交易非其本人操作，则应当追加签约商户及收单行为第三人或共同被告。持卡人支持其抗辩主张的举证责任与上述借记卡交易一致；收单行及签约商户应就其已尽形式审查义务举证（如银行卡签名与回单签名的一致性）。总之，在伪卡交易纠纷案件中，持卡人作为合同相对弱势一方，在举证责任分配上只需完成初步举证即可。

发卡行、收单行、特约商户应提交由其持有的案涉刷卡行为发生时的对账单、签购单、监控录像等证据材料。无正当理由拒不提供的，应承担不利法律后果。

七、非伪卡交易的认定

非伪卡交易纠纷主要体现为两类：

第一类是持卡人从未开设网上银行、快捷支付业务而发生所持银行卡网上遭盗刷类案件，争议焦点主要集中于银行审核义务方面。

第二类是已开通网上银行、快捷支付业务因黑客入侵遭盗刷案件，争议焦点集中于举证责任的负担、现行合约中密码消费视同本人消费的司法认定、混合过错的认定等。

司法实践中多有以下几类纠纷。例如，持卡人辩称从未申请开通网上银行、快捷支付业务却发生支付的；辩称在工作、学习、出国、就医期间发生网络盗刷；亦有辩称支付宝账号、密码被盗，从而导致与支付宝绑定的网上银行、快捷支付发生盗刷。此类案件的表现形式均为持卡人对网上银行、快捷支付的交易行为不予认可，辩称交易是其密码被盗而发生的，认为不应当由其承担责任。但发卡银行则认为在领用合约或章程中有“密码消费即视为本人消费”或类似的规定，持卡人未能有效证明系争交易是在密码被盗情形下发生的盗刷交易，因此坚持认为持卡人应当承担还款义务。

八、非伪卡交易案件的举证责任分配。

1. 开通网上银行、快捷支付业务的告知以及审核义务。因此，在非伪卡交易案件类诉讼中首要查证的问题即为开通网上银行、快捷支付业务的人是否为本人。

笔者认为，银行与持卡人签订银行卡合同时，负有告知银行卡是否具备网上支付功能、交易规则、交易风险以及法律责任的义务。银行未履行上述义务，或者虽履行上述义务，但在持卡人未同意的情形下单方开通网上银行、快捷支付功能导致银行卡被盗刷的，应承担赔偿持卡人损失的责任。对开通网上银行、快捷支付银行应负有主要的审核义务，应当对身份证是否属于本人所有、证照是否符合、号码是否正确等进行严格的审核，否则应承担相应的民事责任。

2. 因黑客入侵导致网上银行、快捷支付密码被盗的举证责任问题。在网上银行、快捷支付银行业务中，交易的全部数据都存储于银行的数据库中，银行拥有绝对的证据优势，而持卡人在多数情况下存在举证困难或举证不能。对于举证责任的分担问题，理论争议也较大，有学者主张应采用举证责任倒置原则，由银行承担自己尽到完全的安全保障义务的举证责任。但也有学者认为应当区分处理。笔者认为，民事纠纷中的举证责任分配是一个动态的变化过程。持卡人有义务对网上银行、快捷支付资金损失的事实进行证明，但这一事实的证明只需达到民事案件中的优势证据原则，使法官足以形成一定的信赖即可，如持卡人提供的收到银行短信提醒后立刻致电银行客服电话询问的电话录音、知晓被盗后一定时间内即主动去公安机关报案的证据、证明自己在网银被盗刷期间不可能进行网银操作等。其他证据应当由银行负责举证。对于其他情形所致的损害赔偿，举证责任仍应适用“谁主张，谁举证”原则，如黑客发起攻击的究竟是谁的电脑、是因为持卡人轻信钓鱼网站或存在明显过错而招致被盗刷抑或银行自身的网络安全系统存在一定缺失等，但亦应适度减轻客户（受损方）的举证压力。需要说明的是，由于网上银行、快捷支付业务的有关记录都以电子数据的形式存储，这些电子证据的取证方式、固定形式、证明效力等等都有异于传统证据，在司法审判中应予以关注。

九、持卡人过错的认定

依据银行卡合同的约定，持卡人负有妥善保管银行卡及其密码的义务。此外，基于诚实信用原则，在履行银行卡合同过程中，持卡人负有通知、协助、保密等附随义务。持卡人违反法定或者约定义务，应认定其具有过错。笔者现将常见的持卡人过错的情形列举如下：（1）擅自出借、出租银行卡给他人使用；（2）随意将交易密码告知他人；（3）在安全保护措施不足的情形下使用网上银行系统，致使银行卡信息和银行卡账户交易密码被他人窃取；（4）在有他人在身边的情形下不加防护地输入密码信息；（5）轻信利用短信群发器向不特定的社会群体发中奖或消费确认等虚假信息，导致银行卡信息和账户交易密码被犯罪分子窃取；（6）轻信犯罪分子以需要通过电话听取持卡人卡内余额证明持卡人资信能力的说法，违反常规多次输入卡号及交易密码致使窃取上述信息；（7）在银行卡丢失后，未及时进行挂失；（8）其他可认定持卡人未尽法定或者约定义务的情形。

综上所述，银行卡交易纠纷案件尽管呈现出标的额不大、案件事实相对清晰等特点，但由于持卡人众多，又涉及民生，与群众日常生活息息相关，司法实践中应坚持谨慎处理的原则。具体体现在：案件的受理，必须严格按照民事诉讼法的规定谨慎对待；案件的审理，必须细致而深入地研究新的法律问题，为司法裁判作充分的准备；案件的处置方案，必须正确处理不同诉讼主体之间、个体利益与公共利益之间的关系，兼顾社会利益冲突最终得到平衡和化解的有效性，以及与国家经济政策和市场监管应保持的协调性。同时，对处于相对弱势的持卡人，应妥善运用释明和举证指导，使其充分了解相关规定，最终妥善处置案件。

一审裁判文书：云南省昆明市五华区人民法院（2015）五法民三初字第 2269 号

二审裁判文书：云南省昆明市中级人民法院（2016）云 01 民终 2737 号

二审合议庭组成人员：

审判长：李能熊；审判员：方云红、古维贤

案例提供单位：云南省昆明市中级人民法院民事审判第二庭

承办人：古维贤；编写人：古维贤

[评选理由]

本案系因持卡人银行卡被盗刷后起诉银行要求就盗刷损失金额赔偿所引发的储蓄存款合同纠纷，基于银行卡交易纠纷类案件频发的现状，本案社会关注度高，社会影响力大。本案对今后审理此类案件时如何认定银行和持卡人的举证责任，认定各方的权利义务，银行是否就持卡人被盗刷的账户承担赔偿责任，具有较强的指导意义。二审宣判后，各方当事人均服判息诉，实现了法律效果和社会效果的统一。

附：

云南省昆明市中级人民法院
民 事 判 决 书

（2016）云 01 民终 2737 号

上诉人（原审原告）：程某，女，1981 年 8 月 2 日生，汉族，住安徽省亳州市谯城区沙土镇马小行政村马平庄 69 号，身份证号：34160219810802****。

委托诉讼代理人：欧琴、洪贤勇，云南弘石律师事务所律师，特别授权代理。

被上诉人（原审被告）：中国农业银行股份有限公司昆明潘家湾支行。住所地：昆明市西昌路 274 号昆安大厦。

负责人：杨雪飞。

委托诉讼代理人：金卫国、马俊，云南恒业律师事务所律师，特别授权代理。

上诉人程某与被上诉人中国农业银行股份有限公司昆明潘家湾支行（以下简称农业银行）储蓄存款合同纠纷一案，不服云南省昆明市五华区人民法院（2015）五法民三初字第 2269 号民事判决，向本院提起上诉。本院于 2016 年 6 月 22 日受理后，依法组成合议庭审理本案，本案依法扣除审限，现已审理终结。

上诉人程某上诉请求：一、撤销昆明市五华区人民法院（2015）五法民三初字第 2269 号民事判决；二、依法改判农业银行返还程某存款 776381.41 元及利息（利息从 2015 年 8 月 24 日起按照中国人民银行同期存款利率计至付清款项之日止）；三、农业银行承担本案诉讼费。主要事实及理由：一、一审法院错误适用举证责任原则，导致错判。本案涉及的是伪卡交易引发的银行卡纠纷，对于此类纠纷案件，最高人民法院已经作出指导意见，认为持卡人应当对伪卡交易导致其银行卡账户内资金减少或者透支款项数额增加的事实承担举证责任。发卡行、收单机构、特约商户应提交由其持有案涉刷卡行为发生时的对账单、签购单、监控录像等证据材料。无正当理由拒不提供的，应承担不利法律后果。程某作为持卡人，已经在一审中提交证据证明程某的存款因为伪卡交易导致银行卡账户内资金减少 776381.41 元，完成了举证责任。但农业银行却没有提交证据证明农业银行没有过错，故应当承担不利的法律后果。二、一审适用法律错误，本案应使用过错推定原则。本案中，程某发现其银行卡的资金非正常流失时及时办理挂失业务，在无证据证明程某主动或客观上帮助他人实施取款行为的情况下，应当认定他人盗取了银行卡账户的资金。银行由于技术漏洞而未能保证银行卡的唯一性和不可复制性，由此造成损失，银行有义务向储户承担全部的赔偿责任。

被上诉人农业银行答辩称：程某的银行卡并不存在被盗刷的情况，原审法院认定事实清楚，适用法律正确，请求驳回上诉，维持原判。

上诉人程某向原审法院起诉，请求判令：一、农业银行向程某返还存款 776381.41 元及利息（利息自 2015 年 8 月 24 日起按中国人民银行同期存款利率计至农业银行付清款项之日止）；二、农业银行承担本案诉讼费。

原审认定事实：程某持有卡号为 6228*************** 农业银行借记卡，2015 年 6 月 21 日因结息转入 111.01 元，当时余额为 67334.25 元。其后于 2015 年 8 月 24 日至 2015 年 8 月 31 日间，该账户发生 12 笔存入业务共计 880981.17 元及 85 笔支出业务共计 948314.85 元，上述业务均通过网上银行及第三方支付操作办理，其中在发生多笔转出业务后，于 2015 年 8 月 25 日至 2015 年 8 月 31 日间通过网上银行分 7 笔存入 142105 元。截至 2015 年 9 月 1 日，该账户余额为人民币 0.5 元。另查明，程某持有的卡号为 62284505*********** 农业银行借记卡，于 2015 年 9 月 24 日通过网上银行分 4 笔支出 371 元。程某所持有的上述两张银行借记卡均办理了网上银行及手机银行业务。

原审法院认为，程某在中国农业银行股份有限公司昆明潘家湾支行办理了卡号为 6228*************** 及卡号为 62284505*********** 的农业银行借记卡两张，故程某与农业银行建立了储蓄合同关系。根据《中华人民共和国民事诉讼法》第六十四条规定“当事人对自己提出的主张，有责任提供证据”，以及《最高人民法院关于民事诉讼证据的若干规定》第二条规定“当事人对自己提出的诉讼请求所依据的事实或者反驳对方诉讼请求所依据的事实有责任提供证据加以证明。没有证据或者证据不足以证明当事人的事实主张的，由负有举证责任的当事人承担不利后果”，原审法院认为，依据法律规定，程某主张银行系统存在安全隐患或其他损害原告账户资金安全的行为导致其损失的，应该由程某举证证明，本案中程某没有证据证明程某账款上的款项是被盗用的，也无证据证明农业银行存在过错或违反操作规程的情况，而且程某所持银行借记卡6228*************** 在此期间仍有多笔存入业务，且转入金额较大，如果账户存在盗取，也不可能有存入业务，存入也与常理违背。综上，程某所诉无事实及法律依据，原审法院予以驳回。据此，依照《中华人民共和国民事诉讼法》第六十四条、第一百一十八条之规定，判决：驳回程某的诉讼请求。原审案件受理费11564元，减半收取5782元由程某承担。

二审中，程某向向法庭提交了如下证据：1. 电话录音，欲证明程某向农业银行沟通过程中，农业银行承认可以垫付62万元给程某，因为资金被盗后，银行担心被曝光想私下解决；2. 银监会的回函，欲证明银监会认定农业银行存在过错。

经质证，农业银行认为程某提交的不属于新证据，对证据1的真实性、合法性、关联性均不认可，不能证明双方通话人的身份，录音的内容仅仅能够反映双方在协商处理纠纷，通话人不是农业银行的副行长，只是工作人员。证据2的真实性、合法性、关联性不认可，银监会的回函不能证明本案的情况。

农业银行向法庭提交了如下证据：1. 交易渠道代码说明，欲证明渠道代码的名称；2. 客户资料登记、变更表；3. 银行卡存款凭条；4. 个人结算账户申请表；5. 程某临时居民身份证；6. 联网核查凭证。欲证明程某的开户符合银行规定。

经质证，程某对上述证据真实性认可，认为证据2、证据3、证据4中的程某的签字都不是程某本人所签，临时居民身份证也不是程某的，上面的照片也不是程某本人，临时居民身份证上面的地址也是错误的，银行预留的电话也不是程某的电话。

经程某申请，二审法院向昆明市公安局五华分局大观派出所调取了如下证据：1．报案材料；2．程某的询问笔录；3．王云忠的询问笔录；4．立案告知书。

本院认为，对于二审中程某提交的证据1，农业银行对该证据真实性不予认可，该证据通话双方无法确定，且录音内容不能反映程某的证明目的，故本院对该证据不予采信。对于证据2，该回复系农业银行的监督机关作出，农业银行虽对其真实性、合法性、关联性不认可，但未提出证据反驳，本院对该证据予以采信。对于农业银行提交的证据，程某对其真实性认可，本院予以采信。

一审认定的事实与本院二审查证事实一致，本院依法予以确认，并补充认定如下事实：2015年9月1日，程某向昆明市公安局五华分局大观派出所报案，称其于2015年9月1日13时45分左右发现，其在中国农业银行潘家湾支行里面办理的开户人为其本人，卡号为6228*************** 的储蓄卡上的金额被盗刷78万元左右。派出所已经详细登记备案，拟报立刑事案件。2015年9月2日，程某向嵩明县公安局嵩阳镇派出所报警，称其被人冒用身份信息在嵩明县嵩阳镇黄龙大街农业银行办理了一张银行卡。经初步了解得知，系2015年8月21日有人使用一张程某的临时身份证办理了银行卡。2015年11月13日，中国银行业监督管理委员会向程某发函回复，载明：2015年8月21日，一名客户持临时身份证到农业银行嵩明黄龙支行开立借记卡一张，所持临时身份证姓名为程某，女，1981年8月2日生，汉族，住安徽省亳州市谯城区沙土镇马小行政村马平庄69，身份证号为34160219810802****，证件有效期为2015年7月28日至2015年10月28日。农业银行嵩明黄龙支行的柜员对该客户提供的临时身份证与客户本人进行核对，将临时身份证复印留存并进行联网核查，联网核查凭证显示核查结果为“居民身份证号码与姓名一致，且存在照片”。柜员根据该客户填写的《个人结算账户申请书》进行信息资料录入时将客户电话号码登记为1343029****。经系统将客户资料自动上传授权中心进行远程授权审核后，该行系统为客户开立借记卡一张，卡号为62284808**********。农业银行嵩明黄龙支行在借记卡（卡号：62284808**********）开户业务的办理过程中，相关工作人员对客户提供的临时身份证的真实性审核未做到严格审慎尽职，未按有关监管规定采取其他辅助措施对客户身份的真实性作进一步的核实验证，对客户重要信息资料（手机号码）进行登记变更审核时也未做到严格审慎尽职。

另查明，2015 年 8 月 24 日，因为程某的理财产品到期，农业银行向程某卡号为 6228*************** 的借记卡返还本金 700000 元以及利息 8676.16 元。自 2015 年 8 月 24 日起至 2015 年 8 月 31 日止，程某的借记卡 6228*************** 发生的支付银行交易中，交易的省市涉及浙江、深圳、云南、上海，交易时间多发生在凌晨。农业银行在 2015 年 8 月 21 日之后，程某的借记卡 6228*************** 上的账户消费短信息均是发送到 1343029**** 的电话号码上。

本案争议的焦点是：农业银行在履行与程某的储蓄存款合同中是否存在过错，是否应当承担赔偿责任？

本院认为，依据《中华人民共和国商业银行法》第六条“商业银行应当保障存款人的合法权益不受任何单位和个人的侵犯”之规定，商业银行对储户存款具有安全保障义务。该安全保障义务包括对交易机具、交易场所的安全管理，以及对包括银行卡在内的各项软硬件设施及时更新升级，以最大限度防范储户资金交易安全漏洞。程某与农业银行之间存在储蓄存款合同关系，农业银行应保障程某账户内资金的安全。本案中，程某账户消费以及程某未能及时发现账户资金变化的原因是 2015 年 8 月 21 日农业银行嵩明黄龙支行在经系统将客户资料自动上传授权中心进行远程授权审核后对程某的银行预留电话号码变更为 1343029****。对于农业银行提交的 2015 年 8 月 21 日客户资料登记、变更表，以及个人结算账户申请书、银行卡存款凭条，程某认为上述证据中的“程某”的签字并不是其本人亲自签名，并已经申请司法鉴定，经法庭释明，农业银行未能在指定的期限内提交上述证据的原件用于鉴定，农业银行应当就此承担举证不能的法律后果，本院认定 2015 年 8 月 21 日申请办理开户变更程某账户的不是程某本人。农业银行在授权变更程某账户银行预留电话号码和信息的行为存在过错。由于银行预留电话号码的变更，导致程某本人对其账户资金情况不能及时知悉，自2015年8月21日之后就对其账户失去控制。自2015年8月24日起至2015年8月31日止，程某的借记卡6228*************** 发生的银行支付交易中，交易时间多发生在凌晨。交易的省市涉及浙江、深圳、云南、上海，多次出现极短时间内跨省市交易的情形，不可能系程某本人持真卡进行的交易。银行对储户资金负有安全保障义务，无论储户账户资金以何种形式对外发生支出，银行均应进行审核，在确保系储户或储户授权的情况下，方能支付。本案中，由于农业银行在未确认是程某本人的情形下，授权将程某银行预留电话号码变更，导致程某账户资金变动时不能及时知悉并失去对账户的控制，农业银行不能举证证明其已对涉案的程某账户资金支付尽到应有的安全保障，其应对程某账户资金的不明支出承担责任，故农业银行应当就程某账户卡号为6228*************** 以及62284505********** 农业银行借记卡中资金支出776381.41元承担赔偿责任，原审法院对此认定错误，本院予以纠正，程某的上诉主张有事实及法律依据，本院予以支持。农业银行抗辩本案程某银行卡不存在盗刷的主张与本案查清的事实相悖，本院不予支持。

关于程某提出按中国人民银行同期贷款利率支付利息的诉讼主张，因程某的诉争存款账户为活期存款账户，其资金在该账户中的收益仅为活期存款利息，其主张按同期存款利率支付符合法律规定，本院按中国人民银行活期存款利率予以支持，即支持程某主张的以776010.41元为本金，自2015年8月24日起至款项实际清偿之日止，按照中国人民银行同期存款利率计算的利息，以及以371元为本金，自2015年9月24日起至款项实际清偿之日止，按照中国人民银行同期存款利率计算的利息。

综上所述，因为出现新的证据，导致一审法院认定事实部分不清，适用法律不正确，本院依法改判。依照《中华人民共和国合同法》第六条、第六十条，《中华人民共和国民事诉讼法》第六十四条第一款、第一百七十条第一款第二项，《最高人民法院关于适用〈中华人民共和国民事诉讼法〉的解释》第九十条、第九十一条第一款之规定，判决如下：

一、撤销昆明市五华区人民法院（2015）五法民三初字第2269号民事判决；

二、由中国农业银行股份有限公司昆明潘家湾支行于判决生效之日起十日内赔偿程某存款损失776381.41元，并支付以776010.41元为本金，自2015年8月24日起至款项实际付清之日止，按中国人民银行活期存款利率计算的利息，以及以371元为本金，自2015年9月24日起至款项实际付清之日止，按中国人民银行活期存款利率计算的利息。

如果未按本判决指定的期间履行给付金钱义务，应当依照《中华人民共和国民事诉讼法》第二百五十三条之规定，加倍支付迟延履行期间的债务利息。

一审案件受理费11564元，减半收取5782元（程某已预交），由中国农业银行股份有限公司昆明潘家湾支行负担；二审案件受理费11564元（程某已预交），由中国农业银行股份有限公司昆明潘家湾支行负担。由中国农业银行股份有限公司昆明潘家湾支行于判决生效之日起十日内向程某支付。

本判决为终审判决。

本判决送达各方当事人后即发生法律效力。若负有义务的当事人不自动履行本判决，享有权利的当事人可在本判决规定履行期届满后法律规定的期限内向一审人民法院申请强制执行。申请执行的期间为二年。

审　判　长　李能熊
审　判　员　方云红
审　判　员　古维贤

二〇一七年五月十日

书　记　员　王鉴榕

重庆市闰资投资有限公司诉云南中油华气天然气有限公司等合同纠纷案

［**裁判要旨**］由同一自然人担任各公司法定代表人或为公司实际控制人的关联公司，如果该自然人利用其对上述公司的控制权，无视公司独立人格，随意处置、混淆各个公司的财产或债权债务关系，造成关联公司人员、财产、经营场所、业务等方面交叉或混乱，严重损害债权人利益的，应当对关联公司的法人人格进行否定，关联公司应对外部债务承担连带责任。

［案　情］

原告：重庆市闰资投资有限公司。

被告：云南中油华气天然气有限公司（简称华气公司）。

被告：华油天然气股份有限公司（简称华油天然气公司）。

被告：云南禄达财智实业股份有限公司（简称禄达公司）。

被告：云南中石油昆仑天然气利用有限公司（简称昆仑公司）。

被告：中石油昆仑天然气利用有限公司（简称中石油昆仑公司）。

本院经审理查明：2014 年 5 月 16 日，何某以被告华气公司（甲方）的名义与原告（乙方）签订《共同开发云南省警务加油（气）站的合作协议》（简称《合作协议》），约定华气公司负责根据云南省政府、云南省公安厅的规划，完成 4 座警务加油（气）站的土地落实、手续办理、设计工作，并在每一座警务加油（气）站建设完成后，协调中石油云南销售公司共同完成该座警务加油（气）站的回购工作。原告负责将上述4座警务加油（气）站部分建设资金人民币2000万元，作为保证金，按照协议约定支付到甲方指定的昆仑公司在中国农业银行开设的尾号220的账户。甲方表明：在乙方的保证金计2000万元付入甲方指定账户之日起45日内，甲方负责获得以上四个地块的使用权。如甲方不能按照合同约定时间取得土地使用权和施工许可证，超出时间甲方按照乙方的保证金金额和中国人民银行同期同类贷款利率计算利息支付给乙方，并按照超出时间的每座站赔付100万元违约金给乙方。2014年5月20日，原告依约向被告昆仑公司指定账户转账支付保证金2000万元。同日，被告昆仑公司将其中1980万元以借款、货款名义转到云南某实业公司账户，并于2014年5月23日将剩余20万元以借款名义转到被告禄达公司账户。2015年4月14日、27日，原告分别向被告华气公司邮寄履行合同催告函、解除合同通知书，被告华气公司于2014年4月30日收到解除通知。《合作协议》约定的共建加油（气）站项目至今未取得相关主管机关的任何批准手续。

原告认为，其与被告华气公司签订的《合作协议》合法有效，在经原告多次催促，被告华气公司仍未履行义务的情况下，原告有权且已依法解除合同，被告华气公司应承担解除合同后的相关责任。被告禄达公司作为被告华气公司股东，滥用被告华气公司的法人独立地位和股东有限责任，应对被告华气公司的债务承担连带清偿责任，被告昆仑公司与被告华气公司在法人人格上混同，也应对被告华气公司的债务承担连带清偿责任。被告华油天然气公司系被告华气公司的股东，被告中石油昆仑公司系被告昆仑公司的股东，被告华油天然气公司、中石油昆仑公司应在各自其未出资本息范围内承担补充赔偿责任。遂向我院提起诉讼，请求：一、确认原告与被告华气公司于2014年5月16日签订的《合作协议》已于2015年4月30日解除；二、被告华气公司向原告返还保证金2000万元及按照中国人民银行同期同类贷款基准利率计付从2014年7月5日起至保证金全部还清为止的利息；三、被告华气公司向原告支付违约金400万元；四、被告禄达公司、昆仑公司对第二、三项诉讼请求承担连带清偿责任；五、被告华油天然气公司、中石油昆仑公司就第二、三项诉讼请求在其未出资本息范围内承担补充赔偿责任；六、本案诉讼费、保全费等费用由上述五被告承担。

被告华气公司答辩称：《合作协议》不具备民事合同法律关系的构成要件，双方之间的合同法律关系并未依法成立和有效。

被告华油天然气公司答辩称：华油天然气公司另案中已经在未出资的2200万范围内承担了补充赔偿责任，本案不应当承担责任。

被告禄达公司答辩称：禄达公司只是被告华气公司股东，其并未滥用股东地位，不应承担连带清偿责任。

被告昆仑公司未到庭答辩。

被告中石油昆仑公司答辩称：被告昆仑公司与华气公司不存在人格混同的情形，不应当承担责任；被告中石油昆仑公司作为被告昆仑公司股东，已经在另案中承担了补充赔偿责任，本案中不予再承担补充赔偿责任。

[审　判]

本院认为，何某作为《合作协议》签约时被告华气公司的法定代表人，其代表公司签约的行为为职务行为，且合同内容并未违反法律法规强制性规定，《合作协议》成立并生效，合同双方当事人均应按约履行。被告华气公司至今均并未依约履行“土地落实、手续办理、设计工作”等主要合同义务，违反了《合作协议》的约定，构成根本违约，且经原告书面催促仍未履行，致使原告合同目的不能实现，《合作协议》于2015年4月30日被告华气公司收到原告解除合同通知之日解除，被告华气公司应按照《合作协议》的约定承担相应的违约责任，即返还保证金2000万元并按照中国人民银行同期同类流动资金贷款基准利率计付从2014年7月5日起至保证金全部还清为止的利息，以及按每座站赔付100万元支付违约金。

本案主要焦点为：一、被告华气公司、禄达公司、昆仑公司是否存在法人人格混同；二、被告华油天然气公司对被告华气公司、被告中石油昆仑公司对被告昆仑公司是否应当承担股东出资不实责任。

针对争议焦点一：根据银行转账记录、工商登记档案及昆明市中级人民法院受理的（20××）云01刑初××号刑事案件中（以下简称刑案）中调取的证言本院认定以下事实：1. 在被告昆仑公司收到原告支付的2000万元保证金的当日，昆仑公司将其中1980万元借款名义转给云南某实业公司账户，并于三日后将剩余20万元以借款名义转给被告禄达公司账户；2. 被告华气公司于2012年3月成立，2014年度法定代表人为何某，职务为董事长，其余董事有郭某、监事有唐某；股东为被告禄达公司、华油天然气公司，被告华气公司工商设立登记事宜由禄达公司财务人员翟某办理；被告禄达公司于2009年12月成立，法定代表人为何某，其职务为董事长兼总经理，其余董事有唐某、郭某；被告昆仑公司于2010年11月核准成立，法定代表人为周某，其职务为执行董事兼经理，监事为郭某，主管会计为翟某，股东为被告禄达公司、中石油昆仑公司，刑案中，翟某及被告昆仑公司工作人员史某均陈述被告昆仑公司的实际控制人是何某。被告昆仑公司工商登记住所为昆明经开区×楼××号，在刑案中，重庆某公司工作人员肖某陈述其公司2014年3月与被告华气公司签订案外《共同开发云南警务加油（气）站的合作协议》的签约地为某友联大厦××楼。被告禄达公司工商登记住所为云南省昆明经开区某幢×层××号，但重庆市第一中级人民法院（20××）渝一中法民初字第××号民事裁定书中载明，被告禄达公司向法院确认的法律文书送达地址为某友联大厦××楼；被告昆仑公司工商登记住所为昆明市某科技园内×幢楼××号，但刑案中，翟某、被告禄达公司工作人员赵某及杨某均陈述被告昆仑公司和被告禄达公司在一起办公。被告华气公司经营范围包括天然气加注站建设，对天然气及天然气设备、材料进行投资、并对所投资的项目进行管理、天然气管道施工等；被告禄达公司的经营范围为“项目投资及对所投资的项目进行管理……以下范围限分公司经营：开展液化天然气加气站的建设与运营业务；被告昆仑公司经营范围包括车用压缩天然气储配站的建设与运营业务。3. 因中石油内部业务调整，被告昆仑公司2012年10月29日股东会决议，同意由被告华气公司承接被告昆仑公司取得的前期政府批复的相关业务，被告昆仑公司、华气公司向昆明市住房和城乡建设局提出申请将金××、普××加气站的建设经营主体变更为被告华气公司，2013年4月1日昆明市住房和城乡建设局昆建下发〔20××〕××号文《关于昆明金×、普×加油站主体变更的批复》原则上同意了上述申请。2013年1月，被告华气公司与被告禄达公司签订资产转让合同，约定由被告华气公司收购被告禄达公司所有的位于昆明市金×、普×两座加气站资产的全部产权，资产转让总价款为1871万元，2013年1月31日，被告华气公司向被告禄达公司支付了1871万元转让款。4. 昆明天虹会计师事务所出具的昆天虹字（20××）第××号审计报告显示，被告昆仑公司2012年全年销售（营业）收入、利润总额、纳税总额、长期投资、长期负债均为0元；2013年，昆明市五华区人民法院作出（2013）五法民×初字第××号民事判决书，判决解散被告昆仑公司；2014年，昆明市中级人民法院作出（2014）昆民×终字第××号民事判决书维持原判，在该判决书中载明："根据被上诉人昆仑利用公司（本案被告昆仑公司）一审提交的会计报表，反映出昆仑利用公司自2010年11月4日成立至2012年10月31日这一期间各项财务数据均为零，公司无任何经营行为，二审中，上诉人昆仑利用公司的代理人亦明确陈述公司成立至今接近四年没有经营行为"，该判决已生效；2015年，昆明市五华区人民法院作出（2015）五法×第×号民事裁定书，裁定受理申请人中石油昆仑公司对被申请人昆仑公司进行强制清算的申请，至今尚未成立清算组。依据本院确定的上述事实，本院认为，首先，《合作协议》签订时被告华气公司、被告禄达公司的法定代表人是何某，被告昆仑公司的实际控制人亦是何某，被告华气公司、昆仑公司的股东之一为被告禄达公司，三个公司的其余董事、监事、财务管理人员均有交叉情形，且三公司的经营范围都包括天然气加注站建设，均有在某友联大厦××楼实际办公，故本院认定三公司在组织机构上、业务范围、经营场所、财务人员上均有交叉重合。其次，在政府主管部门的相关批文中，载明金×、普×两座加气站建设经营主体由被告昆仑公司变更为被告华气公司，但在此前被告华气公司却是与被告禄达公司签订资产转让合同中，由被告禄达公司向被告华气公司转让上述两座加气站，并由被告华气公司向被告禄达公司支付了转让款；被告昆仑公司在并无实际经营业务的情况下却收取了原告支付给被告华气公司的履约保证金，随即又将保证金支付给云南某实业公司和被告禄达公司，充分说明被告华气公司、禄达公司、昆仑公司三个公司财产界限不清。综上，被告华气公司、禄达公司、昆仑公司虽登记为彼此独立的企业法人，但何某利用其对三个公司的实际控制权，造成三个公司机构设置、财产关系交叉，构成三个公司人格混同。被告禄达公司关于其并未滥用股东地位，以及被告中石油昆仑公司关于被告昆仑公司与被告华气公司不存在人格混同情形的主张与查证的事实不符。《中华人民共和国公司法》第二十条第三款规定："公司股东滥用公司法人独立地位和股东有限责任，逃避债务，严重损害公司债权人利益的，应当对公司债务承担连带责任。"被告华气公司、禄达公司、昆仑公司的上述行为违背了法人制度设立的宗旨，违背了诚实信用原则，严重损害了债权人利益，其行为本质与《中华人民共和国公司法》第二十条第三款规定的情形相当，故本院参照该条款规定，认定被告昆仑公司、禄达公司对被告华气公司的债务承担连带责任。

针对争议焦点二，根据本院认定的以下事实：1. 被告华油天然气公司系被告华气公司股东，其认缴出资额为2200万元，应于2012年9月30日前交足，但被告华油天然气公司未履行出资义务。在（20××）渝高法民执字第××号申请执行一案中（以下简称"××号执行案"），重庆市高级人民法院作出的（20××）渝高法执×字第××号执行裁定书中，裁定追加被告华油天然气公司为被执行人，被告华油天然气公司应在注册资金不实的范围内对申请执行人重庆某公司承担责任，向申请执行人重庆某公司清偿债务2200万元；2015年7月9日，重庆市高级人民法院从被告华油天然气公司银行账户扣划2200万元。2. 被告中石油昆仑公司系被告昆仑公司股东，其认缴出资额为3000万元，应于2012年11月4日前交足，但被告中石油昆仑公司未履行出资义务。在"××号执行案"中，重庆市高级人民法院作出（20××）渝高法执×字第×号执行裁定书，裁定被告中石油昆仑公司在注册资金不实的范围内对申请执行人重庆某公司承担责任，向申请执行人重庆某公司清偿债务3000万元；2015年7月14日、9月24日重庆市高级人民法院先后从被告中石油昆仑公司银行账户扣划117万元、2801万元，合计2918万元。本院认为，被告华油天然气公司作为被告华气公司股东，被告中石油昆仑公司作为被告昆仑公司股东，均未履行出资义务，依据现有证据尚不能证实被告华油天然气公司、中石油昆仑公司在另案执行中已在未出资本息范围内全额承担了补充赔偿责任，根据最高人民法院《关于适用〈中华人民共和国公司法〉若干问题的规定（三）》第十三条第二款之规定“公司债权人请求未履行或者未全面履行出资义务的股东在未出资本息范围内对公司债务不能清偿的部分承担补充赔偿责任的，人民法院应予支持”，因此，原告要求被告华油天然气公司、中石油昆仑公司对上述债务分别在其未出资的本息范围内承担补充赔偿责任的诉讼主张，本院予以支持。但现有证据尚不能最终确认被告华油天然气公司、中石油昆仑公司在其他案件中已实际承担因未出资所致的补充赔偿责任的确定数额，故对被告华油天然气公司、中石油昆仑公司在本案中应承担的补充赔偿责任的具体金额，本院不予明确，可在执行程序中另行加以明确。

综上所述，原告的诉讼请求具有事实和法律依据，本院依法予以支持。依照《中华人民共和国民法通则》第四十三条，《中华人民共和国合同法》第八条、第九十四条第一款第三项和第四项、第九十七条、第一百零七条，《中华人民共和国公司法》第二十条第三款，最高人民法院《关于适用〈中华人民共和国公司法〉若干问题的规定（三）》第十三条第二款，《中华人民共和国民事诉讼法》第一百一十八条第一款、第一百四十四条之规定，判决：一、原告与被告华气公司于 2014 年 5 月 16 日签订的《合作协议》于 2015 年 4 月 30 日解除；二、被告华气公司于判决生效之日起十日内向原告返还保证金 2000 万元，以及自 2014 年 7 月 5 日起至保证金还清之日止按中国人民银行同期同类流动资金贷款基准利率计算的利息；三、被告华气公司于判决生效之日起十日内向原告重庆市闰资投资有限公司支付违约金 400 万元；四、被告禄达公司、昆仑公司对被告华气公司的上述债务承担连带清偿责任；五、被告华油天然气公司对被告华气公司的上述债务在其未出资本息范围内承担补充赔偿责任；六、被告中石油昆仑公司对被告昆仑公司的上述债务在其未出资本息范围内承担补充赔偿责任。

宣判后，被告华气公司、中石油昆仑公司不服一审判决，分别提起上诉。云南省高级人民法院于2017年9月13日作出（2017）云民终539号民事判决，驳回上诉，维持原判。

[评　析]

《中华人民共和国公司法》第三条规定："公司是企业法人，有独立的法人财产，享有法人财产权。公司以其全部财产对公司的债务承担责任。有限责任公司的股东以其认缴的出资额为限对公司承担责任；股份有限公司的股东以其认购的股份为限对公司承担责任。"这标志着公司法人人格独立和股东有限责任制度在我国的设立。从立法初衷看，其目的是通过公司与股东资产的分离实现责任的分离，避免过大的公司经营风险对股东利益的损伤。独立的财务及财务自由、独立的组织机构及意识是公司法人人格独立的两大要件，但由于股东利用公司独立人格损害债权人和社会公共利益，法人人格独立的两大要件遭到了破坏，法人人格否认制度应运而生，法人人格否认制度否认了特定情形下公司与其背后的股东各自独立的人格及股东有限责任，责令滥用公司法人独立人格的公司股东对公司债务承担连带责任，使被恶意损害的债权得以保护。《中华人民共和国公司法》第二十条规定："公司股东应当遵守法律、行政法规和公司章程，依法行使股东权利，不得滥用股东权利损害公司或者其他股东的利益；不得滥用公司法人独立地位和股东有限责任损害公司债权人的利益。公司股东滥用股东权利给公司或者其他股东造成损失的，应当依法承担赔偿责任。公司股东滥用公司法人独立地位和股东有限责任，逃避债务，严重损害公司债权人利益的，应当对公司债务承担连带责任。"该条以法律的形式明确了我国的法人人格否定制度，但从行文上看，该条规定仅仅明确了公司股东在特定情形下对公司债权人承担连带责任的法人人格否定，这只是法人人格否认制度内涵的一部分，当出现公司与关联公司（母子公司或姐妹公司）之间人事、财务、经营场所、业务等方面人格混同，成为法定代表人或实际控制人个人意志表达工具，失去独立性时，上述规定第三款的法律漏洞就凸显，为保障债权人合法权益，司法实践中对该条文进行一定的类推解释就显得尤为必要。在进行解释时，如何对“滥用”“逃避债务，严重损害公司债权人利益”这两大核心要件进行解析，是本案的评判关键。

关于“滥用”的情形判断。随着社会经济和公司制度的发展，对法人人格独立要件的破坏形式也呈现多样化，如公司股东滥用其对若干公司的支配权，为规避法定义务或者合同义务，利用多个关联公司之间的关联性转移利益，损害其中一个或者若干公司的利益，实现其作为控制股东在公司集团的利益最大化，但究其实质，均为利用公司独立人格地位破坏公司责任财产损害债权人利益，因而“刺破公司面纱”又发展出了“三角刺破”“反向刺破”等理论，如美国法院的“企业整体说”认为：“股东如果设立若干公司经营同一事业，或各公司之间存在着经营业务、利益和权属的一致性时，这些公司实质上为同一企业的不同部门而已，法院可以无视各个公司法律主体的独立性，而将它们视为一个企业实体或经济上的统一体来追究企业整体的责任。”统观法人人格否认制度的发展可知，故意滥用公司独立地位并造成责任财产混同是产生连带责任的法理基础，自然构成我国《公司法》第二十条第三款的核心构成要件。除股东滥用公司法人独立的情形外，只要关联公司（母子公司、姐妹公司）滥用公司法人独立地位，造成责任财产混同的事实，就有苛以连带责任的必要。本案中，华气公司、昆仑公司的股东均有禄达公司，合作协议签订时，三家公司均由何某实际控制，本院在认定三家公司之间存在人员混同、财务混同、业务混同的事实基础上，认定三家公司之间构成人格混同。究其本质，是三家公司的责任财产混同，由此形成三家公司在责任财产上难以区分。而三家公司又有将本案债务交由华气公司承担以达到逃避债务的故意，因此本案的实质与《公司法》二十条第三款的核心要件具有相似性。且基于本案三公司间的人格、财产混同事实，对其适用连带责任完全符合保护债权人的立法宗旨，在法律政策上与法人人格否认理论完全吻合，无论从理论依据上，还是实际意义上，对《公司法》二十条第三款进行类推解释于本案具有适当性。

关于“逃避债务、严重损害公司债权人利益”的主观及程度判断。逃避债务是滥用行为的动机，严重损害公司债权人利益则是滥用的行为后果。从文义上看，《公司法》二十条三款适用条件为故意，这与公司法人人格否认制度设立的背景及初衷也是相符的。原因在于，滥用公司独立地位和股东有限责任的核心形态是责任财产的混同，而公司财产与股东财产相分离不仅是法人独立人格的前提，亦有法律的明确规定，且这种规定是通过严格的会计制度来加以落实的。当出现严重损害债权人利益的财产混同时，往往是公司股东处于恶意未严格执行会计准则，严重的财产混同就是股东主观故意的反证。但仅仅有逃避债务的主观故意还不足以构成《公司法》二十条第三款的故意，从客观上“严重损害债权人利益”才是证明股东故意的核心要件，只有严重损害债权人利益的财产混同才构成《公司法》二十条第三款上的故意，排除了轻微或不损害债权人利益的财产混同对本条的适用。何为“严重损害”？具体标准，法律并未明确，有学者主张从两个方面来综合衡量：第一，普通人标准，也即一般人都认为此受损程度为“严重”；第二，公司偿债能力判断，即公司已持续在一定时间内资不抵债，无法偿还债务或公司的财务状况不良、混乱且没有回转的可能。这样的衡量标准具有可行性。综合上述两方面，若同时具备，可断定债权人的损失已达到严重的程度，可否认法人人格予以救济。本案中，华气公司就加气站建设与原告签约，昆仑公司在没有实际经营的情况下收取原告2000万元保证金，随即将资金又在云南某实业公司和禄达公司之间进行转移。而以此相关的金×、普×两座加气站建设经营权在华气公司、昆仑公司、禄达公司之间混乱转移。华气公司在收取2000万元保证金后根本违约，华气公司、昆仑公司以及禄达公司上述对内进行资源和利益的调配活动造成华气公司的财务混乱且没有回转余地，达到了“严重损害公司债权人”利益的程度。三家关联公司之间应作为一个整体对外承担责任。

另，对于举证责任的分配和证明标准问题往往是法人人格否认适用过程中的难点。依据《民事诉讼法》第六十四条的规定划分证明责任，采用“谁主张，谁举证”的原则，原告对关联公司存在故意利用公司人格独立，逃避债务，致使自身的利益受损的客观事实存在举证责任。其对于自身的权益受到损害容易举证，但要提供充足的证据证实关联公司在法人人格上存在混同则难度较大，相关证据往往会涉及企业的内部信息和商业秘密，原告很难获取，这也是《公司法》二十条第三款在司法实践中的困境。本案中，因为华气公司的法定代表人何某涉嫌刑事犯罪，已经被公安机关立案侦查。刑案中扎实的证据材料为华气公司、昆仑公司以及禄达公司之间的人格混同认定奠定了基础，结合工商登记材料及银行转账凭证等，充分证实了三家公司人格混同的事实。反观本案的举证过程的完成，其与刑案的交叉看似偶然，但却反证了适用《公司法》二十条第三款时，对于该条的举证责任应做适当区分，对于股东有滥用公司法人独立地位和股东有限责任的行为，可适当削减原告的举证责任，如只需其提供资产向关联公司转移、企业资本严重不足等初步证据，而进一步的证明责任由公司股东或关联公司承担或申请向人民法院调取，对于其主观上的故意，原告只需提出股东具有故意之表面证据，如损害事实等，由法官结合其余证据材料自由心证，被告若想推翻心证，则应当提供反证，证明其不具被主观故意。

[评选理由]

本案属于法人人格否认典型案例。关于法人人格否认，我国《公司法》第二十条做了规定，但该规定的适用范围比较狭窄，对于司法实践中关联公司利用法人人格独立，造成人格混同并逃避债务严重损害债权人利益的情形，未予以明确。本案例紧扣《公司法》人人格否认制度的理论的核心要件，在全面查清案件事实的基础上对案涉关联公司是否存在人格混同情形进行充分论证后，对《公司法》第二十条第三款进行扩张解释，有效保护了债权人的合法权益。本案的审理思路、证据运用、法律适用均在所属领域有所发展和创新，为类案形成了较为详尽的参照。

一审裁判文书：云南省昆明市中级人民法院（2015）昆四初 384 号
二审裁判文书：云南省高级人民法院（2017）云民终 539 号
一审合议庭组成人员：
审判长：程青梅；审判员：起俊、陈锐
案例提供单位：云南省昆明市中级人民法院民事审判第四庭
承办人：程青梅；编写人：程青梅

附：

云南省昆明市中级人民法院
民事判决书

（2015）昆民四初字第384号

原告：重庆市闰资投资有限公司。

法定代表人：谢刚。

委托诉讼代理人：王文远，重庆坤源衡泰律师事务所律师，特别授权代理。

委托诉讼代理人：丁磊，重庆坤源衡泰律师事务所律师，一般授权代理。

被告：云南中油华气天然气有限公司。

法定代表人：周亚民，总经理。

委托诉讼代理人：袁翠，北京盈科（昆明）律师事务所律师，特别授权代理。

委托诉讼代理人：赵涛，北京盈科（昆明）律师事务所律师，特别授权代理。

被告：华油天然气股份有限公司。

法定代表人：石彦民，董事长。

委托诉讼代理人：袁翠，北京盈科（昆明）律师事务所律师，一般授权代理。

委托诉讼代理人：赵涛，北京盈科（昆明）律师事务所律师，一般授权代理。

被告：云南禄达财智实业股份有限公司。

法定代表人：何力。

委托诉讼代理人：许兴华，北京市昌久律师事务所昆明分所律师，特别授权代理。

被告：云南中石油昆仑天然气利用有限公司。

法定代表人：周淦。

被告：中石油昆仑天然气利用有限公司。

法定代表人：赵永起。

委托诉讼代理人：李军，云南圣元律师事务所律师，特别授权代理。

原告重庆市闰资投资有限公司与被告云南中油华气天然气有限公司（以下简称“云南华气公司”）、华油天然气股份有限公司（以下简称“华油天然气公司”）、云南禄达财智实业股份有限公司（以下简称“禄达公司”）、云南中石油昆仑天然气利用有限公司（以下简称“云南昆仑公司”）、中石油昆仑天然气利用有限公司（以下简称“中石油昆仑公司”）合同纠纷一案，本院于2015年5月21日立案后，依法适用普通程序，于2016年2月5日、2016年8月2日公开开庭进行了审理。原告委托诉讼代理人王文远、丁磊，被告云南华气公司及华油天然气公司共同委托诉讼代理人袁翠、赵涛，被告禄达公司委托诉讼代理人许兴华，被告中石油昆仑公司委托代理人李军到庭参加诉讼，被告云南昆仑公司因下落不明经本院公告送达开庭传票无正当理由拒不到庭参加诉讼，本院依法缺席审理。本案因与刑案有牵连，故扣除相关审限，现已审理终结。

原告向本院提出诉讼请求：一、确认原告与被告云南华气公司于2014年5月16日签订的《共同开发云南省警务加油（气）站的合作协议》（编号：YNHQ-P-4-4516，以下简称《合作协议》）已于2015年4月30日解除；二、被告云南华气公司向原告返还保证金2000万元及按照中国人民银行同期贷款基准利率计付从2014年7月5日起至保证金全部还清为止的利息；三、被告云南华气公司向原告支付违约金400万元；四、被告禄达公司、云南昆仑公司对第二、三项诉讼请求承担连带清偿责任；五、被告华油天然气公司、中石油昆仑公司就第二、三项诉讼请求在其未出资本息范围内承担补充赔偿责任；六、本案诉讼费、保全费等费用由上述五被告承担。事实和理由：原告与被告云南华气公司于2014年5月16日签订《合作协议》，约定原告向被告云南华气公司缴纳2000万元，作为双方合作建设四座警务加油（气）站的保证金；被告云南华气公司在原告将保证金汇入其指定账户之日起45日内，负责项目的“土地落实、手续办理和设计工作”，即就四座加油（气）站的具体位置、占地范围，均由被告云南华气公司取得规划部门的规划定点批复文件和行业主管部门的立项批复文件，获得相应地块的使用权，以及按照基本建设程序及时办理各站点的各项基本建设手续和加油（气）的设计等工作；原告负责提供建设资金及工程发包等工作。在加油（气）站建设完成后，由被告云南华气公司协同中石油云南销售分公司共同完成加油（气）站的收购工作。上述协议签订后，原告按协议约定于2014年5月20日向被告云南华气公司支付了保证金共计2000万元，但被告云南华气公司并未依约履行“土地落实、手续办理、设计工作”等义务。为敦促被告云南华气公司履行义务，原告多次以口头、书面等方式催促被告云南华气公司，但被告云南华气公司一直未履行其合同义务。原告已于2015年4月27日向被告云南华气公司发出解除合同的通知。原告认为，其与被告云南华气公司签订的《合作协议》合法有效，在经原告多次催促，被告云南华气公司仍未履行义务的情况下，原告有权且已依法解除合同，被告云南华气公司应承担解除合同后的相关责任。被告禄达公司作为被告云南华气公司股东，滥用被告云南华气公司的法人独立地位和股东有限责任，应对被告云南华气公司的债务承担连带清偿责任，被告云南昆仑公司与被告云南华气公司在法人人格上混同，也应对被告云南华气公司的债务承担连带清偿责任。被告华油天然气公司系被告云南华气公司的股东，被告中石油昆仑公司系被告云南昆仑公司的股东，被告华油天然气公司、中石油昆仑公司应在各自其未出资本息范围内承担补充赔偿责任。

被告云南华气公司答辩称：一、《合作协议》不具备民事合同法律关系的构成要件，双方关于共同开发云南省警务加油（气）站的合意并未真实一致的达成，双方之间的合同法律关系并未依法成立和有效。具体而言：1. 被告云南华气公司并不具备共同开发云南警务加油（气）站的缔约能力；2. 被告云南华气公司从未作出过与原告共同开发云南省警务加油（气）站的真实意思表示，《合作协议》系被告云南华气公司的法定代表人何力用私自伪造的公章与原告所签订。二、根据我国《刑法》

《刑事诉讼法》及相关规定，本案中合同实际签订行为人何力涉嫌私刻单位公章进行合同诈骗，其交易背景、手段、款项的交付方式等犯罪事实都与公安机关已在侦办的案件性质相同，属于公安机关遗漏的同一罪名下的犯罪事实，本案应当移送公安机关侦查；三、加油站点的项目立项、规划报批、投资建设等不在被告云南华气公司的经营范围内，原告在合同签订及履行过程中没有尽到审查义务存在重大过错，应当自行承担相应的损失及风险。四、被告云南华气公司并未收取原告支付的保证金，不应承担相关的民事责任。综上，建议法院将本案移送公安机关侦查或者驳回原告的诉讼请求，本案诉讼费及保全费由原告承担。

被告华油天然气公司答辩称：被告华油天然气公司另案中已经在未出资的2200万范围内承担了补充赔偿责任，故被告华油天然气公司不应当承担责任。

被告禄达公司答辩称：被告禄达公司只是被告云南华气公司股东，被告禄达公司并未滥用股东地位，不应承担连带清偿责任。

被告云南昆仑公司未到庭答辩。

被告中石油昆仑公司答辩称：一、本案与何力刑事案件案情一致，涉嫌合同诈骗，应该按刑事处理，且被告云南昆仑公司现处于清算程序，不属于下落不明的事由，应当等待清算组成立后参加诉讼，本案应当中止审理；二、被告云南昆仑公司与被告云南华气公司不存在人格混同的情形，不应当承担责任；三、被告中石油昆仑公司作为被告云南昆仑公司股东，已经在另案中承担了补充赔偿责任，不应在本案中再承担补充赔偿责任。

当事人围绕诉讼请求依法提交了证据，本院组织当事人进行了证据交换和质证。经审查，原被告各方对所提交证据的真实性均予以认可，但对部分证据的证明效力不予认可。本院对各方当事人提交的证据的真实性予以采信，对原被告各方所举证据的证明效力本院将在后文进行分析认定。经审理，本院对如下各方无争议的事实予以确认：一、2014年5月16日，何力以被告云南华气公司（甲方）的名义与原告（乙方）签订《合作协议》（编号：YNHQ-P-4-4516）。《合作协议》第三条约定：“1. 甲方负责根据云南省政府、省公安厅的规划，完成四座警务加油（气）站的土地落实、手续办理、设计工作，并在每一座警务加油（气）站建设完成后，协调中石油云南销售公司共同完成该座警务加油（气）站的回购工作。2. 乙方负责将上述四座警务加油（气）站部分建设资金人民币 2000 万元（大写：人民币贰仟万元整），作为保证金，按照本协议的约定支付到甲方指定账户……”；《合作协议》第四条第一款（一）第 1 项约定：“甲方负责项目的‘土地落实’，是指就每一座站的具体位置、占地范围，均由甲方负责区的规划部门的规划定点批复文件和行业主管部门的立项批复文件，并促成国土部门对该地块依法进行出让和甲方获得该地块的使用权。甲方表明：在乙方的保证金计 2000 万元付入甲方指定账户之日起 45 日内，甲方负责获得以上四个地块的使用权”；《合作协议》第四条第二款（二）第 3 项约定：“乙方应将保证金总额计人民币 2000 万元，按照本协议约定支付到甲方指定账户。甲方指定账户信息：账户全称：云南中石油昆仑天然气利用有限公司，开户行：中国农业银行昆明市盘龙支行；银行账号：24-0……220”；《合作协议》第六条约定：“1. 本协议执行期间，双方应全面、忠实履行本协议。2. 本协议签署后，乙方未按合同约定在 5 个工作日内支付项目保证金或项目开展后乙方擅自撤资，则视为乙方根本违约，乙方应每座站点支付违约金 100 万元给甲方，并赔偿由此给甲方造成的损失，本合同自动作废。……7. 如甲方不能按照合同约定时间取得土地使用权和施工许可证，超出时间甲方按照乙方的保证金金额和中国银行同期贷款利率计算利息支付给乙方，并按照超出时间的每座站赔付 100 万元违约金给乙方。8. 除上述关于违约责任的特别约定外，任何一方违反本合同的其他约定，则违约方应当按照另一方的要求全面纠正违约行为，并赔偿另一方的损失。”二、2014 年 5 月 20 日，原告依约向被告云南昆仑公司转账支付保证金 2000 万元。同日，被告云南昆仑公司将其中 1980 万元以借款、货款名义转到云南长光实业有限公司账户，并于 2014 年 5 月 23 日将剩余 20 万元以借款名义转到被告禄达公司账户。三、2015 年 4 月 14 日，原告向被告云南华气公司邮寄履行合同催告函，被告云南华气公司于 2015 年 4 月 17 日收到催告函；2015 年 4 月 27 日，原告向被告云南华气公司邮寄解除合同通知书，其中载明“本通知自发出三日后生效”，被告云南华气公司于2014年4月30日收到此通知。四、《合作协议》约定的共建加油（气）站项目至今未取得相关主管机关的任何批准手续。五、我院受理的（20××）云×刑初××号刑事案件中（以下简称“××号刑案”），公诉机关指控何力故意隐瞒被告云南昆仑公司已被决议解散、不具备履约能力的事实，以被告云南昆仑公司名义与案外其他公司签订合作协议，骗取履约保证金。六、被告云南华气公司工商档案登记显示：被告云南华气公司于2012年3月成立，2014年度法定代表人为何力，其职务为董事长，其余董事有郭俊、监事有唐羽辰；股东为被告禄达公司、华油天然气公司；被告云南华气公司工商设立登记事宜是翟映萍办理的；被告云南华气公司经营范围包括天然气加注站建设：对天然气及天然气设备、材料进行投资、并对所投资的项目进行管理、天然气管道施工等；工商登记住所为昆明经开区天云五金机电农机市场1期大厅×楼××号，但在“××号刑案”卷宗材料中，重庆昌林建筑工程有限公司工作人员肖方红陈述，其公司于2014年3月与被告云南华气公司签订案外《共同开发云南警务加油（气）站的合作协议》的签约地为国际友联大厦××楼。七、被告禄达公司工商档案登记显示，被告禄达公司于2009年12月成立，法定代表人为何力，其职务为董事长兼总经理，其余董事有唐羽辰、郭俊；在“××号刑案”卷宗材料中，翟映萍陈述其为被告禄达公司财务人员；工商档案登记经营范围为“项目投资及对所投资的项目进行管理……以下范围限分公司经营：开展液化天然气加气站的建设与运营业务”；工商登记住所为云南省昆明经开区信息产业基地电子信息工业标准厂房×幢×层×××号，重庆市第一中级人民法院（20××）渝一中法民初字第××××号民事裁定书中载明，被告禄达公司向法院确认的法律文书送达地址为昆明市友联大厦××楼。八、被告云南昆仑公司工商登记档案及公司章程显示，被告云南昆仑公司于2010年11月核准成立，法定代表人为周淦，其职务为执行董事兼经理；监事为郭俊；股东为被告禄达公司、中石油昆仑公司；主管会计为翟映萍；经营范围包括车用压缩天然气储配站的建设与运营业务；工商登记住所为昆明市学府路×××号金鼎科技园内×号平台×幢楼×××号。但在“××号刑案”卷宗材料中，翟映萍、被告禄达公司工作人员赵雪松及杨红敏均陈述被告禄达公司和被告云南昆仑公司在一起办公，翟映萍及被告云南昆仑公司工作人员史建新均陈述被告云南昆仑公司的实际控制人是何力。九、因中石油内部业务调整，被告云南昆仑公司 2012 年 10 月 29 日股东会决议，同意由被告云南华气公司承接被告云南昆仑公司取得的前期政府批复的相关业务，被告云南昆仑公司、云南华气公司向昆明市住房和城乡建设局提出申请将金 ×、普 × 加气站的建设经营主体变更为被告云南华气公司，2013 年 4 月 1 日昆明市住房和城乡建设局昆建下发〔20××〕××号文《关于昆明金 ×、普 × 加油站主体变更的批复》原则上同意了上述申请。2013 年 1 月，被告云南华气公司与被告禄达公司签订资产转让合同，约定由被告云南华气公司收购被告禄达公司所有的位于昆明市金 ×、普 × 加气站资产的全部产权，资产转让总价款为 1871 万元，2013 年 1 月 31 日，被告云南华气公司向被告禄达公司支付了 1871 万元转让款。十、昆明天虹会计师事务所出具的昆天虹字（20××）第 ×× 号审计报告显示，被告云南昆仑公司 2012 年全年销售（营业）收入、利润总额、纳税总额、长期投资、长期负债均为 0 元；2013 年 10 月，昆明市五华区人民法院作出（20××）五法民三初字第 × 号民事判决书，判决解散被告云南昆仑公司；2014 年 8 月 8 日，昆明市中级人民法院作出（2014）昆民五终字第 × 号民事判决书维持原判，在该判决书中载明，“根据被上诉人昆仑利用公司（本案被告云南昆仑公司）一审提交的会计报表，反映出昆仑利用公司自 2010 年 11 月 4 日成立至 2012 年 10 月 31 日这一期间各项财务数据均为零，公司无任何经营行为，二审中，上诉人昆仑利用公司的代理人亦明确陈述公司成立至今接近四年没有经营行为”，该判决已生效；2015 年 9 月，昆明市五华区人民法院作出（2015）五法民清（预）字第 × 号民事裁定书，裁定受理申请人中石油昆仑公司对被申请人云南昆仑公司进行强制清算的申请，至今尚未成立清算组。十一、被告华油天然气公司系被告云南华气公司股东，其认缴出资额为 2200 万元，应于 2012 年 9 月 30 日前交足，但被告华油天然气公司未履行出资义务。在（20××）渝高法民执字第 × 号申请执行人重庆海晶石油化工有限公司与被执行人云南昆仑公司、云南华气公司、禄达公司、云南长光实业有限公司申请执行一案中

（以下简称“××号执行案”），重庆市高级人民法院作出的（20××）渝高法执更字第×号执行裁定书中，裁定追加被告华油天然气公司为被执行人，被告华油天然气公司应在注册资金不实的范围内对申请执行人重庆海晶石油化工有限公司承担责任，向申请执行人重庆海晶石油化工有限公司清偿债务2200万元；2015年7月9日，重庆市高级人民法院从被告华油天然气公司银行账户扣划2200万元。十二、被告中石油昆仑公司系被告云南昆仑公司股东，其认缴出资额为3000万元，应于2012年11月4日前交足，但被告中石油昆仑公司未履行出资义务。在“××号执行案”中，重庆市高级人民法院作出（2014）渝高法执更字第×号执行裁定书，裁定被告中石油昆仑公司在注册资金不实的范围内对申请执行人重庆海晶石油化工有限公司承担责任，向申请执行人重庆海晶石油化工有限公司清偿债务3000万元；2015年7月14日、9月24日，重庆市高级人民法院先后从被告中石油昆仑公司银行账户扣划117万元、2801万元，合计2918万元。

本案争议的焦点为：一、本案是否涉嫌合同诈骗刑事犯罪，是否应当移送公安机关处理；二、本案是否应当中止审理；三、涉案《合作协议》效力如何认定；四、《合作协议》履行情况如何；五、被告云南华气公司、禄达公司、云南昆仑公司是否存在法人人格混同；六、被告华油天然气公司对被告云南华气公司、被告中石油昆仑公司对被告云南昆仑公司是否应当承担股东出资不实责任。

针对争议焦点一：根据本案已确认事实一和事实五，本院认为，涉案《合作协议》系原告与被告云南华气公司所签，而“××号刑案”中指控的是何力以被告云南昆仑公司的名义对外签订的合同，与本案事实不同。根据最高人民法院《关于在审理经济纠纷案件中涉及经济犯罪嫌疑若干问题的规定》第一条之规定“同一公民、法人或其他经济组织因不同的法律事实，分别涉及经济纠纷和经济犯罪嫌疑的，经济纠纷案件和经济犯罪嫌疑案件应当分开审理”，而本案事实与“××号刑案”指控事实属于不同的法律事实，且原告坚持认为本案是合同纠纷，故本案与刑案应当分开审理，被告云南华气公司及被告中石油昆仑公司关于本案因涉嫌合同诈骗应移送公安机关处理的抗辩理由不成立。

针对争议焦点二：根据本院已确认事实八，本院认为，虽然被告云南昆仑公司已被人民法院判决解散且人民法院已受理了被告中石油昆仑公司对其进行强制清算的申请，但现被告云南昆仑公司清算组尚未成立，且因其下落不明，我院依法向其公告送达相关诉讼材料通知其参加诉讼并无不妥，故被告中石油昆仑公司关于本案应中止审理等待被告云南昆仑公司清算组成立的主张不符合《中华人民共和国民事诉讼法》第一百五十条关于中止审理的规定，本院不予采纳。

针对争议焦点三：根据本院已确认事实一，本院认为，首先，《合作协议》的主要合同内容是双方共同开发云南省警务加油（气）站，其中，约定被告云南华气公司的主要义务为完成加油（气）站土地落实、手续办理及设计工作等，并不属于《中华人民共和国合同法》第四十四条第二款规定的法律、行政法规规定应当办理批准、登记等手续生效的情形，且合同内容是否超出签约方经营范围、履约能力、合同目的能否实现，并不是判断合同效力的标准，故被告云南华气公司具备签署《合作协议》的民事行为能力，被告云南华气公司关于其不具备共同开发云南警务加油（气）站的缔约能力，以及原告在合同签订及履行过程中没有尽到审查义务存在重大过错的抗辩理由不成立。其次，《合作协议》签订时，何力时任被告云南华气公司法定代表人，根据《中华人民共和国民法通则》第四十三条之规定“企业法人对它的法定代表人和其他工作人员的经营活动，承担民事责任”，何力代表被告云南华气公司对外签署合同乃履行职务行为，被告云南华气公司应承担相应的民事责任。对于《合作协议》上被告云南华气公司印章真伪，并不影响何力履行职务行为的效力，故被告云南华气公司关于《合作协议》系公司的法定代表人用私自伪造公章的方式与原告所签订，合同据此无效的抗辩理由不能成立。综上，何力作为《合作协议》签约时被告云南华气公司的法定代表人，其代表公司签约的行为为职务行为，且合同内容并未违反法律法规强制性规定，《合作协议》成立并生效，合同双方当事人均应按约履行。

针对争议焦点四：根据本院已确认事实一、二、三、四，本院认为，《合作协议》签订后，因《合作协议》中指定的收款方为被告云南昆仑公司，原告依照合同约定向被告云南昆仑公司支付保证金的行为即是向被告云南华气公司履行合同义务，被告云南华气公司以其未收取过原告支付的保证金故不应承担相应民事责任的主张缺乏事实和法律依据。被告云南华气公司至今均并未依约履行“土地落实、手续办理、设计工作”等主要合同义务，违反了《合作协议》的约定，构成根本违约，且经原告书面催促仍未履行，致使原告合同目的不能实现，根据《中华人民共和国合同法》第九十四条第一款第三项、第四项之规定“有下列情形之一的，当事人可以解除合同：……（三）当事人一方迟延履行主要债务，经催告后在合理期限内仍未履行；（四）当事人一方迟延履行债务或者有其他违约行为致使不能实现合同目的……”，第一百零七条之规定“当事人一方不履行合同义务或者履行合同义务不符合约定的，应当承担继续履行、采取补救措施或者赔偿损失等违约责任”，故《合作协议》于2015年4月30日被告云南华气公司收到原告解除合同通知之日解除，被告云南华气公司应按照《合作协议》的约定承担相应的违约责任，即返还保证金2000万元并按照中国人民银行同期同类流动资金贷款基准利率计付从2014年7月5日（即原告支付保证金2000万元至被告云南华气公司指定账户后第46日）起至保证金全部还清为止的利息，以及按每座站赔付100万元支付违约金，原告对此的诉请符合合同约定和法律规定，本院依法予以支持。

针对争议焦点五：根据本院确认的事实二、六、七、八、九、十，本院认为，首先，《合作协议》签订时被告云南华气公司、被告禄达公司的法定代表人是何力，被告云南昆仑公司的实际控制人亦是何力，被告云南华气公司、云南昆仑公司的股东之一为被告禄达公司，三个公司的其余董事、监事、财务管理人员均有交叉情形，且三公司的经营范围都包括天然气加注站建设，均有在昆明市北京路国际友联大厦××楼实际办公，故本院认定三公司在组织机构上、业务范围、经营场所、财务人员上均有交叉重合。其次，在政府主管部门的相关批文中，载明金×、普×两座加气站建设经营主体由被告云南昆仑公司变更为被告云南华气公司，但在此前被告云南华气公司却是与被告禄达公司签订《资产转让合同》中，由被告禄达公司向被告云南华气公司转让上述两座加气站，并由被告云南华气公司向被告禄达公司支付了转让款；被告云南昆仑公司在并无实际经营业务的情况下却收取了原告支付给被告云南华气公司的履约保证金，随即又将保证金支付给云南长光实业有限公司和被告禄达公司，充分说明被告云南华气公司、禄达公司、云南昆仑公司三个公司财产界限不清。综上，被告云南华气公司、禄达公司、云南昆仑公司虽登记为彼此独立的企业法人，但何力利用其对三个公司的实际控制权，造成三个公司机构设置、财产关系交叉，构成三个公司人格混同。被告禄达公司关于其并未滥用股东地位，以及被告中石油昆仑公司关于被告云南昆仑公司与被告云南华气公司不存在人格混同情形的主张与查证的事实不符。《中华人民共和国公司法》第二十条第三款规定："公司股东滥用公司法人独立地位和股东有限责任，逃避债务，严重损害公司债权人利益的，应当对公司债务承担连带责任。"被告云南华气公司、禄达公司、云南昆仑公司的上述行为违背了法人制度设立的宗旨，违背了诚实信用原则，严重损害了债权人利益，其行为本质与《中华人民共和国公司法》第二十条第三款规定的情形相当，故本院参照该条款规定，认定被告云南昆仑公司、禄达公司对被告云南华气公司的债务承担连带责任。

针对争议焦点六：根据本院已确认的事实十一、十二，本院认为，被告华油天然气公司作为被告云南华气公司股东，被告中石油昆仑公司作为被告云南昆仑公司股东，均未履行出资义务，依据现有证据尚不能证实被告华油天然气公司、中石油昆仑公司在另案执行中已在未出资本息范围内全额承担了补充赔偿责任。根据《最高人民法院关于适用〈中华人民共和国公司法〉若干问题的规定（三）》第十三条第二款之规定"公司债权人请求未履行或者未全面履行出资义务的股东在未出资本息范围内对公司债务不能清偿的部分承担补充赔偿责任的，人民法院应予支持"，因此，原告要求被告华油天然气公司、中石油昆仑公司对上述债务分别在其未出资的本息范围内承担补充赔偿责任的诉讼主张，本院予以支持。但现有证据尚不能最终确认被告华油天然气公司、中石油昆仑公司在其他案件中已实际承担因未出资所致的补充赔偿责任的确定数额，故对被告华油天然气公司、中石油昆仑公司在本案中应承担的补充赔偿责任的具体金额，本院不予明确，可在执行程序中另行加以明确。

综上所述，原告的诉讼请求具有事实和法律依据，本院依法予以支持。依照《中华人民共和国民法通则》第四十三条，《中华人民共和国合同法》第八条、第九十四条第一款第三项和第四项、第九十七条、第一百零七条，《中华人民共和国公司法》第二十条第三款，最高人民法院《关于适用〈中华人民共和国公司法〉若干问题的规定（三）》第十三条第二款，《中华人民共和国民事诉讼法》第一百一十八条第一款、第一百四十四条之规定，判决如下：

一、原告重庆市闰资投资有限公司与被告云南中油华气天然气有限公司于 2014 年 5 月 16 日签订的《共同开发云南省警务加油（气）站的合作协议》（合同编号：YNHQ–P–4–4516）于 2015 年 4 月 30 日解除；

二、被告云南中油华气天然气有限公司于判决生效之日起十日内向原告重庆市闰资投资有限公司返还保证金 2000 万元，以及自 2014 年 7 月 5 日起至保证金还清之日止按中国人民银行同期同类流动资金贷款基准利率计算的利息；

三、被告云南中油华气天然气有限公司于判决生效之日起十日内向原告重庆市闰资投资有限公司支付违约金 400 万元；

四、被告云南禄达财智实业股份有限公司、云南中石油昆仑天然气利用有限公司对被告云南中油华气天然气有限公司的上述债务承担连带清偿责任；

五、被告华油天然气股份有限公司对被告云南中油华气天然气有限公司的上述债务在其未出资本息范围内承担补充赔偿责任；

六、被告中石油昆仑天然气利用有限公司对被告云南中石油昆仑天然气利用有限公司的上述债务在其未出资本息范围内承担补充赔偿责任。

如果未按本判决指定的期间履行给付金钱义务，应当依照《中华人民共和国民事诉讼法》第二百五十三条之规定，加倍支付迟延履行期间的债务利息。

案件受理费 167398.33 元、保全费 5000 元，由被告云南中油华气天然气有限公司、华油天然气股份有限公司、云南禄达财智实业股份有限公司、云南中石油昆仑天然气利用有限公司、中石油昆仑天然气利用有限公司共同负担。

如不服本判决，可以在判决书送达之日起十五日内，向本院递交上诉状，并按对方当事人的人数或者代表人的人数提出副本，上诉于云南省高级人民法院。

审　判　长　程青梅
审　判　员　起　俊
审　判　员　陈　锐

二〇一六年十月二十一日

书　记　员　罗　冉

李某诉黄某、云南天石建筑材料有限公司执行异议之诉案

［**裁判要旨**］由于执行程序需要贯彻已生效判决的执行力，在对执行异议是否成立的判断标准上，《最高人民法院关于人民法院办理执行异议和复议案件若干问题的规定》坚持较高的、外观化的判断标准。但如当事人不服执行异议的处理结果，转而提起执行异议之诉后，人民法院在适用法律过程中，则不应再局限于上述规定，应根据《物权法》等法律确认执行标的权属并据此决定是否排除执行。

［案　情］

原告：李某。

被告：黄某。

第三人：云南天石建筑材料有限公司（以下简称"天石公司"）。

2010年7月8日，原告李某支付购车款50万元给天石公司用于购买混凝土运输车，天石公司收款后出具收款收据给李某。天石公司购买混凝土运输车后，与李某签订《挂靠租赁协议》，约定为便于统一经营管理，李某将其出资购买的云A·B××××号机动车挂靠在天石公司运输混凝土，车辆由天石公司统一调配，李某享有车辆的收益，承担车辆的费用。之后双方履行该协议至今。

因天石公司欠黄某债务，黄某依据昆明市中级人民法院（2015）昆民四初字第426号民事调解书向本院申请强制执行，昆明市中级人民法院于2016年3月29日作出（2016）云01执271号执行裁定书，对被执行人天石公司价值9999171.27元及利息的财产予以查封、扣押、拍卖、变卖。昆明市中级人民法院于2015年7月14日向昆明市公安局车辆管理所发出（2015）昆执保字第568号协助执行通知书，对天石公司名下车牌号为云A·B××××等34四辆车（包括诉争车辆）进行了查封。2016年8月26日，李某提出执行异议。昆明市中级人民法院于2016年9月9日作出（2016）云01执异389号执行裁定，驳回异议人李某的异议请求。

[审　判]

昆明市中级人民法院认为，《中华人民共和国物权法》第二十三条规定："动产物权的设立和转让，自交付时发生效力，但法律另有规定的除外。"第三十九条规定："所有权人对自己的不动产或者动产，依法享有占有、使用、收益和处分的权利。"本案中，从原告李某提交的证据证明，诉争的云A·B××××号混凝土运输车由原告李某出资委托天石公司购买，之后为便于经营、管理，原告李某将该车挂靠在天石公司进行运输，取得运输收益、负担运输成本，原告李某系间接占有支配该车辆，因此，该车辆实际所有权为原告李某享有，对该事实天石公司亦予以认可。被告黄某为天石公司的债权人，诉争的云A·B××××号车虽登记在天石公司名下，但实际所有人为原告李某。《中华人民共和国物权法》第二十四条规定："船舶、航空器和机动车等物权的设立、变更、转让和消灭，未经登记，不得对抗善意第三人。"可见交付为动产物权变动的生效要件，登记仅产生对抗"善意第三人"的法律效力。而参照《最高人民法院关于适用〈中华人民共和国物权法〉若干问题的解释（一）》第六条规定"转让人转移船舶、航空器和机动车等所有权，受让人已经支付对价并取得占有，虽未经登记，但转让人的债权人主张其为物权法第二十四条所称的'善意第三人'的，不予支持，法律另有规定的除外”，从该条文可知，转让人的普通债权人不属于物权法第二十四条所称的“善意第三人”。本案中，被告黄某是诉争车辆的挂靠人天石公司的普通债权人，亦不属于“善意第三人”，不能以诉争车辆的登记情况对抗原告实际取得的所有权。

综上所述，对原告李某提出的诉讼请求，本院予以支持。依照《中华人民共和国物权法》第二十三条、第二十四条、第三十九条，《最高人民法院关于人民法院办理执行异议和复议案件若干问题的规定》第二十四条，《最高人民法院关于适用〈中华人民共和国民事诉讼法〉的解释》第三百一十条、第三百一十一条、第三百一十二条、第三百一十四之规定，判决如下：一、确认原告李某享有云 A·B×××× 号机动车的所有权；二、不得执行云 A·B×××× 号机动车。

［评　析］

《最高人民法院关于人民法院办理执行异议和复议案件若干问题的规定》（以下简称《规定》）是针对执行程序中当事人提出执行异议时如何处理的司法解释，由于在执行程序中，需要尽快贯彻已生效判决的执行力，强调的是“效率”，《规定》对此种财产权属的判断标准为执行法官提供了“形式主义”“外观调查原则”或“执行标的物的初步认定”的程序审查方法，其性质上仅针对执行标的物的“形式物权”进行审查而非实质物权审查，其目的在于采用对案件表象特征进行简单比对，以快速确定异议人的异议请求是否能够成立。正是基于上述原因，在执行阶段的案外人执行异议审查中，执行部门援引了《规定》的第二十五条第一款之规定，“对案外人的异议，人民法院应当按照下列标准判断其是否系权利人：……（二）已登记的机动车、船舶、航空器等特定动产，按照相关管理部门的登记判断；未登记的特定动产和其他动产，按照实际占有情况判断”，从而驳回了李某的异议请求。

李某对驳回其异议的裁定不服，于法定期限内提出了执行异议之诉。由于审理的程序不同，对于是否能排除执行的判断标准、引用的法律法规亦不尽相同。如前所述，执行异议程序仅针对执行标的物的“形式物权”

进行审查而非实质物权审查，而执行异议之诉则需“追本溯源”，依据《物权法》等规定对诉争物权进行实质性的详细审查。因此，在执行异议之诉审判中，对涉及民事权益争议的，应适用相关实体法及《最高人民法院关于适用〈中华人民共和国民事诉讼法〉的解释》第三百一十二条的规定，对于《规定》的第二十四条至二十八条应当理解为：符合这些条款所列条件的，其执行异议能够成立；不满足这些条款所列条件的，异议人在执行异议之诉中的请求也未必不成立。其请求是否成立，应根据案件的具体情况和异议人所主张的权利、申请执行人债权实现的效力以及被执行人对执行标的享有的权利做出比较后综合判断，从而确定异议人的权利是否能够排除执行。具体到本案而言，判断李某是否能排除执行的关键在于正确认定涉案机动车所有权。而对机动车等特殊动产物权确权认定，应回到《物权法》对特殊动产物权的相关规定上来。基于法律行为的物权变动（《物权法》第二十三条、第二十四条）是我国《物权法》关于特殊动产物权变动的主要类型，也在司法实践中较为常见，《物权法》第二十三条是动产物权变动的一般原则，即动产物权变动的发生，仅依当事人的意思而成立买卖、抵押等合同或单方法律行为尚不能成就，要以交付为公示生效要件。《物权法》第二十四条则规定了船舶、机动车等特殊动产物权变动，除抵押权外，以交付为生效要件，登记仅为对抗要件。本案中原告李某为挂靠的目的将涉案机动车登记在第三人天石公司名下，亦为天石公司进行运输，但天石公司既不享有运输收益，也不承担运输成本，因此实质上并没有转让机动车的债权合意，也没有以物权变动为法定效果的交付行为，涉案机动车仍是李某间接占有和实际经营，且天石公司未支付转让车辆的相应对价，天石公司的登记所有人法律地位缺乏对应的权利基础。据此，可以确认李某享有涉案机动车的所有权。

关于李某未经登记的所有权是否优先于申请执行人黄某对登记所有人（天石公司）的债权问题，参照《最高人民法院关于适用〈中华人民共和国物权法〉若干问题的解释（一）》第六条“转让人转移船舶、航空器和机动车等所有权，受让人已经支付对价并取得占有，虽未经登记，但转让人的债权人主张其为物权法第二十四条所称的‘善意第三人’的，不予支持，法律另有规定的除外”之规定，转让人的普通债权人不属于物权法第二十四条所称的“善意第三人”。由此推知，本案中黄某是诉争车辆的挂靠人天石公司的普通债权人，亦不属于“善意第三人”，不能以诉争车辆的登记情况对抗李某实际取得的所有权。综上，法院确认了李某对涉案车辆的所有权并停止对该车辆的执行。本案宣判后，黄某上诉，但随后在二审中撤回上诉，本案判决即发生法律效力。

[评选理由]

本案系机动车等特殊动产物权确权的执行异议之诉中的经典案例。承办法官在《最高人民法院关于人民法院办理执行异议和复议案件若干问题的规定》第二十五条第一款第（二）项与《中华人民共和国物权法》第二十三条、第二十四条的司法实践中发生法律适用冲突时，准确区分执行异议与执行异议之诉中不同的法律程序、认定标准，正确适用《物权法》对特殊动产物权认定原则，较好地诠释了执行异议之诉制度作为实体性救济方式的法律意义，对确定车辆等特殊动产排除执行的法律依据和判断原则做出有益的探索。

一审裁判文书：云南省昆明市中级人民法院（2016）云01民初1691号

合议庭组成人员：

审判长：程青梅；审判员：起俊、张雪芳

法官助理：龚庆

案例提供单位：云南省昆明市中级人民法院民事审判第四庭

承办人：程青梅；编写人：田庄、龚庆

附：

云南省昆明市中级人民法院
民事判决书

（2016）云01民初1691号

原告：李某，女，1973年4月12日出生，汉族。

委托诉讼代理人：甘红梅，云南律道以和律师事务所律师，特别授权代理。

被告：黄某，女，汉族。

委托诉讼代理人：雷秉华，云南恒业律师事务所律师，特别授权代理。

委托诉讼代理人：洪茜，云南恒业律师事务所律师，特别授权代理。

第三人：云南天石建筑材料有限公司，住所地云南省昆明市团结乡龙潭村委会1–2号。

法定代表人：邱星克，总经理。

委托诉讼代理人：杨禧，男，云南天石建筑材料有限公司员工。

委托诉讼代理人：唐安平，男，云南天石建筑材料有限公司员工。

原告李某与被告黄某、第三人云南天石建筑材料有限公司（以下简称天石公司）案外人执行异议之诉一案，本院于2016年11月2日受理后，依法适用普通程序，于2017年1月11日公开开庭进行了审理。原告李某及其委托诉讼代理人甘红梅，被告黄某委托诉讼代理人雷秉华、洪茜，第三人天石公司委托诉讼代理人杨禧到庭参加诉讼。本案现已审理终结。

李某向本院提出诉讼请求：1.确认云A×××××机动车系原告所有，并立即停止对云A×××××机动车的强制执行。2.被告承担本案全部诉讼费用。事实和理由：第三人天石公司名下的云A×××××机动车系原告2010年7月8日出资购买，并将该车挂靠于天石公司用于混凝土运输，车辆所有及运输收益归原告所有。后因天石公司欠黄某债务，黄某向昆明中院申请强制执行天石公司的财产。昆明中院执行局对该车采取执行措施，原告于2016年8月26日向昆明中院（2016）云01执271号执行案件提出书面的执行异议申请书，并于2016年10月12日收到昆明中院（2016）云01执异389号驳回原告异议申请的民事裁定书。因对执行异议裁定不服，故提起本诉。

黄某辩称，原告对执行标的不享有排除强制执行的权益。1. 根据《物权法》第二十四条，天石公司对诉争车辆已合法地实际占有，且该诉争车辆已依法登记在被执行人天石公司名下，已同时满足物权设立、变动交付占有的法定生效要件和登记对抗的公示公信力。原告对诉争车辆没有实际占有控制和经营管理。2. 原告主张的真实性问题。原告主张其作为诉争车辆的购买人，购车款、车辆落户及保险费用均由其支付，但在庭审中原告却未能提供机动车购销合同、机动车销售发票、车辆投保单据及车辆购置税完税证明等相关材料，仅凭由天石公司单方出具的收据，无法证明原告实际购买车辆并实际支付购车价款的事实。其他证据由天石公司单方出具，其真实性无法核实，不能证明原告对诉争车辆享有合法的收益权。3. 根据我国《物权法》第二十四条及《最高人民法院办理执行异议和复议案件若干问题的规定》第二十五条之规定，法院查封符合法律规定，特殊动产以登记机关登记为准。

天石公司述称，原告所诉机动车系原告出资购买，原告将购车款交给天石公司，由天石公司统一购买该车，车辆所有权归原告所有，车辆挂靠在天石公司名下主要是为了便于管理和办理入城通行证。

为证明诉讼主张，原告提交以下证据：1. 收款收据（红色顾客联）、存折存款流水、挂靠租赁协议、运费结算表、其他应收款明细账、其他应付款明细账，原告从天石公司调取的收款收据（绿色记账联）、部分“云南天石建筑材料有限公司－其他应付款日记账”、部分记账凭证、收条，欲证明涉案车辆系原告出资购买，车辆系原告所有，原告实际占有支配车辆、负担运输成本、收取运费，法院执行该车辆剥夺了原告对车辆的所有权。2. 西山区“城中村”第22号片区重建改造项目安置选房及回购协议，欲证明原告出资购买涉案车辆的资金来源。

经质证，被告对证据1中收款收据三性不予认可，认为系天石公司单方出具，并且天石公司不是售卖车辆的主体；对存折存款流水对真实性无异议，关联性不认可，不能证明用于购买车辆；对挂靠租赁协议三性不予认可，协议中的签字与原告提交诉状签字不是同一人，且协议没有落款时间；对运费结算表、其他应收款明细账、其他应付款明细账三性不认可，认为系天石公司单方出具的结算，与本案车辆所有权没有关系。对从天石公司调取的证据，认为对账目本身无异议，但属于天石公司单方出具的，天石公司是本案的直接利害关系人，且李建华是天石公司目前的实际控制人，李建华与原告存在亲属关系，不能证明待证事实。对证据 2 真实性认可，关联性不认可。

第三人对原告提交的证据均认可。

本院认为，证据 1 中收款收据（红色顾客联）、挂靠租赁协议系原告与第三人之间出具、签订，第三人无异议，本院予以确认。存折存款流水与其他证据能印证，本院予以采信。运费结算表与其他证据存在矛盾，本院不予认可。从天石公司调取的证据，属天石公司的原始凭证，与其他应收款明细账、其他应付款明细账能对应，本院予以采信。证据 2 能间接证明待证事实，本院予以采信。

被告及第三人均未提交证据。

本院（2015）昆民四初字第 426 号民事调解书、（2016）云 01 执 271 号执行裁定书三方当事人均无异议，本院予以确认。

本院经审理确认如下案件事实：2010 年 7 月 8 日，原告李某支付购车款 50 万元给天石公司用于购买混凝土运输车，天石公司收款后出具收款收据给李某。天石公司购买混凝土运输车后，与李某签订挂靠租赁协议，约定为便于统一经营管理，李某将其出资购买的云 A×××号机动车挂靠在天石公司运输混凝土，车辆由天石公司统一调配，李某享有车辆的收益，承担车辆的费用。之后双方履行该协议至今。

因天石公司欠黄某债务，黄某依据本院（2015）昆民四初字第 426 号民事调解书向本院申请强制执行，本院于 2016 年 3 月 29 日作出（2016）云 01 执 271 号执行裁定书，对被执行人天石公司价值 9999171.27 元及利息的财产予以查封、扣押、拍卖、变卖。本院于 2015 年 7 月 14 日向昆明市公安局车辆管理所发出（2015）昆执保字第 568 号协助执行通知书，对天石公司名下车牌号为云 A××××× 等三十四辆车（包括诉争车辆）

进行了查封。2016年8月26日，李某提出执行异议。本院于2016年9月9日作出（2016）云01执异389号执行裁定，驳回异议人李某的异议请求。

归纳各方的诉辩主张，本案争议焦点是：原告对诉争车辆是否享有所有权？

本院认为，《中华人民共和国物权法》第二十三条规定："动产物权的设立和转让，自交付时发生效力，但法律另有规定的除外。"第三十九条规定："所有权人对自己的不动产或者动产，依法享有占有、使用、收益和处分的权利。"本案中，从原告李某提交的证据证明，诉争的云A×××××号混凝土运输车由原告李某出资委托天石公司购买，之后为便于经营、管理，原告李某将该车挂靠在天石公司进行运输，取得运输收益、负担运输成本，原告李某系间接占有支配该车辆，因此，该车辆实际所有权为原告李某享有，对该事实天石公司亦予以认可。被告黄某为天石公司的债权人，诉争的云A×××××号车虽登记在天石公司名下，但实际所有人为原告李某。《中华人民共和国物权法》第二十四条规定："船舶、航空器和机动车等物权的设立、变更、转让和消灭，未经登记，不得对抗善意第三人。"可见交付为动产物权变动的生效要件，登记仅产生对抗"善意第三人"的法律效力。而参照《最高人民法院关于适用〈中华人民共和国物权法〉若干问题的解释（一）》第六条规定，"转让人转移船舶、航空器和机动车等所有权，受让人已经支付对价并取得占有，虽未经登记，但转让人的债权人主张其为物权法第二十四条所称的'善意第三人'的，不予支持，法律另有规定的除外"，从该条文可知，转让人的普通债权人不属于物权法第二十四条所称的"善意第三人"。本案中，被告黄某是诉争车辆的挂靠人天石公司的普通债权人，亦不属于"善意第三人"，不能以诉争车辆的登记情况对抗原告实际取得的所有权。

综上所述，对原告李某提出的诉讼请求，本院予以支持。依照《中华人民共和国物权法》第二十三条、第二十四条、第三十九条，《最高人民法院关于人民法院办理执行异议和复议案件若干问题的规定》第二十四条，《最高人民法院关于适用〈中华人民共和国民事诉讼法〉的解释》

第三百一十条、第三百一十一条、第三百一十二条、第三百一十四之规定，判决如下：

一、确认原告李某享有云 A××××× 号机动车的所有权；

二、不得执行云 A××××× 号机动车。

本案受理费人民币 100 元，由被告黄某负担。

如不服本判决，可以在判决书送达之日起十五日内，向本院递交上诉状，并按对方当事人的人数或者代表人的人数提出副本，上诉于云南省高级人民法院。

审　判　长　程青梅
审　判　员　起　俊
审　判　员　张雪芳

二〇一七年五月十二日

法官助理　龚　庆
书　记　员　罗　冉

昆明冠生园食品有限公司诉云南昆冠食品有限公司侵犯注册商标专用权、著作权及不正当竞争纠纷案

［**裁判要旨**］商标、企业名称或简称、知名商品的包装、装潢在商业活动中均有识别作用，但分别受不同的法律法规调整，由不同的行政机关管理，在取得条件、取得程序等方面均不相同。由于商业标识对积累和承载企业的商誉均重要意义，因此商标权、企业名称权的设立、行使，商品包装、装潢的使用必须出于善意。当发生权利冲突时，一般应以尊重在先权利、维护公平竞争、禁止混淆为处理原则，同时要注意基于使用基础上的知名度动态保护。

［案　情］

原告（反诉被告）：昆明冠生园食品有限公司。

被告（反诉原告）：云南昆冠食品有限公司。

昆明冠生园食品有限公司成立于1986年1月13日，是一家自然人投资（或控股）的有限责任公司，经营范围包括：糕点、饼干、面包、巧克力、面点的生产销售；散装食品、预包装食品的销售；停车场服务。该公司通过注册和转让，经营了以下几个商标：

第757197号“”商标，商标核定使用商品为第30类：月饼，糕

点，糖果，面包，饼干，冰淇淋。该商标由昆明华生食品厂注册于1995年7月21日，昆明冠生园食品有限公司于2015年12月13日经核准转让取得。第10476231号“”商标，商标核定使用商品为第30类：蜂蜜；玉米粉；通心粉；玉米花；食用土豆粉；调味品（截止）。该商标由昆明冠生园食品有限公司于2013年6月7日注册取得。针对上述商标的使用情况，昆明冠生园食品有限公司提供商品照片主张其在月饼包装盒上使用了文字“昆冠好礼”“昆冠典藏”“昆冠礼”。

第6061190号“”商标，商标核定使用商品为第30类：月饼；咖啡；茶；糖果；非医用营养品；糕点；八宝饭；粽子；包子；含淀粉食品（截止）。该商标由昆明冠生园食品有限公司于2009年12月21日注册取得。该商标图形即《龙门商标图形》（）于1980年1月3日创作完成，1980年2月10日在云南首次发表，2010年4月22日取得著作权登记，登记号为2010–F–025542。

第138832号“”商标，商标核定使用商品为第38类：饼干等。该商标由昆明冠生园糕点厂注册于1980年，昆明冠生园食品有限公司于2006年2月28日经核准转让取得。第11268354号“”商标，商标核定使用商品为第30类：曲奇饼干；华夫饼干；面包；馅饼（点心）；糕点；麻花；月饼（截止）。该商标由昆明冠生园食品有限公司于2014年4月21日注册取得。上述商标图形即《梅花商标图形》（）于1980年1月3日创作完成，1980年2月10日在云南首次发表，2010年4月22日取得著作权登记，登记号为2010–F–025544。昆明冠生园食品有限公司注册商标“梅花牌”商标于2006年被认定为“中华老字号”，2011年被认定为“云南老字号”，2010年被认定为“云南省著名商标”，2013年被认定为“昆明市知名商标”。昆明冠生园食品有限公司生产的“梅花牌”云腿月饼于2011年、2014年被连续评定为“昆明名牌商品”。昆明冠生园食品有限公司将龙门和梅花商标一并使用在梅花牌云腿月饼包装上。

云南昆冠食品有限公司成立于2008年4月9日，是一家自然人投资（或控股）的有限责任公司，经营范围包括：糕点、月饼、面包的加工销售；分装销售：糖类、梅子；预包装食品、塑料制品（塑料购物袋除外）、纸及纸制品的销售。该公司名称即“云南昆冠食品有限公司”于2008年3月20日经预先核准审核通过。2010年3月14日，该公司注册取得了第6382801号“ ”商标（图形下方外缘的文字为“天下一冠”），商标核定使用商品为第30类：糖果；糖；软糖（糖果）；酥糖；皮糖；小蛋糕（糕点）；蛋糕糊；蛋白杏仁饼（糕点）；热狗；馅饼（点心）（截止）。

2014年8月15日，云南省昆明市明信公证处应上海冠生园食品有限公司的代理人提出的申请，对其在昆明市场购买被控侵权商品的行为进行证据保全。该公证处指派公证人员会同申请人的代理人来到昆明市云大西路昆明市新广丰综合批发市场，在“新广丰C区11幢3号”店铺内购买了外包装正面标识有“云南昆冠”“彩云追月”等字样、外包装背面标识有“制造商：云南昆冠食品有限公司”等字样的商品一盒，外包装正面标识有“苏州冠生园”“吉祥美满”等字样、外包装背面标识有“制造商：云南昆冠食品有限公司”等字样的商品一盒，外包装标识有“冠生园月饼”“制造商：云南昆冠食品有限公司”等字样的商品一箱，外包装标识有“云南昆冠”“制造商：云南昆冠食品有限公司”等字样的商品十个；外包装标识有“冠生园”“中秋月饼”“制造商：云南昆冠食品有限公司”等字样的商品两个以及商品宣传册。公证人员对上述购买的商品进行了拍照、封装，交由申请人的代理人保管，并依据上述事实过程制作了（2014）云昆明信证民字第24233号公证书。

2014年8月15日，云南省昆明市明信公证处应上海冠生园食品有限公司的代理人提出的申请，对其在昆明市场购买被控侵权商品的行为进行证据保全。该公证处指派公证人员会同申请人的代理人来到昆明市巫家巷378号，在门牌标识为“云南昆冠食品有限公司”厂区内的“云南昆冠营销部”购买了外包装正面标识有“冠生园”“云南昆冠”“中国团圆”等字样、外包装背面标识有“制造商：云南昆冠食品有限公司”等字样的商品两盒以及商品宣传册。公证人员对上述购买的商品进行了拍照、封装，交由申请人的代理人保管，并依据上述事实过程制作了（2014）云昆明信证民字第24234号公证书。

2014年8月18日，云南省昆明市明信公证处应上海冠生园食品有限公司的代理人提出的申请，对其在昆明市场购买被控侵权商品的行为进行证据保全。该公证处指派公证人员会同申请人的代理人来到昆明市书林街，在门头标识为“燎原商贸中心书林连锁店”的店铺内购买了外包装标识有“冠生园”等字样的商品二十一个，外包装标识有“云南昆冠”“制造商：云南昆冠食品有限公司”等字样的商品二十个；外包装标识有“冠生园”“中秋月饼”“制造商：云南昆冠食品有限公司”等字样的商品十五个。公证人员对上述购买的商品进行了拍照、封装，交由申请人的代理人保管，并依据上述事实过程制作了（2014）云昆明信证民字第24235号公证书。

上述公证书在（2015）昆知民初字第500号上海冠生园食品有限公司诉云南昆冠食品有限公司侵害商标权、不正当竞争纠纷一案中作为证据被法院采信。（2015）昆知民初字第500号民事判决书认定：1. 云南昆冠食品有限公司系上述公证购买商品的生产者、销售者；2. 上述公证购买商品构成对上海冠生园食品有限公司第6895650号文字“冠生园”加“生”字图形商标专用权的侵犯，判处云南昆冠食品有限公司承担停止生产、销售侵权商品及赔偿损失的侵权责任。云南省高级人民法院以（2016）云民终369号民事判决书维持了一审判决。

2014年7月28日，昆明冠生园食品有限公司为保护自身权益，申请公证人通过互联网访问“昆明冠生园”网页并保全证据，因此形成（2014）云昆真元第8123号公证书。经查，上述公证书内容未能反映与云南昆冠食品有限公司有关联，无证据显示公证人员登录网站的主办者是云南昆冠食品有限公司，该事实也在（2015）昆知民初字第500号案中被确认。

2016年8月4日，昆明冠生园食品有限公司申请公证人通过互联网访问全国企业信用信息公示系统查询“云南昆冠食品有限公司”的企业登记信息，然后通过中国商标网查询该公司的部分注册商标及云南昆冠食品有限公司申请注册的部分商标状态的行为及相关网页内容进行保全证据，因此形成（2016）云昆真元证字第17980号公证书。

2016年8月8日，云南省昆明市真元公证处应昆明冠生园食品有限公司的代理人提出的申请，对其在昆明市场购买被控侵权商品的行为进行证据保全。该公证处指派公证人员会同申请人的代理人来到昆明市巫家巷378号“云南昆冠营销部”，在展示的商品中挑选了四盒月饼礼盒欲行购买，销售人员告知需要到位于昆明市呈贡工业园绿色产业园区提取所购商品。申请人的代理人在当天支付货款后向销售人员索要并获得了发票、订货单、宣传册及销售人员名片。次日，公证人员随同申请人的代理人前往位于昆明市呈贡工业园绿色产业园区水星家居纺织工业品厂7号楼找到工作人员，提取了四盒月饼礼盒，索要并获得了出货单。公证人员对上述整个购买过程进行了现场保全，对上述所涉及的销售商店门面、提货点门面、位置以及销售的商品等依据现场情况进行了不同程度的拍照。对取得的商品、收据、发票、宣传册进行拍照、封装，交申请人保管，并依据上述事实过程制作了（2016）云昆真元证字第18660号公证书。根据公证书所附照片的显示：1.“云南昆冠营销部”陈列架标签上标有“冠生园月饼”字样；2.在商品内、外包装上标有“云南昆冠”“昆一冠”字样及上述文字与图形的组合；3.在“锦上添花”月饼礼盒内合格证上标有“百年经典”“饼食至尊”字样；4.在“中国团圆礼”月饼礼盒上标有“”注册商标；5.在销售人员名片上标有“冠生园”字样。

此外，在上述公证保全过程中取得的2014、2016年云南昆冠食品有限公司中秋月饼商品手册上，印有如下内容：1.“吾有利，客无利，则客不存矣；……唯诚利相兼，客吾皆共赢。甲午年仲秋于昆明 冠生园（印）”（2014年及2016年）；2.“冠生园1910年始创于中国上海……”接“昆冠在发展历程中……”（2014年）；3.“苏州冠生园1910年创始于中国苏州……”接“云南昆冠1990年成立于昆明，二十余年来专注滇式中秋月饼的品质发展……”（2016年）。在上述公证保全过程中取得的2016年云南昆冠食品有限公司价格表上，印有“中华老字号”“百年经典”字样。

2016年9月12日，云南省昆明市国正公证处应云南昆冠食品有限公司的代理人提出的申请，指派公证人员会同申请人的代理人于次日来到昆明市南屏街88号世纪广场“家乐福世纪店”，对其购买昆明冠生园食品有限公司生产的“锦绣富贵”月饼一盒、“百年红运”月饼一盒、“金碧呈祥”月饼一盒，以及取得收银小票和开具发票的过程进行了现场保全，并依据上述事实过程制作了（2016）云昆国正证字第26093号公证书。根据公证书所附照片的显示：上述月饼商品单个包装上印有“昆冠好礼”字样。

2016年11月28日，云南昆冠食品有限公司为保护自身权益，申请公证人通过互联网访问1jw2015.cn.china.cn和www.beilanjituan.com网页并保全证据，因此形成（2016）云昆国正证字第28736、28737号公证书。

2014年6月30日，昆明冠生园食品有限公司以云南昆冠食品有限公司在其商品外包装上和商品宣传过程中使用与其“梅花”“龙门”商标相同、近似的图形、文字，以及大量使用“冠生园”字样为由向昆明市西山工商行政管理局马街分局递交投诉材料。2014年9月23日，昆明市西山区工商行政管理局作出西工商处字〔2014〕386号行政处罚决定书，对云南昆冠食品有限公司将未注册商标冒充注册商标使用，在月饼外包装盒上使用未取得商标注册证的“云南昆冠加图形”标识的行为作出处罚。

另，在2011年冠生园（集团）公司诉苏州市冠生园食品厂侵害商标权、不正当竞争纠纷一案中，江苏省南京市中级人民法院以（2011）宁知民初字第151号民事判决书确认事实及相关权利如下：1.苏州市冠生园食品厂将与他人注册商标相同或者相近似的文字作为企业的字号在相同或者类似商品上突出使用，容易使相关公众产生误认，侵犯了商标权人冠生园（集团）公司的权利；2.苏州市冠生园食品厂宣传“冼冠生是其创始人”“百年老字号”并在商品外包装上标注“百年经典”字样构成虚假宣传的不正当竞争行为；3.苏州市冠生园食品厂在宣传中使用“中华老字号”构成冒用认证标志的不正当竞争行为；4.苏州市冠生园食品厂在网站中突出使用“冠生园”字样、在商品外包装上直接使用“冠生园”字样、冒用“冠生园”品牌与他人合资成立新公司并约定收取品牌使用费构成擅自使用原告注册商标的不正当竞争行为；5.“冠生园”是苏州市冠生园食品厂的企业字号，其使用可以追溯至1990年，由于其存在上述商标侵权和不正当竞争行为，法院判令其在生产经营活动中规范使用企业名称和“冠生园”字号，不得突出使用企业字号。

[审　判]

昆明市中级人民法院经一审审理认为：本案中，昆明冠生园食品有限公司一并主张了云南昆冠食品有限公司侵犯其商标权、著作权，并有擅自使用知名商品特有的包装、装潢，擅自使用他人的企业名称和简称、冒用认证标志等仿冒行为、虚假宣传行为以及将未注册商标冒充注册商标使用或作为商标使用的违法行为，云南昆冠食品有限公司主张昆明冠生园食品有限公司有擅自使用其企业名称的不正当竞争行为。当事人主张的事实和法律关系较多，具体权利的内容和侵权的构成各有不同，商标比对与作品比对的方法及原则也大相径庭，为了让衡量标准和裁判尺度更为明晰，避免从概念到概念的说理，本院认为有必要在对具体诉请作阐述之前对处理本案的逻辑架构、分析路径做出说明。

处理本案的逻辑架构是建立在两个基本点上的，换言之，对双方当事人之间争议的评判是在两个前提下展开的：一是权利，二是行为。享有权利是当事人诉请成立的前提条件之一，如主张商标侵权，首先应享有商标权。权利的内容是由法律规定的，但这种规定是抽象的，又受到权利人的自主行为影响而有不同的呈现，因此权利覆盖的利益范围需要进一步解释。被诉侵权人有所行为，是当事人诉请成立的另一个前提条件，因为该行为产生外部性（即行为对外造成的影响），且与权利人的利益重叠、冲突，才引发法律的介入，界定利益范围、判断行为性质，以及确定法律上的后果。故在本案涉及的全部争议中权利和行为缺一不可，若当事人不具备权利，抑或利益范围小于其权利主张；被诉侵权人没有行为，抑或行为产生的外部性并未与当事人享有的权利内容产生重叠、冲突，则其诉请均缺乏基本的逻辑支点，而不能成立。

归纳当事人双方的争议，本案需处理以下几个问题：

一、“昆冠”之争

昆明冠生园食品有限公司主张其对“昆冠”二字享有的利益基于两个权利来源：1. 昆冠是昆明冠生园食品有限公司第 757197 号“”商标和第 10476231 号“”商标的文字部分；2. 昆冠是昆明冠生园食品有限公司在业内公认的简称。针对上述两点，做以下分析：

《中华人民共和国商标法》第五十六条规定，注册商标的专用权，以核准注册的商标和核定使用的商品为限。第757197号“”商标和第10476231号“”商标都是文字加图形的组合商标，并且文字部分都做了艺术化变形处理与图形部分共同形成构图，构图是上述商标视觉观察的重点。云南昆冠食品有限公司在商品上对“昆冠”二字的使用，多以“昆冠”“云南昆冠”“云南·昆冠”的文字状态出现，有的会辅以图形装饰，但无论文字还是文字与图形的结合均未与第757197号“”商标和第10476231号“”商标构成相同和近似，不会造成相关公众的混淆、误认。对于昆明冠生园食品有限公司提出其商标中的文字部分“昆冠”应受保护的观点，本院认为，在有些组合商标中，文字是其商标的主要识别部分，使用与其商标文字相同、近似的文字，足以引发相关公众混淆、误认的，即可构成商标侵权。还有一些商标，文字虽然不一定是其商标的主要识别部分，但由于其商标知名度很高，使用与其商标文字相同、近似的文字，乃至于呼叫相同的文字（如对外文商标的音译）也可能引发相关公众关于商品（或服务）来源于同一提供者或关联企业的联想，从而构成商标侵权。在本案中，昆明冠生园食品有限公司的上述商标，文字并非其主要识别部分，同时，昆明冠生园食品有限公司也未举证证明上述商标具有较高的知名度，故其不具备要求单独保护商标文字的权利基础。因此，云南昆冠食品有限公司对“昆冠”二字的使用未侵犯昆明冠生园食品有限公司的注册商标专用权。

企业名称的简称源于语言交流的方便。企业简称的形成与两个过程有关：一是企业自身使用简称代替其正式名称；二是社会公众对于企业简称的认同，即认可企业简称与其正式名称所指代对象为同一企业。由于简称省略了正式名称中某些具有限定作用的要素，可能会不适当地扩大正式名称所指代的对象范围。因此，企业简称能否特指该企业，取决于该企业简称是否为相关社会公众所认可，并在相关社会公众中建立起与该企业的稳定的关联关系。对于具有一定市场知名度、为相关社会公众所熟知并已经实际具有商号作用的企业或者企业名称的简称，可以视为企业名称。如果经过使用和社会公众认同，企业的特定简称已经在特定地域内为相关社会公众所认可，具有相应的市场知名度，与该企业建立了稳定的关联关系，具有识别市场经营主体的商业标识意义，他人在后擅自使用该知名企业简称，足以使特定地域内的相关社会公众对在后使用者和在先企业之间发生市场主体的混淆、误认，在后使用者就会不恰当地利用在先企业的商誉，侵害在先企业的合法权益。具有此种情形的，应当将在先企业的特定简称视为企业名称，并根据《中华人民共和国反不正当竞争法》第五条第（三）项规定加以保护。

本案中，昆明冠生园食品有限公司针对其主张的企业名称简称的形成提交了一组与其有业务交往的单位出具的情况说明和经销合同。虽然上述单位认为“昆冠”是昆明冠生园食品有限公司的简称，但从所附经销合同（该经销合同系昆明冠生园食品有限公司提供的格式合同）来看，合同抬头标明的都是“昆明冠生园”。经审查，可以得出以下结论：1. 昆明冠生园食品有限公司未表现出以简称“昆冠”替代正式名称的主观意图，相反为了强调其具有“冠生园”血统，更倾向于使用“昆明冠生园”的全称，目前没有证据显示昆明冠生园食品有限公司对“昆冠”简称有主动使用的行为，且该使用在云南昆冠食品有限公司之前；2. 昆明冠生园食品有限公司提供的是月饼、糕点、甜食等大众消费品，对于相关社会公众的界定应当包含消费者，特别是昆明冠生园食品有限公司和云南昆冠食品有限公司共同所在区域内的消费者，而目前也无证据显示消费者认可“昆冠”与昆明冠生园食品有限公司产生稳定的关联联系。因此，昆明冠生园食品有限公司主张的简称不具备视为企业名称保护的基础。

根据前述分析，“昆冠”文字不能等同于昆明冠生园食品有限公司的注册商标，也不是昆明冠生园食品有限公司经过主动使用为相关社会公众所认可的具有商业识别意义的企业简称，故昆明冠生园食品有限公司的第 1 项诉讼请求缺乏权利基础，本院不予支持。

对昆明冠生园食品有限公司的第 4 项诉讼请求，即“判令被告立即停止在其全部生产、经营、销售月饼活动中将‘昆冠’‘云南昆冠’‘云南 · 昆冠’‘昆一冠’等文字或文字加图形冒充注册商标使用或者作为商标使用”的主张，属于《中华人民共和国商标法》第五十二条规定的，应由地方工商行政管理部门予以查处的行为，故在本案中不予评判。

为了全面处理对“昆冠”使用行为的争议，在此对云南昆冠食品有限公司的反诉请求一并评判。云南昆冠食品有限公司反诉请求的提出基于对其企业名称享有的利益，“昆冠”是其经企业登记主管机关依法登记注册的企业名称的字号部分。《中华人民共和国反不正当竞争法》第五条规定：“经营者不得采用下列不正当手段从事市场交易，损害竞争对手：……（三）擅自使用他人的企业名称或者姓名，引人误认为是他人的商品；……”据此，使用他人企业名称构成不正当竞争的，应当具备以下要素：使用者与被使用者一般存在同业竞争关系；使用行为未征得被使用人的许可，属擅自使用；被使用的企业名称在市场上具有一定的知名度，为相关公众所知悉；使用行为易使相关公众将使用人提供的商品误认为是被使用人的商品。本案中，一方面云南昆冠食品有限公司未提交证据证实其企业名称的知名度，另一方面昆明冠生园虽然在月饼礼盒内的部分单个商品包装上使用了“昆冠好礼”字样（昆明冠生园食品有限公司将这种使用解释为对商标的使用），但在月饼礼盒外包装上突出标明了“昆明冠生园”字号，昆明冠生园食品有限公司对“昆冠”字样的使用方式不足以使相关公众对商品的提供者产生误认。进而，昆明冠生园食品有限公司未严格依照核准注册的商标使用，自行改变注册商标，单独使用注册商标文字部分的行为，违反了商标使用的管理规定，但并未构成《中华人民共和国反不正当竞争法》第五条第（三）项规定的仿冒行为，即该行为的外部性未与云南昆冠食品有限公司已取得的利益产生重叠、冲突，故本院对云南昆冠食品有限公司的全部反诉请求亦不支持。

二、“冠生园”的使用

目前，国内尚存在一些以“地名＋冠生园”为字号的企业，这些企业对“冠生园”字号的使用往往有可追溯的历史来源。本案中，昆明冠生园食品有限公司提交的证据虽不能还原其主张的从1939年“冠生园昆明支店”承继而来的历史过程，但从其企业登记信息来看，该公司对“昆明冠生园”字号的使用至少自1986年延续至今。“冠生园”是此类冠生园公司长期使用的企业字号，但为了区别生产企业和商品来源，在其生产经营活动中应规范使用企业名称和“冠生园”字号，即应以“地名＋

冠生园”的组合，不突出“冠生园”的方式使用。本院认为，如无特殊情形，昆明冠生园食品有限公司享有企业名称权亦不应扩大、超出上述范围。

云南昆冠食品有限公司因其对“冠生园”的使用行为，已在（2015）昆知民初字第 500 号案件中，被判令向“冠生园”商标的持有者承担侵权责任。在此基础上，继续引导其他企业名称中含有“冠生园”字样的主体就同一事实、同一行为，分别再向云南昆冠食品有限公司主张侵权赔偿，有失公允。客观上讲，云南昆冠食品有限公司使用“冠生园”文字的背后，并非意图攀附昆明冠生园食品有限公司的商誉，该行为引发的混淆存在于云南昆冠食品有限公司提供的商品与“冠生园”品牌商品之间。因而，判令其向“冠生园”商标的持有者承担责任更符合事实。

在此项争议中，昆明冠生园食品有限公司对“冠生园”字号既有合法登记，也有可追溯的使用行为，当然享有权利；云南昆冠食品有限公司对“冠生园”字样的非法使用也产生了负的外部性；但进一步分析，该使用的意图在于通过攀附“冠生园”驰名商标而获利，在无证据证实相关公众误将上述商品认为是由昆明冠生园食品有限公司提供的前提下，受到该行为影响的应是“冠生园”注册商标专用权人。因此，本院对昆明冠生园食品有限公司的第 2 项诉讼请求不予支持。

三、“龙门”商标与“梅花”牌商品

昆明冠生园食品有限公司拥有第 6061190 号“ ”商标的注册商标专用权和该商标图形即《龙门商标图形》著作权。本案中，昆明冠生园食品有限公司主张云南昆冠食品有限公司在其生产的月饼纸包装上使用的图形同时侵犯了其上述商标专用权，以及上述作品的修改权和保护作品完整权，并构成对其商品包装、装潢的仿冒。对此分别分析如下：

争议作品在作品类型上属于《中华人民共和国著作权法》第三条第（四）项、《中华人民共和国著作权法实施条例》第四条规定的美术作品，是指绘画、书法、雕塑等以线条、色彩或者其他方式构成的有审美意义的平面或者立体的造型艺术作品。就美术作品而言，由形体、明暗、色彩、空间、材质、肌理等视觉语言汇组而成的创造物是区别于其主题思想的具体表达。以普通观赏者的角度审视，云南昆冠食品有限公司使用在月饼包装上以牌坊为主题的图案在具体表达上与昆明冠生园食品有限公司之间《龙门商标图形》作品之间存较大区别：1. 观察整体构图，《龙门商标图形》作品由明月、牌坊、拱桥、山石、草木、流云组成，牌坊和拱桥在构图中占比较大，呈现出古朴、静谧的意境；云南昆冠食品有限公司包装图案由牌坊、龙柱、海浪、祥云组成，各组成部分占比较为均匀，呈现喜庆、浪漫的意境；2. 观察构图中的线条起伏，《龙门商标图形》作品多使用平直、简约的线条，以正方、长方、正圆、正弧突出画面的稳定性，云南昆冠食品有限公司包装图案所使用曲折、多变的线条，以波浪、雕花、扭转的弧线展现画面的灵动感；3. 观察构图中的具体块面，对于双方在表达题材上都选择了的牌坊，《龙门商标图形》作品以简单的长方形立柱和瓦顶组成，辅以山石、拱桥，展现出一幅现实存在的山中古坊景象，云南昆冠食品有限公司包装图案则以华丽的龙柱和繁琐的雕花组成，牌坊直接架设在浪头、云端，展现的是一种想象中的空中楼阁景象。目前，没有证据显示云南昆冠食品有限公司包装图案是来源于《龙门商标图形》作品，所体现的作者个性、风格、绘画技巧、素材取舍、细节安排等也体现出较大差异。

修改权是指作者在作品发表之后因思想、观点发生改变而修改其作品的权利，修改权的功能是保护作者自己修改作品的自由不受妨碍，他人无正当理由阻止作者修改作品，才是侵犯修改权的表现。本案中，并无证据显示云南昆冠食品有限公司有阻止冠生园公司修改其作品的行为，故昆明冠生园食品有限公司该项主张不成立。

保护作品完整权维护的是作品的内容、观点、形式不受歪曲、篡改，其基础是对作品中表现出来的作者的个性和作品本身的尊重，其意义在于保护作者的名誉、声望以及维护作品的纯洁性。因昆明冠生园未举证证实云南昆冠食品有限公司月饼包装是对其《龙门商标图形》作品的使用，且客观上起到歪曲、篡改的效果，进而其该项主张亦不成立。

“商标法”保护的是商标背后的商誉，判断诉争标识与注册商标是否相同或近似，考察的是商标标志的构成要素及其整体的近似程度，以是否容易导致混淆作为判断标准。同时应当综合考虑商标的显著性和知名度、所使用商品的关联程度、注册商标与诉争标识使用的历史和现状等其他相关因素。

昆明冠生园食品有限公司第6061190号“”商标与被诉侵权标识均使用在商品类别第30类月饼商品上，两者属于相同商品。将被诉侵权标识与第6061190号“”商标进行隔离比对，对整体和要部加以充分观察，可以得出二者近似的认定结论，具体理由如下：1. 第6061190号“”商标与被诉侵权标识都是以圆形外框框定的图形标识，框内图案的显著部分为古建筑牌坊，牌坊均位于圆框内左侧，二者的整体结构、主要构成要素及组合相似；2. 所使用商品为月饼，属大众消费品，相关公众在选购这一类商品时的不会投入极高的注意力，此等程度的相似足以使其将以往在头脑中留下的对昆明冠生园商品“”商标的印象和自己正在感知、筛选的被控侵权商品标识相混淆；3. 昆明冠生园食品有限公司第6061190号“”商标于2009年12月21日注册，至今已经在梅花牌名牌商品上经过了较长时间的使用，为相关公众所熟悉，同类商品的经营者应合理避让该注册商标专用权，以区别商品来源，方便消费者加以识别。因此，云南昆冠食品有限公司的使用行为构成《商标法》第五十七条第（二）项规定的，未经商标注册人的许可，在同一种商品上使用与其注册商标近似的商标，容易导致混淆的情形，属侵犯注册商标专用权。故本院对昆明冠生园食品有限公司第5项诉讼请求予以支持。

就云南昆冠食品有限公司是否同时构成对昆明冠生园食品有限公司知名商品包装、装潢的仿冒的问题，盛装或者保护商品的容器等包装，以及在商品或者其包装上附加的文字、图案、色彩及其排列组合所构成的装潢，在其能够区别商品来源时，即属于《中华人民共和国反不正当竞争法》第五条第（二）项所保护的特有包装、装潢。结合本案做进一步分析：1. 昆明冠生园食品有限公司主张保护的云腿月饼使用的包装、装潢的构成为“纸包装 + 商标（龙门和梅花）+ 字号”，这种要素和要素的组合，在月饼食品包装行业并不具特有性，所形成的包装、装潢不具有区别商品来源的显著特征，商品来源的识别功能仍是由所印商标和字号实现的。2. 云南昆冠食品有限公司所使用的月饼纸包装由“牌坊图案 + 商品名称 + 商标”组成，虽然其中使用的牌坊图案与昆明冠生园食品有限公司的龙门商标相近似，易引其市场混淆、误认（对此在前述分析中已经确认）。但是，只要云南昆冠食品有限公司停止使用被诉牌坊图案，以与昆明冠生园食品有限公司龙门商标不相同、不近似的图案，即便仍与现有构成要素——商品名称、自有商标（昆明冠生园食品有限公司并未主张该天下一冠商标与梅花商标构成近似）组成包装、装潢，亦足以使其商品与昆明冠生园食品有限公司生产的梅花牌云腿月饼商品区别开来。通过对商标专用权的保护足以实现保护昆明冠生园食品有限公司商誉和商业利益的目的，故本院对昆明冠生园食品有限公司第 6 项诉讼请求不予支持。

在昆明冠生园食品有限公司第 5、6 项诉请的背后，双方当事人争议的是月饼纸包装上出现的各种标识及其组合。通过剥离、分析这些标识，不难看出，昆明冠生园食品有限公司云腿月饼纸包装中起到主要识别作用的是其为相关公众所知悉的商标，云南昆冠食品有限公司的使用行为构成了对注册商标的直接侵权（即云南昆冠食品有限公司行为的外部性直接投射到昆明冠生园食品有限公司的商标专用权上），对注册商标专用权给予充分保护，足以起到保护在先商标权、区分商品来源、避免市场混淆的目的。

四、冒用认证标志和虚假宣传

昆明冠生园食品有限公司主张云南昆冠食品有限公司在其 2016 年云南昆冠食品有限公司价格表上印有“中华老字号”字样，构成冒用认证标识的仿冒行为。《中华人民共和国反不正当竞争法》第五条第（四）项界定的冒用认证标志行为是，在商品上伪造或者冒用认证标志、名优标志等质量标志，伪造产地，对商品质量作引人误解的虚假表示。由于昆明冠生园食品有限公司未举证证明云南昆冠食品有限公司有在商品上冒用认证标志的行为，故对其该项主张不予采纳。但是，云南昆冠食品有限公司在对客户发放的产品价格表上印制其并不具备的“中华老字号”字样与其他不当宣传行为一并构成了虚假宣传的不正当竞争行为。

商品经营者向市场提供虚假的宣传信息，或者提供的商品宣传信息虽然内容真实，但由于不准确或不全面，足以导致商品销售者或消费者对商品产生错误认识的，都构成引人误解的虚假宣传的不正当竞争行为。应承担民事责任的虚假宣传行为，应具备经营者之间具有竞争关系、有关宣传内容足以造成相关公众的误解、对经营者造成了直接损害三个基本条件。

本案中，云南昆冠食品有限公司不当宣传内容分为两类，一类是直接以虚假内容编造经营历史的，如“云南昆冠 1990 年成立于昆明，二十余年来专注滇式中秋月饼的品质发展……”“中华老字号”“百年经典”；另一类是嫁接冠生园企业信息，容易引发误解的，如“吾有利，客无利，则客不存矣；……唯诚利相兼，客吾皆共赢。甲午年仲秋于昆明冠生园（印）”“冠生园 1910 年始创于中国上海……”“苏州冠生园 1910 年创始于中国苏州……”。前者由于提供了不真实的信息构成虚假宣传，后者提供的信息与云南昆冠食品有限公司企业自身并无关联，但在其企业简介中出现，可能引发相关公众误认为云南昆冠食品有限公司与冠生园企业之间存在承继、关联关系，亦属引人误解的虚假宣传，应有所规范。上述宣传内容投入市场，会进一步误导消费者选择云南昆冠食品有限公司商品、拒绝接受其他同类商品，使得整个商品市场形成扭曲的信号，连带伤害诚实经营者，故云南昆冠食品有限公司对此应当承担法律责任。至于云南昆冠食品有限公司自称“饼食至尊”的宣传行为，属于《最高人民法院关于审理不正当竞争民事案件应用法律若干问题的解释》第八条所述，以明显的夸张方式宣传商品，不足以造成相关公众误解的，不属于引人误解的虚假宣传行为。

五、法律责任的承担

根据前述分析，云南昆冠食品有限公司侵犯了昆明冠生园食品有限公司第 6061190 号“”商标专用权，并构成虚假宣传的不正当竞争行为。对昆明冠生园食品有限公司要求判令云南昆冠食品有限公司立即停止生产、销售侵犯其注册商标专用权的月饼商品和停止虚假宣传的不正当竞争行为，本院认为属于制止侵权的合理要求，依法予以支持。对要求云南昆冠食品有限公司赔礼道歉的请求，由于支持昆明冠生园食品有限公司诉请成立的均系财产性权利，对财产权的损害，不宜以赔礼道歉的方式承担责任，且判令停止使用和规范宣传已经足以消除影响，故对该诉请，本院不予支持。对要求云南昆冠食品有限公司赔偿经济损失及为制止侵权行为而支付的合理费用共计 50 万元，由于昆明冠生园食品有限公司没有举证其因侵权受到的损失以及云南昆冠食品有限公司的侵权获利，本院在综合考虑涉案注册商标及相关商品的公众认知程度、侵权行为及不正当竞争行为的性质和持续时间、所在地区经济发展状况及当事人配合诉讼程度等因素后，酌情判决云南昆冠食品有限公司赔偿昆明冠生园食品有限公司经济损失及合理费用开支共计人民币 2 万元。综上所述，昆明冠生园食品有限公司的部分诉讼主张成立，其相应诉讼请求应得到支持，云南昆冠食品有限公司的反诉主张不成立，遂依照《中华人民共和国商标法》第五十六条、第五十七条第（二）项、第六十条，《中华人民共和国著作权法》第三条第（四）项、《中华人民共和国著作权法实施条例》第四条《中华人民共和国反不正当竞争法》第五条第（二）、（三）、（四）项和第九条，《最高人民法院关于审理不正当竞争民事案件应用法律若干问题的解释》第八条之规定，判决如下：一、被告云南昆冠食品有限公司在本判决发生法律效力之日起立即停止生产、销售侵犯原告昆明冠生园食品有限公司第 6061190 号“ ”注册商标的商品；二、被告云南昆冠食品有限公司在本判决发生法律效力之日起立即停止“云南昆冠 1990 年成立于昆明，二十余年来专注滇式中秋月饼的品质发展”“中华老字号”“百年经典”等虚构经营年限以及攀附业内知名企业的虚假宣传的不正当竞争行为；三、被告云南昆冠食品有限公司在本判决生效之日起十日内赔偿原告昆明冠生园食品有限公司经济损失和因维权支出的合理费用共计人民币 20000 元；四、驳回原告昆明冠生园食品有限公司的其他诉讼请求；五、驳回反诉原告云南昆冠食品有限公司的全部反诉请求。

宣判后，双方当事人均未上诉。

[评　析]

本案中，原告昆明冠生园食品有限公司一并主张了被告云南昆冠食品有限公司存在侵犯其数个商标权、著作权，并有擅自使用知名商品特有的包装、装潢，擅自使用他人的企业名称和简称、冒用认证标志等仿冒行为，虚假宣传行为以及将未注册商标冒充注册商标使用或作为商标使用的违法行为。针对这一情况，合议庭向当事人做了充分的释明工作，告知其可以根据被侵犯权利性质的不同、侵权商品的不同或侵权行为表现的不同对其诉请进行切分，分为几个案件进行处理，但由于当事人诉讼能力不足，在给予合理期限后，仍不能变更并提交新的诉状。根据我们的了解，外地法院对此类情况的处理不乏有法院主动为其分案、立案的情况，但在我们的实际处理中，考虑到法院主动分案一般在立案阶段就完成了，而本案已经进入了实体审理阶段；另一方面，昆明冠生园食品有限公司和云南昆冠食品有限公司作为两家均具有一定规模的本土食品企业，在月饼市场领域的竞争中，积怨已久、诉讼不断，二者在历史上还有一定渊源，导致双方对一些权利的归属认识不清，选取一个具有典型性、全面性的案件，以案说法，对双方的权利进行明确的界定，有利于两家企业在今后的经营活动中走向相互尊重知识产权、尊重在先权利的良性竞争的轨道。

然而，由于一并处理的事实和法律关系繁多，具体权利的内容和侵权的构成又各有不同，从总体的审理思路到具体的比对方法大相径庭，给我们的庭审工作和判决书成文提出了较大的挑战。最终，我们以权利内容作为划分各个具体争议的标准，并建立了以权利和行为为基础的逻辑架构，以及以行为的外部性（即行为对外造成的影响）为重点观察对象的分析体系，进而适用这种分析体系处理了当事人之间的以下争议。

一、“昆冠”之争

昆明冠生园食品有限公司主张其对“昆冠”二字享有的利益基于两个权利来源：1. 昆冠是昆明冠生园食品有限公司第 757197 号“”商标和第 10476231 号“”商标的文字部分；2. 昆冠是昆明冠生园食品有限公司在业内公认的简称。对其主张的权利基础作以下分析。

第 757197 号“”商标和第 10476231 号“”商标都是文字加图形的组合商标，并且文字部分都做了艺术化变形处理与图形部分共同形成构图，构图是上述商标视觉观察的重点。云南昆冠食品有限公司在商品上对“昆冠”二字的使用，多以“昆冠”“云南昆冠”“云南 · 昆冠”的文字状态出现，有的会辅以图形装饰，但无论文字还是文字与图形的结合均未与第 757197 号“”商标和第 10476231 号“”商标构成相同和近似，并不会造成相关公众的混淆、误认。审理中，昆明冠生园食品有限公司提出其商标中的文字部分“昆冠”应受保护，在审判实践中，有些组合商标中的文字是其商标的主要识别部分，使用与其商标文字相同、近似的文字，足以引发相关公众混淆、误认的，即可构成商标侵权。还有一些商标，文字虽然不一定是其商标的主要识别部分，但由于其商标知名度很高，使用与其商标文字相同、近似的文字，乃至于呼叫相同的文字（如对外文商标的音译）也可能引发相关公众关于商品（或服务）来源于同一提供者或关联企业的联想，从而构成商标侵权。而昆明冠生园食品有限公司的上述商标，均不符合以上情形。

企业名称的简称源于语言交流的方便。企业简称的形成与两个过程有关：一是企业自身使用简称代替其正式名称；二是社会公众对于企业简称的认同，即认可企业简称与其正式名称所指代对象为同一企业。由于简称省略了正式名称中某些具有限定作用的要素，可能会不适当地扩大正式名称所指代的对象范围。因此，企业简称能否特指该企业，取决于该企业简称是否为相关社会公众所认可，并在相关社会公众中建立起与该企业稳定的关联关系。对于具有一定市场知名度、为相关社会公众所熟知并已经实际具有商号作用的企业或者企业名称的简称，可以视为企业名称。如果经过使用和社会公众认同，企业的特定简称已经在特定地域内为相关社会公众所认可，具有相应的市场知名度，与该企业建立了稳定的关联关系，具有识别市场经营主体的商业标识意义，他人在后擅自使用该知名企业简称，足以使特定地域内的相关社会公众对在后使用者和在先企业之间发生市场主体的混淆、误认，在后使用者就会不恰当地利用在先企业的商誉，侵害在先企业的合法权益。具有此种情形的，应当将在先企业的特定简称视为企业名称，并根据《中华人民共和国反不正当竞争法》第五条第（三）项规定加以保护。本案中，昆明冠生园食品有限公司既未表现出以简称“昆冠”替代正式名称的主观意图，也无证据显示相关公众认可“昆冠”与昆明冠生园食品有限公司产生稳定的关联联系。因此，“昆冠”文字不能等同于昆明冠生园食品有限公司的注册商标，也不是昆明冠生园食品有限公司经过主动使用为相关社会公众所认可的具有商业识别意义的企业简称，进而昆明冠生园食品有限公司针对“昆冠”字样的权利主张缺乏权利基础。

至于云南昆冠食品有限公司将“昆冠”“云南昆冠”“云南·昆冠”“昆一冠”等文字或文字加图形冒充注册商标使用或者作为商标使用的行为，属于《中华人民共和国商标法》第五十二条规定的，应由地方工商行政管理部门予以查处的行为，故引导当事人以其他方式处理。

为了全面处理对“昆冠”字样使用行为的争议，对云南昆冠食品有限公司的反诉请求在此一并进行了评判。云南昆冠食品有限公司反诉请求提出基于对其企业名称享有的利益，“昆冠”是其经企业登记主管机关依法登记注册的企业名称的字号部分，《中华人民共和国反不正当竞争法》第五条规定，擅自使用他人的企业名称或者姓名的仿冒行为一般应当具备以下要素：使用者与被使用者一般存在同业竞争关系；使用行为未征得被使用人的许可，属擅自使用；被使用的企业名称在市场上具有一定的知名度，为相关公众所知悉；使用行为易使相关公众将使用人提供的商品误认为是被使用人的商品。本案中，一方面云南昆冠食品有限公司并未提交证据证明其企业名称的影响力，另一方面昆明冠生园虽然在月饼礼盒内的部分单个商品包装上使用了“昆冠好礼”字样（昆明冠生园食品有限公司将这种使用解释为对商标的使用），但在月饼礼盒外包装上突出标明了“昆明冠生园”字号，其后果是昆明冠生园食品有限公司对“昆冠”字样的以这种方式的使用不足以使相关公众对商品的提供者产生误认。当然，昆明冠生园食品有限公司未严格依照核准注册的商标使用，自行改变注册商标，单独使用注册商标文字部分的行为，违反了商标使用的管理规定，亦应予以纠正。

二、“冠生园”的使用

目前，国内尚存在一些以“地名＋冠生园”为字号的企业，这些企业对“冠生园”字号的使用往往有可追溯的历史来源。本案中，昆明冠生园食品有限公司提交的证据虽不能还原其主张的从1939年“冠生园昆明支店”承继而来的历史过程，但从其企业登记信息来看，该公司对“昆明冠生园”字号的使用至少自1986年延续至今。“冠生园”是此类冠生园公司长期使用的企业字号，但为了区别生产企业和商品来源，在其生产经营活动中应规范使用企业名称和“冠生园”字号，即应以“地名＋

冠生园”的组合，不突出“冠生园”的方式使用。因此，如无特殊情形，昆明冠生园食品有限公司享有企业名称权亦不应扩大、超出上述范围。

云南昆冠食品有限公司因其对“冠生园”的使用行为，已在（2015）昆知民初字第500号案件中，被判令向“冠生园”商标的持有者承担侵权责任。在此基础上，继续引导其他企业名称中含有“冠生园”字样的主体就同一事实、同一行为，分别再向云南昆冠食品有限公司主张侵权赔偿，有失公允。客观上讲，云南昆冠食品有限公司使用“冠生园”文字的背后，并非意图攀附昆明冠生园食品有限公司的商誉，该行为引发的混淆存在于云南昆冠食品有限公司提供的商品与“冠生园”品牌商品之间。因而，判令其向“冠生园”商标的持有者承担责任更符合事实。

三、“龙门”商标与“梅花”牌商品

昆明冠生园食品有限公司主张云南昆冠食品有限公司在其生产的月饼纸包装上使用的图形同时侵犯了其商标专用权、作品的修改权和保护作品完整权，并构成对其商品包装、装潢的仿冒。对此分别分析如下：

昆明冠生园食品有限公司针对《龙门商标图形》“ ”作品主张的是修改权和保护作品完整权，仅从其主张的权利内容而言，其诉请即不可能成立。修改权是指作者在作品发表之后因思想、观点发生改变而修改其作品的权利，修改权的功能是保护作者自己修改作品的自由不受妨碍，他人无正当理由阻止作者修改作品，才是侵犯修改权的表现。本案中，并无证据显示云南昆冠食品有限公司有阻止昆明冠生园食品有限公司修改其作品的行为。保护作品完整权维护的是作品的内容、观点、形式不受歪曲、篡改，其基础是对作品中表现出来的作者的个性和作品本身的尊重，其意义在于保护作者的名誉、声望以及维护作品的纯洁性。本案中也无证据显示云南昆冠食品有限公司客观有歪曲、篡改在先作品的行为。

尽管如此，为了彻底厘清双方权利内容，本院还是对争议作品进行了比对。著作权保护的是独立于主体思想的具体表达，就美术作品而言由形体、明暗、色彩、空间、材质、肌理等视觉语言汇组而成的创造物是区别于其主题思想的具体表达。以普通观赏者的角度审视，云南昆冠食品有限公司包装图案与《龙门商标图形》作品相比较，所体现的作者个性、风格、绘画技巧、素材取舍、细节安排等体现出较大差异，即具体表达是有明显区别的，云南昆冠食品有限公司使用的包装图案并非侵权作品。

与作品比对的出发点、着眼点不同的是，由于商标法保护的是商标背后的商誉，判断诉争标识与注册商标是否相同或近似，考察的是商标标志的构成要素及其整体的近似程度，以是否容易导致混淆作为判断标准。同时应当综合考虑商标的显著性和知名度、所使用商品的关联程度、注册商标与诉争标识使用的历史和现状等其他相关因素。

昆明冠生园食品有限公司第 6061190 号“ ”商标与被诉侵权标识均使用在商品类别第 30 类月饼商品上，两者属于相同商品。将被诉侵权标识与第 6061190 号“ ”商标进行隔离比对，从商标的整体和要部，相关公众的注意程度，以及昆明冠生园食品有限公司相关商品的知名度综合考虑，云南昆冠食品有限公司使用的商标与昆明冠生园食品有限公司第 6061190 号“ ”商标构成近似商标，容易导致混淆，属侵犯注册商标专用权的行为。

就云南昆冠食品有限公司是否同时构成对昆明冠生园食品有限公司知名商品包装、装潢的仿冒的问题，盛装或者保护商品的容器等包装，以及在商品或者其包装上附加的文字、图案、色彩及其排列组合所构成的装潢，在其能够区别商品来源时，即属于《中华人民共和国反不正当竞争法》第五条第（二）项所保护的特有包装、装潢。本案中，昆明冠生园食品有限公司主张保护的云腿月饼使用的包装、装潢的构成为“纸包装 + 商标（龙门和梅花）+ 字号”，这种要素和要素的组合，在月饼食品包装行业并不具特有性，所形成的包装、装潢不具有区别商品来源的显著特征。商品来源的识别功能仍是由所印商标和字号实现的。只要云南昆冠食品有限公司停止使用被诉牌坊图案，以与昆明冠生园食品有限公司龙门商标不相同、不近似的图案，即便仍与现有构成要素组成包装、装潢，亦足以使其商品与昆明冠生园食品有限公司生产的梅花牌云腿月饼商品区别开来，即通过对商标专用权的保护足以实现保护昆明冠生园食品有限公司商誉和商业利益的目的。

四、冒用认证标志和虚假宣传

昆明冠生园食品有限公司主张云南昆冠食品有限公司在其2016年云南昆冠食品有限公司价格表上印有“中华老字号”字样，构成冒用认证标识的仿冒行为。[①]《中华人民共和国反不正当竞争法》第五条第（四）项界定的冒用认证标志行为是，在商品上伪造或者冒用认证标志、名优标志等质量标志，伪造产地，对商品质量作引人误解的虚假表示。本案中并无证据显示云南昆冠食品有限公司有在商品上冒用认证标志的行为，但云南昆冠食品有限公司在对客户发放的产品价格表上印制其并不具备的“中华老字号”字样可与其他不当宣传行为一并构成了虚假宣传的不正当竞争行为。

商品经营者向市场提供虚假的宣传信息，或者提供的商品宣传信息虽然内容真实，但由于不准确或不全面，足以导致商品销售者或消费者对商品产生错误认识的，都构成引人误解的虚假宣传的不正当竞争行为。应承担民事责任的虚假宣传行为，应具备经营者之间具有竞争关系、有关宣传内容足以造成相关公众的误解、对经营者造成了直接损害三个基本条件。[②]本案中，云南昆冠食品有限公司不当宣传内容分为两类：一类是直接以虚假内容编造经营历史的；另一类是嫁接冠生园企业信息，容易引发误解的。上述宣传内容投入市场，会进一步误导消费者选择云南昆冠食品有限公司商品、拒绝接受其他同类商品，使得整个商品市场形成扭曲的信号，连带伤害诚实经营者，故云南昆冠食品有限公司对此应当承担法律责任。至于云南昆冠食品有限公司自称“饼食至尊”的宣传

① 该条款在2017年修订、2018年1月1日实施的《中华人民共和国反不正当竞争法》中删除，本案侵权行为的发生及审判在新法出台之前，本文中所引用的《中华人民共和国反不正当竞争法》条文均为旧法条文；新法实施后此类行为可以适用新法第八条有关虚假或者引人误解的商业宣传或者产品质量法、食品安全法等规定进行处理。

② 反不正当竞争法的虚假宣传条款在2017年修订、2018年1月1日实施的《中华人民共和国反不正当竞争法》中有重大变动，本案侵权行为的发生及审判在新法出台之前，本文中所引用的《中华人民共和国反不正当竞争法》条文均为旧法条文；新法实施后“引人误解”和“虚假”并列为选择情形，“引人误解”不再作为“虚假宣传”的限定词，同时明确了欺骗、误导消费者的后果要件。

行为，属于《最高人民法院关于审理不正当竞争民事案件应用法律若干问题的解释》第八条所述，以明显的夸张方式宣传商品，不足以造成相关公众误解的，不属于引人误解的虚假宣传行为。

根据前述分析，本院确认云南昆冠食品有限公司侵犯了昆明冠生园食品有限公司第6061190号“ ”商标专用权，并构成虚假宣传的不正当竞争行为，判令其承担相应责任。

[评选理由]

本案属知识产权典型案件。当事人的诉讼请求几乎涵盖了商业经营中可能涉及的全部商业标识，并涉及商标权、著作权的侵权判定，以及假冒行为、虚假宣传行为等不正当竞争行为的判定，法律事实和法律关系较多，审理难度较大。本案的审理从权利和行为两个基本点入手，阐明了处理案件的逻辑架构、分析路径，明确指出本案涉及的全部争议中权利和行为缺一不可，若当事人不具备权利，抑或利益范围小于其权利主张；被诉侵权人没有行为，抑或行为产生的外部性并未与当事人享有的权利内容产生重叠、冲突，则其诉请均缺乏基本的逻辑支点而不能成立。本案从保护商业成果、净化市场环境、培育企业品牌意识、维护消费者权利的高度，以制止混淆为核心，准确把握商业标志侵权行为的认定标准，正确界定商业标志的保护范围，使商业标志之间具有充分的可区别性，体现了承办法官扎实的法学理论功底和对商业标识保护精神的准确把握。

一审裁判文书：云南省昆明市中级人民法院（2016）云01民初1308号

一审合议庭组成人员：

审判长：沈男；代理审判员：王立；人民陪审员：余小兵

案例提供单位：云南省昆明市中级人民法院知识产权审判庭

承办人：沈男；编写人：沈男

附：

云南省昆明市中级人民法院
民 事 判 决 书

（2016）云 01 民初 1308 号

原告（反诉被告）：昆明冠生园食品有限公司。

被告（反诉原告）：云南昆冠食品有限公司。

原告（反诉被告）昆明冠生园食品有限公司（以下简称昆明冠生园公司）诉被告（反诉原告）云南昆冠食品有限公司（以下简称昆冠公司）侵害商标权、著作权及不正当竞争纠纷一案，本院于 2016 年 8 月 15 日立案后，昆冠公司在法定期限内对昆明冠生园公司提起不正当竞争纠纷的反诉，经本院依法审查，决定与本诉合并审理。本院依法适用普通程序，对本案公开开庭进行了审理。昆明冠生园公司的委托诉讼代理人徐颖、张睿婷，昆冠公司的委托诉讼代理人岳书丞、方滇祥到庭参加了诉讼。本案现已审理终结。

原告昆明冠生园公司向本院提出诉讼请求：1. 判令被告立即在其全部生产、经营、销售活动中规范使用其企业名称，停止将其企业名称“云南昆冠食品有限公司”简化使用作“昆冠”“云南昆冠”或“云南 · 昆冠”，停止突出或者放大使用与原告注册商标文字相同的企业字号“昆冠”；2. 判令被告立即停止在其全部生产、经营、销售活动中单独使用、突出使用“冠生园”字样，立即停止在其商品外包装上直接使用“冠生园”字样；3. 判令被告立即停止冒用认证标志等质量标志以及虚假宣传的不正当竞争行为；4. 判令被告立即停止在其全部生产、经营、销售月饼活动中将“昆冠”“云南昆冠”“云南 · 昆冠”“昆一冠”等文字或文字加图形冒充注册商标使用或者作为商标使用；5. 判令被告立即停止在其生产、经营、销售活动中侵害原告第 6061190 号注册商标专用权以及 00025542 号《中华人民共和国国家版权局著作权登记证书》登记的美术作品《龙门商标图形》的行为；6. 判令被告立即停止在其生产、经营、销售活动中擅自使用与原告知名商品“梅花牌”云腿月饼近似的包装、装潢的行为；7. 判令被告在《春城晚报》及其经营场所公开说明事实、消除影响，并登报公开向原告赔礼道歉；8. 判令被告向原告赔偿经济损失共计人民币 50 万元（包括原告为调查被告侵害其合法权益的不正当竞争行为及侵害商标专用权行为所支出的合理费用）；9. 本案全部诉讼费用由被告承担。

事实和理由：原告是唯一一家在云南及昆明地区合法有权使用“冠生园”作为企业字号的企业，是商务部和云南省商务厅首批认定的“中华老字号”企业。业内通常将“昆明冠生园”简称为“昆冠”，原告也通过受让取得了“昆冠”注册商标。原告对包括“昆冠”“梅花牌”“龙门”在内的几十个注册商标享有商标专用权，对其中部分（如“龙门”等）商标图形享有著作权。其中，第 757197 号“梅花牌”注册商标更被认定为“中华老字号”“云南省著名商标”和“昆明市知名商标”，原告生产的“梅花牌”云腿月饼被评定为“昆明名牌商品”。被告新设成立于 2008 年，其明知“昆冠”在业界内特指“昆明冠生园”，而“昆冠”商标已经被依法注册，却仍将“昆冠”作为其企业名称中的字号申请登记并使用。为达到“傍名牌”“搭便车”、误导相关公众的不正当竞争目的，被告故意在生产、经营、销售活动中实施了以下行为：将企业名称简化使用作“昆冠”“云南昆冠”“云南·昆冠”；将未注册的“昆冠”“云南昆冠”“云南·昆冠”“昆一冠”文字或文字加图形冒充注册商标或作为商标使用在月饼等商品上；突出或单独使用案外人注册商标、原告企业字号“冠生园”字样；在其商品及企业简介中冒用“中华老字号”认证标志等质量标志；在企业简介中嫁接使用其他冠生园公司，做引人误解的虚假宣传；在生产、经营、销售活动中实施侵害原告美术作品著作权的行为；擅自使用与原告知名商品“梅花牌”云腿月饼近似的包装、装潢的行为，造成与原告知名商品的混淆。上述行为损害了原告的合法权益，扰乱了正常的市场秩序，遂诉至法院并有如上所请。

被告昆冠公司辩称：一、原告在一个案件中堆叠四种法律关系，诉讼逻辑混乱，从这一点上讲其起诉就不能成立；二、被告在生产、销售的商品上使用“昆冠”字样，是对企业名称的合法使用，不侵犯原告的商标权。原告商标是在2015年通过转让取得的，而被告在此之前早已取得了企业名称专有权，且原告的“昆冠”商标以图案为主，被告对“昆冠”文字的使用与原告注册商标不相同也不相似，相反，是原告没有根据核准使用的商标内容和范围使用商标；三、被告主张“昆冠”是其企业名称的简称没有事实依据；四、被告在商品包装上使用的牌坊加海浪的图案与原告主张的龙门商标及龙门图案作品在整体视觉效果和表达要素上有明显不同，不侵犯其商标权或著作权；五、被告商品的包装、装潢与原告“梅花牌”云腿月饼的包装、装潢不相同、不相似，不会引起混淆；六、“冠生园”相关知识产权归属于上海冠生园公司，原告不享有权利，无权提出侵权主张。综上，原告的诉求无事实和法律依据，且逻辑混乱、诉讼基础不明，请求法院驳回原告的全部诉讼请求。

反诉原告昆冠公司向本院提出反诉请求：1. 判令反诉被告立即停止侵害反诉原告企业名称权的行为，并在《春城晚报》公开致歉，消除影响；2. 判令反诉被告赔偿原告经济损失人民币50万元（包括反诉原告为制止涉案侵权行为支出的公证费1800元）；3. 本案全部诉讼费用由反诉被告承担。

事实和理由：2008年反诉原告注册成立，在登记确定的行业范围内依法享有企业名称专用权。2016年，反诉原告发现反诉被告在其生产、销售的月饼包装上多处使用反诉原告的字号“昆冠”字样，构成对反诉原告企业名称专用权的侵害，也引起了消费者对两者商品的误认和混淆。为维护自身合法权益，遂诉至法院并有如上所请。

反诉被告昆明冠生园公司辩称：一、“昆冠”是我方长期使用的企业名称的简称；二、“昆冠”也是我方依法享有专用权的注册商标；三、“昆冠”因我方的使用而被公众所知悉，被告的字号不具备企业名称被保护的条件。综上，请求法院驳回反诉原告的全部反诉请求。

综合双方当事人的诉辩主张及庭审中的陈述，本案的争议问题在于：一、昆冠公司是否侵犯了昆明冠生园公司的商标权、著作权，是否实施了擅自使用知名商品特有的包装、装潢，擅自使用他人的企业名称及简称，冒用认证标志和虚假宣传的不正当竞争行为；二、昆明冠生园公司是否实施了擅自使用他人企业名称的不正当竞争行为；三、如是，应如何承担责任。

围绕诉讼请求，昆明冠生园公司依法提交了如下证据：

第一组：1. 原告的营业执照，原告的历史资料；2. 原告获得的各类优秀企业证书；3.《商务部关于认定第一批“老字号”的通知》及“中华老字号”证书，《云南省商务厅关于认定第一批云南老字号的通知》及“第一批‘云南老字号’名单”，“梅花牌”商标被认定为“云南省著名商标”的荣誉证书，“梅花牌”商标被认定为“昆明市知名商标”的荣誉证书；4.“梅花牌”云腿月饼被授予“昆明名牌商品”的获奖证书；5. 成都九源兴国商贸有限公司出具的情况说明、营业执照、法定代表人身份证、“2016 年‘昆冠’中秋月饼价格表”及经销合同，昆明意阳指广告有限公司出具的《关于简称“昆明冠生园食品有限公司”为“昆冠”的说明》及其营业执照，李洪坤出具的情况说明及其身份证，昆明中林物业管理有限公司出具的《关于简称“昆明冠生园食品有限公司”为“昆冠”的说明》及经销合同，昆明嘉美包装有限公司出具的情况说明及其营业执照，汕头市金明印艺实业有限公司出具的情况说明及商品购销合同，成都庆千立礼品盒有限公司出具的情况说明，中山市明盛五金制品有限公司的“昆冠”100 周转箱照片，贵州凯玺贸易有限责任公司“2016 年昆冠价格表”及经销合同，安顺曾诚商贸有限公司“2016 年昆冠价格表”及经销合同，重庆凯年食品有限公司“2016 年中秋月饼礼盒价格表”及经销合同，重庆年润食品“2016 年中秋月饼礼盒订货表”；6. 商标转让协议及收据，“昆冠”第 757197 号商标注册证及商标转让证明、商标续展注册证明，“昆冠”第 10476231 号商标注册证；7. 被告的营业执照，企业名称预先核准通知书共 2 份；公司设立登记申请书，内资企业登记基本情况表；被告于 2009 年 11 月 2 日申请被驳回的四个商标详细信息，“云之冠”第 5826410 号商标注册证；9.（2011）宁知民初字第 151 号民事判决书，上海冠生园食品有限公司注册号为“7904386”“1590965”“6895650”“1959928”包含“冠生园”的 4 个商标详细信息，被告申请注册号为“7804113”的“冠—生—园”被驳回的详细信息；10.（2014）云昆明信证民初字第24233号公证书同，（2014）云昆明信证民字第24234号公证书，（2014）云昆明信证民字第24435号公证书；11.“2016年中秋月饼商品手册”及“2016年中秋月饼价目表”；12.（2015）昆知民初字第500号民事判决书，（2016）云民终第369号民事判决书。第二组证据：1.《商务部关于认定第一批“老字号”的通知》及“中华老字号”证书；2.（2014）云昆明信证民字第24233号公证书；3.（2014）云昆明信证民字第24234号公证书；4.（2014）云昆真元证字第8123号公证书；5.“2016年中秋月饼商品手册”；6.（2011）宁知民初字第151号民事判决书第27–29页。第三组证据：1.“昆冠”第7571997号商标注册证及其商标转让证明、商标续展注册证明，“昆冠”第10476231号商标注册证，“昆冠”商标近三年的使用证据（照片）；2.被告申请注册号为“7804141”“17306565”“17306566”“13036507”“13036506”涉及“昆一冠”“云南昆冠”“昆冠”等商标的详细信息；3.《类似商品和服务区分表》（2015版）P181–182，2016云昆真元证字第17980号公证书；4.西工商处字（2014）386号行政处罚决定书，《关于昆明冠生园食品有限公司公司名称和注册商标被侵权一事提请昆明市西山区工商行政管理局马街分局给予商标保护的投诉申请》；5.房屋租赁合同及厂房有偿使用协议书，2015年9月18日《春城晚报》；6.“2016年中秋月饼商品手册”“2016年中秋月饼价目表”及“订货意向”，（2016）云昆真元证字第18660号公证书。第四组证据：1.“龙门”牌商标注册证（第6061190号）及其著作权登记证书（第00025542号）；2. 原告第6061190号注册商标详细信息，被告申请注册号为13036506的“昆冠”商标详细信息；3.“梅花牌”商标注册证（第138832号）及其核准商标转让证明、核准续展注册证明；“梅花牌”商标注册证（第11268354号），“梅花牌”商标图形著作权登记证书（第00025544号）；4.《商务部关于认定第一批“老字号”的通知》及“中华老字号”证书，《云南省商务厅关于认定第一批云南老字号的通知》及”第一批‘云南老字号’名单“，“梅花牌”商标被认定为“云南省著名商标”的荣誉证书，“梅花牌”商标被认定为“昆明市知名商标”的荣誉证书；5.“梅花牌”云腿月饼被授予“昆明名牌商品”的获奖证书；6. 原告第 138832、11268354 号注册商标详细信息，被告申请注册号为 6382801、7804086、9490535、9490536、9490537 的“天下一冠”商标详细信息；7. 被告 2010 年生产的“硬壳火腿”“伍仁”“洗沙”“枣泥”纸包月饼的商品包装（照片）；8.（2014）云昆明信证民字第 24233 号公证书；9.（2016）云昆真元证字第 18660 号公证书。第五组证据：1. 商标转让协议，收据；2. 原告 2014—2016 年中秋月饼价目表，原告经销商“2016 年昆冠价格表”；3. 被告 2014、2016 年中秋月饼价格表，被告自 2008—2012 年理念企业年报信息（包含经营情况及财务报表等项）；4. 公证费发票，律师费发票。

昆冠公司依法提交了如下证据。第一组证据：1.《企业名称预先核准通知书》；2. 营业执照；3. 全国工业商品生产许可证。第二组证据：1. 商标注册证（第 6382801 号）；2. 商标注册证（第 7804141 号）。第三组证据：1. 商标注册证（第 757197 号）；2. 商标转让证明；3. 商标续展注册证明；4. 商标注册证（第 10476231 号）。第四组证据：1.“昆明冠生园食品有限公司中秋商品手册 2015”；2.“昆明冠生园食品有限公司中秋商品手册 2016”；3. 公证书［（2016）云昆国公证字第 26093 号］。第五组证据：1. 公证书［（2014）云昆明信证民字第 24435 号］；2. 公证书［（2015）云昆真元证字 6091 号］；3. 名片（李建文）；4. 公证书［（2016）云昆国正证字第 28736 号］；5. 照片；6. 云南金桂坊饼业有限公司企业工商登记信息；7. 云南金桂坊企业管理有限公司工商登记信息。第六组证据：1. 公证书［（2015）云昆真元证字第 6092 号］；2. 公证书［（2016）云昆国正证字第 28737 号］。第七组证据：1.《关于昆明冠生园食品有限公司名称和注册商标被侵权一事提请昆明市西山区工商行政管理局马街分局给予商标保护的投诉申请》；2. 行政处罚决定书（西工商处字〔2014〕386 号）。第八组证据：“天下一饦”商标详细信息。第九组证据：1. 云南省增值税普通发票（NO.17212866）；2. 云南省增值税普通发票（NO.17371059）。

本院组织当事人进行了证据交换和质证。对当事人无异议的证据，本院予以确认并在卷佐证。对有争议的证据和事实，本院认定如下：

1．昆冠公司针对（2014）云昆明信证民字第24435号公证书公证购买的被控侵权商品提出异议如下：在燎原商贸中心书林连锁店购买的商品标签上印有电话0871-66018068，而该电话号码同样印制在“李建文”的名片上，根据该名片的显示和昆冠公司提交的（2016）云昆国正证字第28736号公证书（内容为访问1jw2015.cn.china.cn网页并保全证据）保全的网页页面，该“李建文”系昆明冠生园公司销售人员，故昆明冠生园公司有故意制假、售假、买假、栽赃陷害昆冠公司之嫌。对此，本院认为：一、昆冠公司指称标签上印有电话0871-66018068的商品为包装简易、保质期较短的面包、糕点和甜食商品，月饼商品包装上并未印制该电话号码；二、印有电话的标签上，同时记载了生产者为昆冠公司；三、昆冠公司虽然以名片和网页佐证李建文的身份，但尚不足以确定该自然人的存在、与昆明冠生园公司之间的联系，以及该座机电话号码一直由其使用的事实，即便有进一步证据锁定李建文确系昆明冠生园公司的销售总监，也不能基于商品上印有此人的电话，即得出相关商品并非由昆冠公司生产的结论，昆冠公司主张的事实和结论之间不具有必然的因果联系；四、（2014）云昆明信证民字第24435号公证书作为前案的定案依据，其中记载的公证购买的商品已经被生效判决确定为昆冠公司生产的侵权商品，在无确实、有效的证据予以反驳的情况下，经生效判决认定的案件事实和相关要素应当在本案中被采纳。在商标侵权纠纷中，权利人以公证购买被控侵权商品的方式基本完成了对侵权行为和侵权主体的举证责任，可以向商品上标明的或销售者披露的生产者主张权利，若对其苛以更进一步证明商品来源的举证责任即证明该商品确系商品标明的生产者生产的，既不符合审判规律，也无端增加了诉讼成本。相反，如果被诉侵权人对商品来源有异议，特别在争议的商品是食品，有较之普通商品更严格的生产、销售管理流程的情况下，由于被诉侵权人掌握着其生产、销售的相关数据，更容易提出确实、有效的反驳证据，如被诉侵权人是否生产过该批次商品、该批次商品的市场流向如何等。故在此等情形下，将对商品来源的举证责任分配给被诉侵权人，并由其承担举证不能的后果，更为合理。基于上述理由，昆冠公司虽对（2014）云昆明信证民字第24435号公证书公证购买的部分商品来源提出异议，但其所提交的证据尚不足以支持其异议主张，故本院对其证明目的不予采纳；昆冠公司提交（2016）云昆国正证字第28737号公证书（内容为访问 www.beilanjituan.com 网页并保全证据），目的在于反驳昆明冠生园公司在另案中提供的（2015）云昆真元证字第6902号公证书，但本案中昆明冠生园公司未将（2015）云昆真元证字第6902号公证书作为证据提交，也未以该公证购买的商品作为被控侵权商品在本案中主张权利，故（2016）云昆国正证字第28737号公证书与本案争议无关联性，在本案中不予审查。

根据当事人陈述和经审查确认的证据，本院认定事实如下：

昆明冠生园公司成立于1986年1月13日，是一家自然人投资或控股的有限责任公司，经营范围包括糕点、饼干、面包、巧克力、面点的生产销售；散装食品、预包装食品的销售；停车场服务。该公司通过注册和转让，经营了以下几个商标：

第757197号“”商标，商标核定使用商品为第30类：月饼，糕点，糖果，面包，饼干，冰淇淋。该商标由昆明华生食品厂注册于1995年7月21日，昆明冠生园公司于2015年12月13日经核准转让取得。第10476231号“”商标，商标核定使用商品为第30类：蜂蜜；玉米粉；通心粉；玉米花；食用土豆粉；调味品（截止）。该商标由昆明冠生园公司于2013年6月7日注册取得。针对上述商标的使用情况，昆明冠生园公司提供商品照片主张其在月饼包装盒上使用了文字“昆冠好礼”“昆冠典藏”“昆冠礼”。

第6061190号“”商标，商标核定使用商品为第30类：月饼；咖啡；茶；糖果；非医用营养品；糕点；八宝饭；粽子；包子；含淀粉食品（截止）。该商标由昆明冠生园公司于2009年12月21日注册取得。该商标图形即《龙门商标图形》（）于1980年1月3日创作完成，1980年2月10日在云南首次发表，2010年4月22日取得著作权登记，登记号为2010-F-025542。

第138832号“”商标，商标核定使用商品为第38类：饼干等。

该商标由昆明冠生园糕点厂注册于1980年，昆明冠生园公司于2006年2月28日经核准转让取得。第11268354号“ ”商标，商标核定使用商品为第30类：曲奇饼干；华夫饼干；面包；馅饼（点心）；糕点；麻花；月饼（截止）。该商标由昆明冠生园公司于2014年4月21日注册取得。上述商标图形即《梅花商标图形》（ ）于1980年1月3日创作完成，1980年2月10日在云南首次发表，2010年4月22日取得著作权登记，登记号为2010-F-025544。昆明冠生园公司注册商标“梅花牌”商标于2006年被认定为“中华老字号”；2011年被认定为“云南老字号”；2010年被认定为“云南省著名商标”；2013年被认定为“昆明市知名商标”。昆明冠生园公司生产的“梅花牌”云腿月饼于2011年、2014年被连续评定为“昆明名牌商品”。昆明冠生园公司将龙门和梅花商标一并使用在梅花牌云腿月饼上。

昆冠公司成立于2008年4月9日，是一家自然人投资或控股的有限责任公司，经营范围包括糕点、月饼、面包的加工销售；分装销售：糖类、梅子；预包装食品、塑料制品（塑料购物袋除外）、纸及纸制品的销售。该公司名称即“云南昆冠食品有限公司”于2008年3月20日经预先核准审核通过。2010年3月14日，该公司注册取得了第6382801号“ ”商标（图形下方外缘的文字为“天下一冠”），商标核定使用商品为第30类：糖果；糖；软糖（糖果）；酥糖；皮糖；小蛋糕（糕点）；蛋糕糊；蛋白杏仁饼（糕点）；热狗；馅饼（点心）（截止）。

2014年8月15日，云南省昆明市明信公证处应上海冠生园食品有限公司的代理人提出的申请，对其在昆明市场购买被控侵权商品的行为进行证据保全。该公证处指派公证人员会同申请人的代理人来到昆明市云大西路昆明市新广丰综合批发市场，在“新广丰C区11幢3号”店铺内购买了：外包装正面标识有“云南昆冠”“彩云追月”等字样、外包装背面标识有“制造商：云南昆冠食品有限公司”等字样的商品一盒；外包装正面标识有“苏州冠生园”“吉祥美满”等字样、外包装背面标识有“制造商：云南昆冠食品有限公司”等字样的商品一盒；外包装标识有“冠生园月饼”“制造商：云南昆冠食品有限公司”等字样的商品一箱；外包装标识有“云南昆冠”“制造商：云南昆冠食品有限公司”等字样的商品十个；外包装标识有“冠生园”“中秋月饼”“制造商：云南昆冠食品有限公司”等字样的商品两个以及商品宣传册。公证人员对上述购买的商品进行了拍照、封装，交由申请人的代理人保管，并依据上述事实过程制作了（2014）云昆明信证民字第24233号公证书。

2014年8月15日，云南省昆明市明信公证处应上海冠生园食品有限公司的代理人提出的申请，对其在昆明市场购买被控侵权商品的行为进行证据保全。该公证处指派公证人员会同申请人的代理人来到昆明市巫家巷378号，在门牌标识为“云南昆冠食品有限公司”厂区内的“云南昆冠营销部”购买了外包装正面标识有“冠生园”“云南昆冠”“中国团圆”等字样、外包装背面标识有“制造商：云南昆冠食品有限公司”等字样的商品两盒以及商品宣传册。公证人员对上述购买的商品进行了拍照、封装，交由申请人的代理人保管，并依据上述事实过程制作了（2014）云昆明信证民字第24234号公证书。

2014年8月18日，云南省昆明市明信公证处应上海冠生园食品有限公司的代理人提出的申请，对其在昆明市场购买被控侵权商品的行为进行证据保全。该公证处指派公证人员会同申请人的代理人来到昆明市书林街，在门头标识为“燎原商贸中心书林连锁店”的店铺内购买了：外包装标识有“冠生园”等字样的商品二十一个；外包装标识有“云南昆冠”“制造商：云南昆冠食品有限公司”等字样的商品二十个；外包装标识有“冠生园”“中秋月饼”“制造商：云南昆冠食品有限公司”等字样的商品十五个。公证人员对上述购买的商品进行了拍照、封装，交由申请人的代理人保管，并依据上述事实过程制作了（2014）云昆明信证民字第24235号公证书。

上述公证书在（2015）昆知民初字第500号上海冠生园食品有限公司诉昆冠公司侵害商标权、不正当竞争纠纷一案中作为证据被法院采信。（2015）昆知民初字第500号民事判决书认定：1. 昆冠公司系上述公证购买商品的生产者、销售者；2. 上述公证购买商品构成对上海冠生园食品有限公司第6895650号文字“冠生园”加“生”字图形商标专用权的侵犯，并判处昆冠公司承担停止生产、销售侵权商品及赔偿损失的侵权责任。云南省高级人民法院以（2016）云民终 369 号民事判决书维持了一审判决。

2014 年 7 月 28 日，昆明冠生园公司为保护自身权益，申请公证人通过互联网访问“昆明冠生园”网页并保全证据，因此形成（2014）云昆真元第 8123 号公证书。经查，上述公证书内容未能反映与昆冠公司有关联，无证据显示公证人员登录网站的主办者是昆冠公司，该事实也在（2015）昆知民初字第 500 号案中被确认。

2016 年 8 月 4 日，昆明冠生园公司申请公证人通过互联网访问全国企业信用信息公示系统查询“云南昆冠食品有限公司”的企业登记信息，然后通过中国商标网查询该公司的部分注册商标及昆冠公司申请注册的部分商标状态的行为及相关网页内容进行保全证据，因此形成（2016）云昆真元证字第 17980 号公证书。

2016 年 8 月 8 日，云南省昆明市真元公证处应昆明冠生园公司的代理人提出的申请，对其在昆明市场购买被控侵权商品的行为进行证据保全。该公证处指派公证人员会同申请人的代理人来到昆明市巫家巷 378 号“云南昆冠营销部”，在展示的商品中挑选了四盒月饼礼盒欲行购买，销售人员告知需要到位于昆明市呈贡工业园绿色产业园区提取所购商品。申请人的代理人在当天支付货款后向销售人员索要并获得了发票、订货单、宣传册及销售人员名片。次日，公证人员随同申请人的代理人前往位于昆明市呈贡工业园绿色产业园区水星家居纺织工业品厂 7 号楼找到工作人员，提取了四盒月饼礼盒，索要并获得了出货单。公证人员对上述整个购买过程进行了现场保全，对上述所涉及的销售商店门面、提货点门面、位置以及销售的商品等依据现场情况进行了不同程度的拍照。对取得的商品、收据、发票、宣传册进行拍照、封装，交申请人保管，并依据上述事实过程制作了（2016）云昆真元证字第 18660 号公证书。根据公证书所附照片的显示：1.“云南昆冠营销部”陈列架标签上标有“冠生园月饼”字样；2. 在商品内、外包装上标有“云南昆冠”“昆一冠”字样及上述文字与图形的组合；3. 在“锦上添花”月饼礼盒内合格证上标有“百年经典”“饼食至尊”字样；4. 在“中国团圆礼”月饼礼盒上标有注册商标；5. 在销售人员名片上标有“冠生园”字样。

此外，在上述公证保全过程中取得的 2014、2016 年昆冠公司中秋月饼商品手册上，印有如下内容：1.“吾有利，客无利，则客不存矣；……唯诚利相兼，客吾皆共赢。甲午年仲秋于昆明 冠生园（印）”（2014 年及 2016 年）；2.“冠生园 1910 年始创于中国上海……”接“昆冠在发展历程中……”（2014 年）；3.“苏州冠生园 1910 年创始于中国苏州……”接“云南昆冠 1990 年成立于昆明，二十余年来专注滇式中秋月饼的品质发展……”（2016 年）。在上述公证保全过程中取得的 2016 年昆冠公司价格表上，印有“中华老字号”“百年经典”字样。

2016 年 9 月 12 日，云南省昆明市国正公证处应昆冠公司的代理人提出的申请，指派公证人员会同申请人的代理人于次日来到昆明市南屏街 88 号世纪广场“家乐福世纪店”，对其购买昆明冠生园食品有限公司生产的锦绣富贵月饼一盒、百年红运月饼一盒、金碧呈祥月饼一盒，以及取得收银小票和开具发票的过程进行了现场保全，并依据上述事实过程制作了（2016）云昆国正证字第 26093 号公证书。根据公证书所附照片的显示：上述月饼商品单个包装上印有“昆冠好礼”字样。

2016 年 11 月 28 日，昆冠公司为保护自身权益，申请公证人通过互联网访问 1jw2015.cn.china.cn、www.beilanjituan.com 网页并保全证据，因此形成（2016）云昆国正证字第 28736、28737 号公证书。

2014 年 6 月 30 日，昆明冠生园公司以昆冠公司在其商品外包装上和商品宣传过程中使用与其“梅花”“龙门”商标相同、近似的图形、文字，以及大量使用“冠生园”字样为由向昆明市西山工商行政管理局马街分局递交投诉材料。2014 年 9 月 23 日，昆明市西山区工商行政管理局作出西工商处字〔2014〕386 号行政处罚决定书，对昆冠公司将未注册商标冒充注册商标使用，在月饼外包装盒上使用未取得商标注册证的“云南昆冠加图形”标识的行为做出处罚。

另，在 2011 年冠生园（集团）公司诉苏州市冠生园食品厂侵害商标权、不正当竞争纠纷一案中，江苏省南京市中级人民法院以（2011）宁知民初字第151号民事判决书确认事实及相关权利如下：1.苏州市冠生园食品厂将与他人注册商标相同或者相近似的文字作为企业的字号在相同或者类似商品上突出使用，容易使相关公众产生误认，侵犯了商标权人冠生园（集团）公司的权利；2.苏州市冠生园食品厂宣传“冼冠生是其创始人”“百年老字号”并在商品外包装上标注“百年经典”字样构成虚假宣传的不正当竞争行为；3.苏州市冠生园食品厂在宣传中使用“中华老字号”构成冒用认证标志的不正当竞争行为；4.苏州市冠生园食品厂在网站中突出使用“冠生园”字样、在商品外包装上直接使用“冠生园”字样、冒用“冠生园”品牌与他人合资成立新公司并约定收取品牌使用费构成擅自使用原告注册商标的不正当竞争行为；5.“冠生园”是苏州市冠生园食品厂的企业字号，其使用可以追溯至1990年，由于其存在上述商标侵权和不正当竞争行为，法院判令其在生产经营活动中规范使用企业名称和“冠生园”字号，不得突出使用企业字号。

对本案争议焦点，本院做如下评判：

本案中，昆明冠生园公司一并主张了昆冠公司侵犯其商标权、著作权，并有擅自使用知名商品特有的包装、装潢，擅自使用他人的企业名称和简称、冒用认证标志等仿冒行为、虚假宣传行为以及将未注册商标冒充注册商标使用或作为商标使用的违法行为。昆冠公司主张昆明冠生园公司有擅自使用其企业名称的不正当竞争行为。当事人主张的事实和法律关系较多，具体权利的内容和侵权的构成各有不同，商标比对与作品比对的方法及原则也大相径庭，为了让衡量标准和裁判尺度更为明晰，避免从概念到概念的说理，本院认为有必要在对具体诉请作阐述之前对处理本案的逻辑架构、分析路径做出说明。

处理本案的逻辑架构是建立在两个基本点上的，换言之，对双方当事人之间争议的评判是在两个前提下展开的：一是权利，二是行为。享有权利是当事人诉请成立的前提条件之一，如主张商标侵权，首先应享有商标权。权利的内容是由法律规定的，但这种规定是抽象的，又受到权利人的自主行为影响而有不同的呈现，因此权利覆盖的利益范围需要进一步解释。被诉侵权人有所行为，是当事人诉请成立的另一个前提条件，因为该行为产生外部性（即行为对外造成的影响），且与权利人的利益重叠、冲突，才引发法律的介入，界定利益范围、判断行为性质，以及确定法律上的后果。故，在本案涉及的全部争议中权利和行为缺一不可，若当事人不具备权利，抑或利益范围小于其权利主张；被诉侵权人没有行为，抑或行为产生的外部性并未与当事人享有的权利内容产生重叠、冲突，则其诉请均缺乏基本的逻辑支点，而不能成立。

归纳当事人双方的争议，本案需处理以下几个问题：

一、“昆冠”之争

昆明冠生园公司主张其对“昆冠”二字享有的利益基于两个权利来源：1. 昆冠是昆明冠生园公司第 757197 号“”商标和第 10476231 号“”商标的文字部分；2. 昆冠是昆明冠生园公司在业内公认的简称。针对上述两点，做以下分析：

《中华人民共和国商标法》第五十六条规定，注册商标的专用权，以核准注册的商标和核定使用的商品为限。第 757197 号“”商标和第 10476231 号“”商标都是文字加图形的组合商标，并且文字部分都做了艺术化变形处理与图形部分共同形成构图，构图是上述商标视觉观察的重点。昆冠公司在商品上对“昆冠”二字的使用，多以“昆冠”“云南昆冠”“云南·昆冠”的文字状态出现，有的会辅以图形装饰，但无论文字还是文字与图形的结合均未与第 757197 号“”商标和第 10476231 号“”商标构成相同和近似，不会造成相关公众的混淆、误认。对于昆明冠生园公司提出其商标中的文字部分“昆冠”应受保护的观点，本院认为，在有些组合商标中，文字是其商标的主要识别部分，使用与其商标文字相同、近似的文字，足以引发相关公众混淆、误认的，即可构成商标侵权。还有一些商标，文字虽然不一定是其商标的主要识别部分，但由于其商标知名度很高，使用与其商标文字相同、近似的文字，乃至于呼叫相同的文字（如对外文商标的音译）也可能引发相关公众关于商品（或服务）来源于同一提供者或关联企业的联想，从而构成商标侵权。在本案中，昆明冠生园公司的上述商标，文字并非其主要识别部分，同时，昆明冠生园公司也未举证证明上述商标具有较高的知名度，故其不具备要求单独保护商标文字的权利基础。因此，昆冠公司对“昆冠”二字的使用未侵犯昆明冠生园公司的注册商标专用权。

企业名称的简称源于语言交流的方便。企业简称的形成与两个过程有关：一是企业自身使用简称代替其正式名称；二是社会公众对于企业简称的认同，即认可企业简称与其正式名称所指代对象为同一企业。由于简称省略了正式名称中某些具有限定作用的要素，可能会不适当地扩大正式名称所指代的对象范围。因此，企业简称能否特指该企业，取决于该企业简称是否为相关社会公众所认可，并在相关社会公众中建立起与该企业的稳定的关联关系。对于具有一定市场知名度、为相关社会公众所熟知并已经实际具有商号作用的企业或者企业名称的简称，可以视为企业名称。如果经过使用和社会公众认同，企业的特定简称已经在特定地域内为相关社会公众所认可，具有相应的市场知名度，与该企业建立了稳定的关联关系，具有识别市场经营主体的商业标识意义，他人在后擅自使用该知名企业简称，足以使特定地域内的相关社会公众对在后使用者和在先企业之间发生市场主体的混淆、误认，在后使用者就会不恰当地利用在先企业的商誉，侵害在先企业的合法权益。具有此种情形的，应当将在先企业的特定简称视为企业名称，并根据《中华人民共和国反不正当竞争法》第五条第（三）项规定加以保护。

本案中，昆明冠生园公司针对其主张的企业名称简称的形成提交了一组与其有业务交往的单位出具的情况说明和经销合同。虽然上述单位认为“昆冠”是昆明冠生园公司的简称，但从所附经销合同（该经销合同系昆明冠生园公司提供的格式合同）来看，合同抬头标明的都是“昆明冠生园”。经审查，可以得出以下结论：1. 昆明冠生园公司未表现出以简称“昆冠”替代正式名称的主观意图，相反为了强调其具有“冠生园”血统，更倾向于使用“昆明冠生园”的全称。目前，没有证据显示，昆明冠生园公司对“昆冠”简称有主动使用的行为，且该使用在昆冠公司之前；2. 昆明冠生园公司提供的是月饼、糕点、甜食等大众消费品，对于相关社会公众的界定应当包含消费者，特别是昆明冠生园公司和昆冠公司共同所在区域内的消费者，而目前也无证据显示消费者认可“昆冠”与昆明冠生园公司产生稳定的关联联系。因此，昆明冠生园公司主张的简称不具备视为企业名称保护的基础。

根据前述分析，“昆冠”文字不能等同于昆明冠生园公司的注册商标，也不是昆明冠生园公司经过主动使用为相关社会公众所认可的具有商业识别意义的企业简称，故昆明冠生园公司的第1项诉讼请求缺乏权利基础，本院不予支持。

对昆明冠生园公司的第4项诉讼请求，即“判令被告立即停止在其全部生产、经营、销售月饼活动中将‘昆冠’‘云南昆冠’‘云南·昆冠’‘昆一冠’等文字或文字加图形冒充注册商标使用或者作为商标使用”的主张，属于《中华人民共和国商标法》第五十二条规定的，应由地方工商行政管理部门予以查处的行为，故在本案中不予评判。

为了全面处理对“昆冠”使用行为的争议，在此对昆冠公司的反诉请求一并评判。昆冠公司反诉请求的提出基于对其企业名称享有的利益，“昆冠”是其经企业登记主管机关依法登记注册的企业名称的字号部分。《中华人民共和国反不正当竞争法》第五条规定：“经营者不得采用下列不正当手段从事市场交易，损害竞争对手：……（三）擅自使用他人的企业名称或者姓名，引人误认为是他人的商品；……”据此，使用他人企业名称构成不正当竞争的，应当具备以下要素：使用者与被使用者一般存在同业竞争关系；使用行为未征得被使用人的许可，属擅自使用；被使用的企业名称在市场上具有一定的知名度，为相关公众所知悉；使用行为易使相关公众将使用人提供的商品误认为是被使用人的商品。本案中，一方面昆冠公司未提交证据证实其企业名称的知名度，另一方面昆明冠生园虽然在月饼礼盒内的部分单个商品包装上使用了“昆冠好礼”字样（昆明冠生园公司将这种使用解释为对商标的使用），但在月饼礼盒外包装上突出标明了“昆明冠生园”字号，昆明冠生园公司对“昆冠”字样的使用方式不足以使相关公众对商品的提供者产生误认。进而，昆明冠生园公司未严格依照核准注册的商标使用，自行改变注册商标，单独使用注册商标文字部分的行为，违反了商标使用的管理规定，但并未构成《中华人民共和国反不正当竞争法》第五条第（三）项规定的仿冒行为，即该行为的外部性未与昆冠公司已取得的利益产生重叠、冲突，故本院对昆冠公司的全部反诉请求亦不支持。

二、“冠生园”的使用

目前，国内尚存在一些以“地名 + 冠生园”为字号的企业，这些企业对“冠生园”字号的使用往往有可追溯的历史来源。本案中，昆明冠生园公司提交的证据虽不能还原其主张的从 1939 年“冠生园昆明支店”承继而来的历史过程，但从其企业登记信息来看，该公司对“昆明冠生园”字号的使用至少自 1986 年延续至今。“冠生园”是此类冠生园公司长期使用的企业字号，但为了区别生产企业和商品来源，在其生产经营活动中应规范使用企业名称和“冠生园”字号，即应以“地名 + 冠生园”的组合，不突出“冠生园”的方式使用。本院认为，如无特殊情形，昆明冠生园公司享有企业名称权亦不应扩大、超出上述范围。

昆冠公司因其对“冠生园”的使用行为，已在（2015）昆知民初字第 500 号案件中，被判令向“冠生园”商标的持有者承担侵权责任。在此基础上，继续引导其他企业名称中含有“冠生园”字样的主体就同一事实、同一行为，分别再向昆冠公司主张侵权赔偿，有失公允。客观上讲，昆冠公司使用“冠生园”文字的背后，并非意图攀附昆明冠生园公司的商誉，该行为引发的混淆存在于昆冠公司提供的商品与“冠生园”品牌商品之间。因而，判令其向“冠生园”商标的持有者承担责任更符合事实。

在此项争议中，昆明冠生园公司对“冠生园”字号既有合法登记，也有可追溯的使用行为，当然享有权利；昆冠公司对“冠生园”字样的非法使用也产生了负的外部性；但进一步分析，该使用的意图在于通过攀附“冠生园”驰名商标而获利，在无证据证实相关公众误将上述商品认为是由昆明冠生园公司提供的前提下，受到该行为影响的应是“冠生园”注册商标专用权人。因此，本院对昆明冠生园公司的第 2 项诉讼请求不予支持。

三、“龙门”商标与“梅花”牌商品

昆明冠生园公司拥有第 6061190 号“ ”商标的注册商标专用权和该商标图形即《龙门商标图形》著作权。本案中，昆明冠生园公司主张昆冠公司在其生产的月饼纸包装上使用的图形同时侵犯了其上述商标专用权、上述作品的修改权和保护作品完整权，并构成对其商品包装、装潢的仿冒。对此分别分析如下：

争议作品在作品类型上属于《中华人民共和国著作权法》第三条第（四）项、《中华人民共和国著作权法实施条例》第四条规定的美术作品，是指绘画、书法、雕塑等以线条、色彩或者其他方式构成的有审美意义的平面或者立体的造型艺术作品。就美术作品而言，由形体、明暗、色彩、空间、材质、肌理等视觉语言汇组而成的创造物是区别于其主题思想的具体表达。以普通观赏者的角度审视，昆冠公司使用在月饼包装上以牌坊为主题的图案在具体表达上与昆明冠生园公司之间《龙门商标图形》作品之间存较大区别：1. 观察整体构图，《龙门商标图形》作品由明月、牌坊、拱桥、山石、草木、流云组成，牌坊和拱桥在构图中占比较大，呈现出古朴、静谧的意境；昆冠公司包装图案由牌坊、龙柱、海浪、祥云组成，各组成部分占比较为均匀，呈现喜庆、浪漫的意境。2. 观察构图中的线条起伏，《龙门商标图形》作品多使用平直、简约的线条，以正方、长方、正圆、正弧突出画面的稳定性；昆冠公司包装图案所使用曲折、多变的线条，以波浪、雕花、扭转的弧线展现画面的灵动感。3. 观察构图中的具体块面，对于双方在表达题材上都选择了的牌坊，《龙门商标图形》作品以简单的长方形立柱和瓦顶组成，辅以山石、拱桥，展现出一幅现实存在的山中古坊景象；昆冠公司包装图案则以华丽的龙柱和繁琐的雕花组成，牌坊直接架设在浪头、云端，展现的是一种想象中的空中楼阁景象。目前，没有证据显示昆冠公司包装图案是来源于《龙门商标图形》作品，所体现的作者个性、风格、绘画技巧、素材取舍、细节安排等也体现出较大差异。

修改权是指作者在作品发表之后因思想、观点发生改变而修改其作品的权利，修改权的功能是保护作者自己修改作品的自由不受妨碍，他人无正当理由阻止作者修改作品，才是侵犯修改权的表现。本案中，并无证据显示昆冠公司有阻止冠生园公司修改其作品的行为，故昆明冠生园公司该项主张不成立。

保护作品完整权维护的是作品的内容、观点、形式不受歪曲、篡改，其基础是对作品中表现出来的作者的个性和作品本身的尊重，其意义在于保护作者的名誉、声望以及维护作品的纯洁性。因昆明冠生园未举证证实昆冠公司月饼包装是对其《龙门商标图形》作品的使用，且客观上起到歪曲、篡改的效果，进而其该项主张亦不成立。

《商标法》保护的是商标背后的商誉，判断诉争标识与注册商标是否相同或近似，考察的是商标标志的构成要素及其整体的近似程度，以是否容易导致混淆作为判断标准。同时应当综合考虑商标的显著性和知名度、所使用商品的关联程度、注册商标与诉争标识使用的历史和现状等其他相关因素。

昆明冠生园公司第6061190号“ ”商标与被诉侵权标识均使用在商品类别第30类月饼商品上，两者属于相同商品。将被诉侵权标识与第6061190“ ”商标进行隔离比对，对整体和要部加以充分观察，可以得出二者近似的认定结论，具体理由如下：1. 第6061190号“ ”商标与被诉侵权标识都是以圆形外框框定的图形标识，框内图案的显著部分为古建筑牌坊，牌坊均位于圆框内左侧，二者的整体结构、主要构成要素及组合相似；2. 所使用商品为月饼，属大众消费品，相关公众在选购这一类商品时的不会投入极高的注意力，此等程度的相似足以使其将以往在头脑中留下的对昆明冠生园商品“ ”商标的印象和自己正在感知、筛选的被控侵权商品标识相混淆；3. 昆明冠生园公司第6061190号“ ”商标于2009年12月21日注册，至今已经在梅花牌名牌商品上经过了较长时间的使用，为相关公众所熟悉，同类商品的经营者应合理避让该注册商标专用权，以区别商品来源，方便消费者加以识别。因此，昆冠公司的使用行为构成《商标法》第五十七条第（二）项规定的，未经商标注册人的许可，在同一种商品上使用与其注册商标近似的商标，容易导致混淆的情形，属侵犯注册商标专用权。故本院对昆明冠生园公司第5项诉讼请求予以支持。

就昆冠公司是否同时构成对昆明冠生园公司知名商品包装、装潢的仿冒的问题，盛装或者保护商品的容器等包装，以及在商品或者其包装上附加的文字、图案、色彩及其排列组合所构成的装潢，在其能够区别商品来源时，即属于《中华人民共和国反不正当竞争法》第五条第（二）项所保护的特有包装、装潢。结合本案做进一步分析：1. 昆明冠生园公司主张保护的云腿月饼使用的包装、装潢的构成为“纸包装＋商标（龙门和梅花）+字号”，这种要素和要素的组合，在月饼食品包装行业并不具特有性，所形成的包装、装潢不具有区别商品来源的显著特征。商品来源的识别功能仍是由所印商标和字号实现的；2.昆冠公司所使用的月饼纸包装由“牌坊图案+商品名称+商标组成”，虽然其中使用的牌坊图案与昆明冠生园公司的龙门商标相近似，易引其市场混淆、误认（对此在前述分析中已经确认），但是，只要昆冠公司停止使用被诉牌坊图案，以与昆明冠生园公司龙门商标不相同、不近似的图案，即便仍与现有构成要素：商品名称、自有商标（昆明冠生园公司并未主张该天下一冠商标与梅花商标构成近似）组成包装、装潢，亦足以使其商品与昆明冠生园公司生产的梅花牌云腿月饼商品区别开来。通过对商标专用权的保护足以实现保护昆明冠生园公司商誉和商业利益的目的，故本院对昆明冠生园公司第6项诉讼请求不予支持。

在昆明冠生园公司第5、6项诉请的背后，双方当事人争议的是月饼纸包装上出现的各种标识及其组合，通过剥离、分析这些标识，不难看出，昆明冠生园公司云腿月饼纸包装中起到主要识别作用的是其为相关公众所知悉的商标，昆冠公司的使用行为构成了对注册商标的直接侵权（即昆冠公司行为的外部性直接投射到昆明冠生园公司的商标专用权上），对注册商标专用权给予充分保护，足以起到保护在先商标权、区分商品来源、避免市场混淆的目的。

四、冒用认证标志和虚假宣传

昆明冠生园公司主张昆冠公司在其2016年昆冠公司价格表上印有“中华老字号”字样，构成冒用认证标识的仿冒行为。《中华人民共和国反不正当竞争法》第五条第（四）项界定的冒用认证标志行为是，在商品上伪造或者冒用认证标志、名优标志等质量标志，伪造产地，对商品质量作引人误解的虚假表示。由于昆明冠生园公司未举证证明昆冠公司有在商品上冒用认证标志的行为，故对其该项主张不予采纳，但是昆冠公司在对客户发放的产品价格表上印制其并不具备的“中华老字号”字样与其他不当宣传行为一并构成了虚假宣传的不正当竞争行为。

商品经营者向市场提供虚假的宣传信息，或者提供的商品宣传信息虽然内容真实，但由于不准确或不全面，足以导致商品销售者或消费者对商品产生错误认识的，都构成引人误解的虚假宣传的不正当竞争行为。应承担民事责任的虚假宣传行为，应具备经营者之间具有竞争关系、有关宣传内容足以造成相关公众的误解、对经营者造成了直接损害三个基本条件。

本案中，昆冠公司不当宣传内容分为两类：一类是直接以虚假内容编造经营历史的，如“云南昆冠 1990 年成立于昆明，二十余年来专注滇式中秋月饼的品质发展……”“中华老字号”“百年经典”；另一类是嫁接冠生园企业信息，容易引发误解的，如“吾有利，客无利，则客不存矣；……唯诚利相兼，客吾皆共赢。甲午年仲秋于昆明冠生园（印）”“冠生园 1910 年始创于中国上海……”“苏州冠生园 1910 年创始于中国苏州……”。前者由于提供了不真实的信息构成虚假宣传，后者提供的信息与昆冠公司企业自身并无关联，但在其企业简介中出现，可能引发相关公众误认为昆冠公司与冠生园企业之间存在承继、关联关系，亦属引人误解的虚假宣传，应有所规范。上述宣传内容投入市场，会进一步误导消费者选择昆冠公司商品、拒绝接受其他同类商品，使得整个商品市场形成扭曲的信号，连带伤害诚实经营者，故昆冠公司对此应当承担法律责任。至于昆冠公司自称“饼食至尊”的宣传行为，属于《最高人民法院关于审理不正当竞争民事案件应用法律若干问题的解释》第八条所述，以明显的夸张方式宣传商品，不足以造成相关公众误解的，不属于引人误解的虚假宣传行为。

五、法律责任的承担

根据前述分析，昆冠公司侵犯了昆明冠生园公司第 6061190 号“”商标专用权，并构成虚假宣传的不正当竞争行为。对昆明冠生园公司要求判令昆冠公司立即停止生产、销售侵犯其注册商标专用权的月饼商品和停止虚假宣传的不正当竞争行为，本院认为属于制止侵权的合理要求，依法予以支持。对要求昆冠公司赔礼道歉的请求，由于支持昆明冠生园公司诉请成立的均系财产性权利，对该财产权的损害，不宜以赔礼道歉的方式承担责任，且判令停止使用和规范宣传已经足以消除影响，故对该诉请，本院不予支持。对要求昆冠公司赔偿经济损失及为制止侵权行为而支付的合理费用共计 50 万元，由于昆明冠生园公司没有举证其因侵权受到的损失以及昆冠公司的侵权获利，本院在综合考虑涉案注册商标及相关商品的公众认知程度、侵权行为及不正当竞争行为的性质和持续时间、所在地区经济发展状况及当事人配合诉讼程度等因素后，酌情判决昆冠公司赔偿昆明冠生园公司经济损失及合理费用开支共计人民币2万元。

综上所述，本院认为，昆明冠生园公司的部分诉讼主张成立，其相应诉讼请求应得到支持，昆冠公司的反诉主张不成立，本院不予支持。本院依照《中华人民共和国商标法》第五十六条、第五十七条第（二）项、第六十条，《中华人民共和国著作权法》第三条第（四）项，《中华人民共和国著作权法实施条例》第四条，《中华人民共和国反不正当竞争法》第五条第（二）、（三）、（四）项和第九条，《最高人民法院关于审理不正当竞争民事案件应用法律若干问题的解释》第八条之规定，判决如下：

一、被告云南昆冠食品有限公司在本判决发生法律效力之日起立即停止生产、销售侵犯原告昆明冠生园食品有限公司第6061190号“”注册商标的商品；

二、被告云南昆冠食品有限公司在本判决发生法律效力之日起立即停止“云南昆冠1990年成立于昆明，二十余年来专注滇式中秋月饼的品质发展”“中华老字号”“百年经典”等虚构经营年限以及攀附业内知名企业的虚假宣传的不正当竞争行为；

三、被告云南昆冠食品有限公司在本判决生效之日起十日内赔偿原告昆明冠生园食品有限公司经济损失和因维权支出的合理费用共计人民币20000元；

四、驳回原告昆明冠生园食品有限公司的其他诉讼请求；

五、驳回反诉原告云南昆冠食品有限公司的全部反诉请求。

如果未按本判决指定的期间履行给付金钱义务，应当依照《中华人民共和国民事诉讼法》第二百五十三条之规定，加倍支付迟延履行期间的债务利息。

本案本诉案件受理费人民币8800元，由原告冠生园食品有限公司负担3520元，由被告云南昆冠食品有限公司负担5280元。反诉案件受理费人民币 4400 元，由反诉原告云南昆冠食品有限公司负担。

如不服本判决，可于收到判决书之日起十五日内，向本院递交上诉状，并按对方当事人的人数提出副本，上诉于云南省高级人民法院。

审　判　长　沈　男
代理审判员　王　立
人民陪审员　余小兵

二〇一七年一月十一日

书　记　员　樊玥彤

云南盈鼎生物能源股份有限公司诉中国石化销售有限公司云南石油分公司、中国石化销售有限公司拒绝交易纠纷案

［**裁判要旨**］在买方滥用市场支配地位排除或限制竞争的垄断纠纷中，“相关市场”的界定应围绕受诉垄断行为从卖方（供给者）视角进行替代分析，即对卖方的产品能够在哪些市场上获得流通和销售，或是卖方的产品具备哪些现实或潜在的买家等因素进行经济分析，并据此划定引发竞争损害的行为所处“相关市场”的边界。

［案　情］

原告云南盈鼎生物能源股份有限公司（以下简称云南盈鼎公司）是在云南省能源局立项，并经环评合格、具备规模生产合格达标生物柴油资质的生物柴油示范企业。原告认为，被告中国石化销售有限公司云南石油分公司（以下简称中石化云南分公司）、中国石化销售有限公司（以下简称中石化公司）作为石油销售企业，在云南省政府和云南省能源局的多次要求下，仍拒绝将原告生产的符合国家标准的生物柴油纳入其燃料销售体系，严重违反了《中华人民共和国可再生能源法》第十六条第三款之规定，被告的行为，属于《中华人民共和国反垄断法》第十七条规定的具有市场支配地位的经营者没有正当理由，拒绝与交易相对人进

行交易的垄断行为，遂诉至法院。请求判令：1. 被告按照《中华人民共和国可再生能源法》第十六条第三款规定将原告符合国家标准的生物柴油纳入其燃料销售体系；2. 被告赔偿原告经济损失人民币 3000000 元；3. 被告承担本案全部诉讼费。

被告中石化云南分公司、中石化公司答辩称：一、生物柴油从生产企业到成品油经营企业是强制的，但法律对生物柴油从成品油经营企业如何到车用燃料用户和消费者却并没有规定，生物柴油进入终端消费市场的过程尚无明确的配套政策；二、提出交易条件和交易请求，是买卖双方发生交易的基础，但原告从未提出过明确的交易条件和交易请求，致被告无法做出承诺，或再要约的商业回应，如判令双方达成交易属于强迫交易，不符合市场经济规律；三、原告基于垄断提出本案诉请，但其对相关市场的界定错误，本案相关市场应为脂肪酸甲酯市场，而被告从事的是石油成品油销售，在脂肪酸甲酯市场上并不具有支配地位，当然更不存在滥用市场支配地位拒绝与原告交易；四、即便被告具有市场支配地位，经被告公证购买并送检后证明原告的产品不符合国家标准，被告拒绝与其交易具有正当理由；五、被告无法收购原告地沟油制生物柴油的另一个原因是，车用燃料生物柴油作为新能源产品，涉及广大车用燃料用户和消费者利益，需要经历封闭运行和全面推广的两个过程，在以全市公共交通车辆为封闭运行的试点工作中，由于原告生物柴油产品的原因没有最终达到全面推广，因此将生物柴油作为车用生物液体燃料推广的市场基础尚不存在。综上，请求法院依法驳回原告诉请。

[审　判]

本案在原审宣判后因双方当事人均不服判决提起上诉，二审法院后将本案发回重审。昆明市中级人民法院经重审后认为，综合双方当事人的诉辩主张及庭审中的陈述，本案争议焦点在于：一、被告中石化云南分公司是否负有法定义务收购原告生产的地沟油制生物柴油；如有，该法定义务应当如何履行；二、被告中石化云南分公司是否具有垄断行为，并应承担相应的法律责任。

关于第一个争议焦点，《中华人民共和国可再生能源法》第十六条第三款规定："国家鼓励生产和利用生物液体燃料。石油销售企业应当按照国务院能源主管部门或者省级人民政府的规定，将符合国家标准的生物液体燃料纳入其燃料销售体系。" 原告云南盈鼎公司认为，被告中石化云南分公司作为石油销售企业，在云南省政府和云南省能源局的多次要求和原告律师函的催促下，一直拒绝将原告生产的符合国家标准的生物柴油纳入其燃料销售体系，违反了法律的规定，应当按照《中华人民共和国可再生能源法》第三十一条的规定承担责任。被告中石化云南分公司答辩认为，被告未收购销售原告生产的生物柴油，主要原因是该生物柴油进入市场的配套政策不完善、原告未向被告中石化云南分公司提出具体的交易条件，且其生产的生物柴油也不符合国家标准等。本院认为，双方的第一个争议焦点或许产生于对《中华人民共和国可再生能源法》理解的分歧：如同《中华人民共和国反垄断法》一样，《中华人民共和国可再生能源法》并不属于民商法而属于经济法，原告与被告之间并没有因合同或者侵权而形成民事法律关系，双方是基于《中华人民共和国可再生能源法》和《中华人民共和国反垄断法》的规定而形成经济法律关系。相对于民商法而言，经济法中的法律规范大多具有很强的裁量性、概括性和模糊性，这与民商法中大量存在的明确、具体、确定的法律规范明显不同，基于此，经济法律关系和民事法律关系所涉及的主体、权利义务、法律责任等问题也不尽相同。《中华人民共和国可再生能源法》第十六条第三款虽然规定石油销售企业应当按照国务院能源主管部门或者省级人民政府的规定，将符合国家标准的生物液体燃料纳入其燃料销售体系，被告中石化云南分公司作为石油销售企业，依法负有该项法定义务。但是，该项法定义务应当如何履行，可再生能源法并没有具体规定，还有待国务院能源主管部门或者云南省人民政府制定出台相关的针对地沟油制生物柴油销售的配套政策方能得以施行。但是，国务院能源主管部门和云南省人民政府至今并没有制定出台相关的针对地沟油制生物柴油销售的配套政策。虽然云南省人民政府办公厅为了落实国家政策，曾于2012年3月29日向中石化云南石油分公司、中石油云南销售分公司以及各州市人民政府等部门发出《关于做好地沟油制生物柴油工作的指导意见》（云政办发〔2012〕46 号），但该指导意见首先在效力上并非省级人民政府的规定，其次，指导意见中所提到的“……地沟油制生物柴油企业应当将所生产的生物柴油全部销售给成品油销售企业，不得直接面向成品油终端市场销售”出现在“地沟油制生物柴油的销售渠道和方向”部分，其规制对象是地沟油制生物柴油企业而非石油成品油销售企业，指导意见中所提到的“……各成品油销售企业按照规定采购、混配、销售生物柴油……”出现在“工作任务和目标”部分，也不是对石油成品油销售企业的强制性规定，而是未来工作发展的方向。因此，在没有国务院能源主管部门或者省级人民政府以相关规定的形式对地沟油制生物柴油的销售主体、销售数量（或配额）、销售定价、销售方式、销售奖励和亏损补贴等等一系列问题都予以明确的情况下，对被告中石化云南分公司作为石油成品油销售企业因《中华人民共和国可再生能源法》第十六条第三款所担负的法定义务不宜用强制命令的方式在不考虑任何条件的前提去完成，而是应当遵循社会主义市场经济规律，遵守公平和诚实信用原则，按照《中华人民共和国合同法》的规定，经过相关市场主体协商一致达成交易。违背这些规律和原则，不经过协商一致强行交易，既不符合上述法律规定的本意，在现实当中也不具有可行性。

关于第二个争议焦点，本院认为，反垄断的主要目的是规制市场竞争行为，促进作为市场主体的企业间的自由竞争，避免形成垄断遏制竞争。《中华人民共和国反垄断法》禁止的垄断行为包括多种形式，本案原告所诉滥用市场支配地位拒绝交易是其中的一种。《中华人民共和国反垄断法》第六条规定：“具有市场支配地位的经营者，不得滥用市场支配地位，排除、限制竞争。”第十七条第一款规定：“禁止具有市场支配地位的经营者从事下列滥用市场支配地位的行为：……（三）没有正当理由，拒绝与交易相对人进行交易。”由上述规定可以说明，构成《中华人民共和国反垄断法》所禁止的拒绝交易行为，需要满足以下条件：经营者在相关市场内具有支配地位；经营者利用在相关市场内的支配地位进行了拒绝交易；经营者拒绝交易的行为排除、限制了竞争且缺乏正当理由。本案中，被告中石化云南分公司没有与原告云南盈鼎公司建立地沟油制生物柴油交易关系，是否符合上述拒绝交易行为的构成要件，是本案原告的诉讼理由能否成立的关键。

一、本案相关市场的界定

相关市场的界定通常是对竞争行为进行分析的起点。根据《国务院反垄断委员会关于相关市场界定的指南》，界定相关市场需要遵循一定方法依据充分的市场证据予以确定，而不是凭个人直觉可以确定。该指南指出："任何竞争行为（包括具有或可能具有排除、限制竞争效果的行为）均发生在一定的市场范围内""界定相关市场就是明确经营者竞争的市场范围。科学合理地界定相关市场，对识别竞争者和潜在竞争者、判定经营者市场份额和市场集中度、认定经营者的市场地位、分析经营者的行为对市场竞争的影响、判断经营者行为是否违法以及在违法情况下需承担的法律责任等关键问题，具有重要的作用""相关市场是指经营者在一定时期内就特定商品或者服务（以下统称商品）进行竞争的商品范围和地域范围""在市场竞争中对经营者行为构成直接和有效竞争约束的，是市场里存在需求者认为具有较强替代关系的商品或能够提供这些商品的地域，因此，界定相关市场主要从需求者角度进行需求替代分析。当供给替代对经营者行为产生的竞争约束类似于需求替代时，也应考虑供给替代"。本案中，原、被告双方对相关市场的地域范围在云南省境内无异议，本院依法确认。对商品市场，按原告云南盈鼎公司主张，由于《关于做好地沟油制生物柴油工作的指导意见》（云政办发〔2012〕46号）明确规定"地沟油制生物柴油企业应当将所生产的生物柴油全部销售给成品油销售企业，不得直接面向成品油终端市场销售"，因此相关市场只能是石油成品油销售市场。被告中石化云南分公司及其专家辅助人则认为地沟油制生物柴油的主要成分是脂肪酸甲酯，而脂肪酸甲酯在工业上有多种用途，并非仅限于销售给成品油市场，还存在其他多种销售渠道和购买者，因此相关市场应为脂肪酸甲酯销售市场。本院认为，《国务院反垄断委员会关于相关市场界定的指南》给出的相关市场的界定方法和基础，主要是从需求者，即买方的角度出发来衡量相关市场，进而对供给者，即卖方垄断做出规制，但未涉及买方相关市场的界定。本案原告云南盈鼎公司所诉的行为系买方垄断，此时，对相关市场所作的界定很难以《国务院反垄断委员会关于相关市场界定的指南》指出的方法进行界定，而只能从经济学的范畴出发，将审查的重点放在供给者，即卖方的产品能够在哪些市场上获得流通和销售，或是卖方的产品具备哪些现实或潜在的买家等因素来界定相关市场。对地沟油制生物柴油而言，从普遍意义上讲，其性能、用途和可销售的市场具有多样性，但当其被限定作为生物液体燃料使用时，能够购买地沟油制生物柴油的主体，仅只可能是石油成品油销售市场中的主体。故本案的相关市场应为云南省地沟油制生物柴油用作生物液体燃料时的销售市场，即云南省石油成品油销售市场。原告对相关市场的界定成立，至于被告所指的相关市场由于没有考虑地沟油制生物柴油的用途及销售渠道被限定的情况，在范围上过于宽泛，本院不予以采纳。

二、被告在相关市场内是否具有支配地位

所谓支配地位是指经营者在相关市场内具有能够控制商品价格、数量或者其他交易条件，或者能够阻碍、影响其他经营者进入相关市场能力的市场地位。《中华人民共和国反垄断法》第十八条规定了认定经营者具有市场支配地位所依据的因素，例如市场份额、竞争状况、财力、技术条件等。这其中，市场份额是一个较为重要的衡量因素，一般而言，企业在相关市场上的市场份额数值越大，其所具有的市场支配能力或者是行使市场力量的可能性就越大。《中华人民共和国反垄断法》第十九条规定："有下列情形之一的，可以推定经营者具有市场支配地位：（一）一个经营者在相关市场的市场份额达到二分之一的；（二）两个经营者在相关市场的市场份额合计达到三分之二的。"如一个经营者在相关市场的市场份额达到二分之一的，可以推定经营者具有市场支配地位。本案中，从原告的举证和被告对外公布的信息可知，中石化云南分公司在云南石油成品油销售市场所占的份额达到二分之一，从市场结果标准来看，可以推定中石化云南分公司在云南成品石油销售市场具有市场支配地位。此外，从原告云南盈鼎公司的角度来讲，在被告中石化云南分公司占据上述市场份额时，假设被告中石化云南分公司对原告云南盈鼎公司待售的生物柴油提出了一个不利的交易条件时，原告云南盈鼎公司在云南石油成品油市场上另寻其他交易对象达成合理交易价格并实现可期待的成交量在现实中并不容易，这也从另一个方面凸显被告中石化云南分公司在云南石油成品油市场上占据相对经济优势地位。当然，《中华人民共和国反垄断法》上述条文的第三款为了给当事人有救济途径，还特别规定：被推定具有市场支配地位的经营者，有证据证明不具有市场支配地位的，不应当认定其具有市场支配地位。本案中，被告中石化云南分公司并没有举证证明其在云南省石油成品油市场上不具有支配地位。在此有必要明确，《中华人民共和国反垄断法》并不禁止经营者取得市场支配地位，但是，具有市场支配地位的经营者，由于拥有强大的经济实力和经营能力，能够控制相关市场上商品的价格、数量和其他交易条件，这种支配地位对市场竞争是一种潜在的威胁，如果其滥用这一市场支配地位，从事排除、限制竞争的行为，将会严重影响市场竞争秩序。因此，《中华人民共和国反垄断法》对经营者滥用市场支配地位，排除、限制竞争的行为予以严格禁止。

三、本案被告的被控行为是否属于无正当理由拒绝交易的垄断行为

拒绝交易是具有市场支配地位的经营者滥用市场支配地位的一种表现，它指的是具有支配地位的经营者没有正当理由，拒绝与交易相对人进行交易。在一般商品交易领域适用合同自愿原则，当事人可以根据自己的意志，选择自己的相对交易方，不存在拒绝交易权行使的限制问题。但对于具有市场支配地位的经营者来讲，其市场实力过于强大，交易相对人和消费者除了与其交易并没有更多的选择余地，因为这些交易相对人从其他渠道难以获得该产品、服务，替代性产品、服务的获得也比较困难。因此，具有市场支配地位的经营者由于本身市场力量的强大或提供产品、服务的独特性（尤其是在拥有关键设施时），在没有正当理由的情形下是不能拒绝与交易相对人进行交易的。本案原告云南盈鼎公司所诉被控行为是被告中石化云南分公司没有和原告建立地沟油制生物柴油的交易关系，因此构成拒绝交易。对该问题，被告中石化云南分公司反复称，中石化公司及中石化云南分公司一贯支持生物柴油的发展，原、被告之所以未能发生交易，是因为提出交易请求和交易条件是发生交易的基础，但在本案诉讼之前，原告从未向被告提出过明确的交易请求和交易条件，被告中石化云南分公司因此无法做出承诺，或者再要约的商

业回应。从已审理查明的事实来看，2011 年 5 月 26 日，云南省能源局给中石油云南销售分公司、中石化云南分公司发出云能源油气函〔2011〕23 号函，请上述公司积极协助开展生物柴油试点销售，尽快将原告公司生产的达标合格的生物柴油纳入其销售配送体系面向社会配送销售。同年 7 月 18 日，云南省能源局给云南省成品油流通行业协会发出云能源油气函〔2011〕35 号函，请该协会协调协会中有一定实力的经营企业与原告公司合作，试点销售其生产的生物柴油。2012 年 3 月 29 日，云南省人民政府办公厅向中石化云南分公司、中石油云南销售分公司以及各州市人民政府等部门发出《关于做好地沟油制生物柴油工作的指导意见》（云政办发〔2012〕46 号），规定地沟油制生物柴油企业应当将所生产的生物柴油全部销售给成品油销售企业，不得直接面向成品油终端市场销售。各成品油销售企业按照规定采购、混配、销售生物柴油。2013 年 9 月 3 日，原告委托云南冰鉴律师事务所向到中石化云南分公司位于昆明市世博大厦的办公地点送达律师函，要求该公司于 2013 年 9 月 17 日之前将原告生产的生物柴油纳入其销售体系，或者在此期限内派人协商销售生物柴油事宜。从以上事实可以认定原告云南盈鼎公司已经向被告中石化云南分公司发出过交易请求，被告所称原告没有向其发出过交易请求的抗辩本院不予采信。当然在此应当明确，云能源油气函〔2011〕23 号、35 号函以及《关于做好地沟油制生物柴油工作的指导意见》（云政办发〔2012〕46 号），属于政府相关部门的行政行为，虽然可以起到倡导原被告建立交易关系、传达原告的交易愿望的作用，但是该行政行为不能视为原告云南盈鼎公司向被告中石化云南分公司发出的交易请求，只有 2013 年 9 月 3 日的律师函可以作为原告向被告发出的交易请求。由于律师函当中并没有提出具体明确的交易条件，从合同法的角度看，此律师函只能算作要约邀请，不是要约。被告对原告发出的要约邀请未作回复，并不属于《中华人民共和国反垄断法》第十七条第一款第（三）项规定的“没有正当理由，拒绝与交易相对人进行交易”的行为。此外，在 2011 年 1 月至 6 月期间，昆明公交公司根据云南省政府、昆明市政府相关文件要求，以及与本案原告和被告中石化云南分公司之间的三方商谈，将原告生产的生物柴油调配燃料在昆明市公交系统封闭试运行，但在试运行期间，有公交车驾驶员反映，使用原告调配的生物柴油燃料后，车辆发动机积碳增多，而车辆生产厂家对使用0号柴油以外的其他燃料导致的汽车发动机损坏不予保修。被告中石化云南分公司据此认为原告生产的生物柴油尚不具备对外推广的市场基础，因而无法收购原告的地沟油制生物柴油。对此，本院认为，从企业的正常发展和商业选择看，由于地沟油生物柴油用作生物燃料的试点推广工作遇到现实困难而又未获解决，从公平的角度出发，被告中石化云南分公司的做法符合其自身正常经济效益以及消费者利益之间的共生互利，且此举也未给被告中石化云南公司本身带来垄断利益，故本院认可其行为的客观合理性。从另一方面讲，虽然根据《中华人民共和国可再生能源法》第十六条第三款规定，被告中石化云南分公司有法定义务收购原告生产的地沟油制生物柴油，但国务院能源主管部门和云南省人民政府尚未制定出台相关的针对地沟油制生物柴油销售的配套政策，因此，关于地沟油制生物柴油的销售主体、销售数量（或配额）、销售定价、销售方式、销售奖励和亏损补贴等等问题都不明确。基于此，本院认为，双方未能建立交易关系，也不属于违反《中华人民共和国反垄断法》上述条款的行为。其实在目前情况下，原告云南盈鼎公司与被告中石化云南分公司之间在地沟油制生物柴油的销售问题上并不存在竞争关系，被告中石化云南分公司的行为，也没有产生排除、限制竞争的效果。从《中华人民共和国可再生能源法》的立法精神看，本案原、被告双方所要建立的应是一种既符合经济规律又兼顾经营者、消费者和社会公共利益的交易关系。而这一关系的建立，需要在政府公共政策和产业政策指引和支持下，在遵循市场经济规律的前提下自愿建立。在诉讼中，被告中石化云南分公司还提出了原告生产的生物柴油有若干不符合国家标准等问题，但这些都是技术问题，只要双方最终能达成互利双赢的结果，这些问题不难解决。

原告云南盈鼎公司以《中华人民共和国反垄断法》提起本案拒绝交易的诉讼，诉讼请求要求被告承担责任的法律依据是《中华人民共和国可再生能源法》第三十一条。该条法律责任的产生基于经营者违反该法第十六条第三款的义务，但是，该法定义务的履行需要国务院能源主管部门或云南省人民政府制定出台相关的针对地沟油制生物柴油销售的配套政策方有可操作性，在国务院能源主管部门或云南省人民政府没有制定出台相关的针对地沟油制生物柴油销售的配套政策或规定之前，被告中石化云南分公司没有与原告建立地沟油制生物柴油交易关系，不能认定为违反《中华人民共和国可再生能源法》第十六条第三款规定的义务，因此不产生该法第三十一条所规定的责任。

综上所述，原告的诉讼请求没有事实依据，依照《中华人民共和国反垄断法》第十七条第一款第（三）项的规定，判决如下：

驳回原告云南盈鼎生物能源股份有限公司的诉讼请求。

宣判后，原告云南盈鼎公司不服，向云南省高级人民法院提起上诉。云南省高级人民法院经审理后认为，一审法院认定事实清楚，适用法律正确，依法驳回上诉，维持原判。

[评　析]

《反垄断法》作为经济法中一种典型的法律，在立法上，具有比一般法律更明显的原则性特征，这种原则性体现在它不像其他法律那样，在适用条件与标准上都比较明确具体，反而表现为高度抽象和弹性的原则，只能在实施过程中通过综合考虑各种因素，进行全面分析和比较后，才能予以具体化。这就要求法官在处理反垄断案件时，具备深厚的专业知识、精湛的业务技术和较强的经济政策水平方能胜任。否则，仅凭肤浅的垄断法知识对法律条文做机械化理解和适用，难以达到制止垄断、维护竞争和保护多元利益的立法目的。

一、以卖方视角界定买方垄断下的“相关市场”

“相关市场”界定是反垄断执法工作中的关键环节与重要步骤，在涉及滥用市场支配地位纠纷中，对“相关市场”的准确界定是判定经营者是否具有市场支配地位的基础和前提条件，也是评估经营者的市场力量及被诉垄断行为对竞争影响的工具。[①]目前国内对“相关市场”的界定，存在“需求替代”“供给替代”“潜在竞争”等方法，然而如何适用具

① 陶钧：《北京法院关于审理垄断纠纷案件的调查研究》，载《竞争政策研究》2017年第4期。

体方法，法律或者司法解释并未给予明确规定。司法审判中多是参照《国务院反垄断委员会关于"相关市场"界定的指南》进行具体操作，然而该指南规定过于原则，难以有效指导司法实践的需要，且其对“相关市场”的界定方法和基础，主要是从需求者，即买方角度出发来衡量评判“相关市场”，进而对供给者，即卖方垄断作出规制，但却未涉及卖方视角下“相关市场”的界定。例如，根据《国务院反垄断委员会关于“相关市场”界定的指南》的规定，“相关市场是指经营者在一定时期内就特定商品或者服务（以下统称商品）进行竞争的商品范围和地域范围”“在市场竞争中对经营者行为构成直接和有效竞争约束的，是市场里存在需求者认为具有较强替代关系的商品或能够提供这些商品的地域，因此，界定‘相关市场’主要从需求者角度进行需求替代分析。当供给替代对经营者行为产生的竞争约束类似于需求替代时，也应考虑供给替代”。而在本案中，原告云南盈鼎公司所诉的行为系买方垄断，买方垄断是卖方垄断的“镜像”，二者的分析视角恰恰相反。[①]此时，对“相关市场”的界定难以依据《国务院反垄断委员会关于"相关市场"界定的指南》指出的方法做出。承办法官转换视角，将审查的重点放在卖方（供给者）身上，从经济学的范畴出发，通过考量卖方的产品能够在哪些市场上获得流通和销售，或是卖方的产品具备哪些现实或潜在的买家等因素后最终划定了买方垄断下“相关市场”的范围。尽管被告中石化云南分公司及其专家辅助人一再辩解地沟油制生物柴油的主要成分是脂肪酸甲酯，而脂肪酸甲酯在工业上有多种用途，并非仅限于销售给成品油市场，还存在其他多种销售渠道和购买者，“相关市场”应为脂肪酸甲酯销售市场。但法院未受其干扰，而是坚持从地沟油制生物柴油的卖方（供给者）视角出发，认定在地沟油制生物柴油的用途及销售渠道被限定为生物液体燃料使用时，能够购买地沟油制生物柴油的主体，有且只可能是石油成品油销售市场中的主体，借此推导出本案的“相关市场”应为云南省地沟油制生物柴油用作生物液体燃料时的销售市场，即云南省石

① 兰磊：《反〈反垄断法〉上的“不相关”市场界定》，载《中外法学》2017 第 6 期。

油成品油销售市场。可以说，本案中，承办法官对如何界定买方垄断下的“相关市场”所做的阐述，具有较强的专业性和现实的可操作性，其分析思路在随后多位学者的著述中亦得到认可，对立法上进一步完善“相关市场”的界定方法和标准具有重要意义。

二、反垄断分析应依据受诉行为围绕竞争损害展开

竞争损害是反垄断执法的核心，界定“相关市场”的目的亦是为了判断某一垄断行为是否会造成竞争损害，如是，该垄断行为将会受到反垄断法的规制。在反垄断法的语境下，竞争损害指的是竞争如何受到或可能受到阻碍、限制和扭曲。这就必须澄清垄断行为的性质，以及该行为在本案中对竞争产生不利影响的发生机制。①竞争损害可表现为封锁效应、传导效应、提高竞争对手效应、共谋效应、（并购的）单边效应等，垄断行为则包括搭售、独家交易、价格歧视、垄断高价、拒绝交易、掠夺性定价、忠诚折扣、纵向划分地域市场，以及兜底性的垄断行为，竞争损害体现于垄断行为之中。在反垄断法中，每一种垄断行为的违法判断规则和标准不尽相同，但对垄断行为的违法分析自始至终应围绕竞争损害展开。这就意味着，在垄断纠纷案件中，法院首先应要求原告在起诉时指明受诉行为系何种垄断行为，而法院则应在裁判中，围绕受诉行为，逐一阐明受诉行为是什么、其产生了何种竞争损害，以及在本案中有哪些事实与之契合。反垄断分析的每一步，都要有意识地与受诉竞争损害相联系，以避免对垄断行为的分析偏离“航道”。本案中，承办法官在评判“被告中石化云南分公司是否具有垄断行为，并应承担相应的法律责任”这一焦点之前，首先明确了原告所诉为滥用市场支配地位中的拒绝交易行为，进而指出《反垄断法》所禁止的拒绝交易行为，需要满足以下条件：经营者在相关市场内具有支配地位；经营者利用在相关市场内的支配地位进行了拒绝交易；经营者拒绝交易的行为排除、限制了竞争且缺乏正当理由。在此基础上，被告中石化云南分公司没有与原告云南盈鼎公司建立地沟油制生物柴油交易关系，是否符合上述拒绝交易行

① 兰磊：《反〈反垄断法〉上的“不相关”市场界定》，载《中外法学》2017 第 6 期。

为的构成要件，是本案原告的诉讼理由能否成立的关键。随后，承办法官从相关市场界定、市场支配地位、无正当理由拒绝交易（对竞争损害的分析融入了该要件）三个方面进行了分析，整个论证逻辑严密，既保证了“相关市场”与支配地位分析相对于受诉行为具有“相关性”，也清晰地呈现了受诉行为与竞争损害之间有无关联。

三、反垄断法的立法目的在于促进自由公平之竞争

《反垄断法》作为“经济宪法”，其目的在于规制垄断，最大限度保证自由竞争的经济秩序。本案在没有明确标准和准则的情况下，坚持将对案件的处理严格依照《反垄断法》的立法目的进行评判和分析。生物柴油作为通过酯交换工艺制成的可代替石化柴油的再生性柴油燃料，具有无可比拟的环保优势，也是新能源中的典型代表。当然应受到国家政策的鼓励和推动，但在这个过程中，亦需要在法律的范围内有序进行，这也是社会主义市场经济作为法治经济的体现。本案中，虽然《可再生能源法》第十六条第三款规定：“国家鼓励生产和利用生物液体燃料。石油销售企业应当按照国务院能源主管部门或者省级人民政府的规定，将符合国家标准的生物液体燃料纳入其燃料销售体系。”但这仅为一种立法上的政策宣示，对该项法定义务应当如何履行，《可再生能源法》并没有具体规定，这就需要国务院能源主管部门或者云南省人民政府制定出台相关的针对地沟油制生物柴油销售的配套政策方能得以施行。在没有国务院能源主管部门或者省级人民政府以相关规定的形式对地沟油制生物柴油的销售主体、销售数量（或配额）、销售定价、销售方式、销售奖励和亏损补贴等等一系列问题都予以明确的情况下，被告中石化云南分公司作为石油成品油销售企业是难以在不考虑任何条件的前提去与原告达成交易的。况且，在法治经济的背景下，任何平等主体之间的交易都应当遵循社会主义市场经济规律，遵守公平和诚实信用原则，经协商一致达成交易。如果违背这些规律和原则，不经过协商一致即认定被告构成《反垄断法》上的拒绝交易，并以此强行要求其与原告交易，既不符合《反垄断法》立法的本意，更会在市场上触发新一轮的竞争损害，即原告无须参与任何正常市场竞争，其生产的生物柴油无论价格高低、质量优劣，都由被告无条件接收并销售，这对其他参与市场竞争的

主体而言显然是不公平的。

［评选理由］

本案系云南省首例反垄断案件，亦是我国石油系统拒绝交易第一案，同时还是国内少有的涉买方垄断案件，诉争问题在全国尚无先例，在法律适用方面存在巨大挑战。承办法官在案件审理过程中，准确把握《反垄断法》立法目的，运用经济学思维，以卖方（供给者）视角对买方垄断中“相关市场”的界定进行了较为准确的分析和阐述。案件裁判体现了承办法官全面的专业知识、业务技能和较高的经济政策水平。该案审结后，立即受到社会各界的高度关注，社会影响巨大。该案对全省乃至全国同类垄断纠纷案件的审判起到示范作用、判例作用，具有深远意义。

一审裁判文书：云南省昆明市中级人民法院（2015）昆知民重字3号
二审裁判文书：云南省高级人民法院（2017）云民终122号
一审合议庭组成人员：
审判长：杨　越；审判员：韩晓岚、白　昱
提供案例部门：云南省昆明市中级人民法院环境资源审判庭
承办人：杨　越；编写人：杨　越

附：

云南省昆明市中级人民法院
民事判决书

（2015）昆知民重字第3号

原告：云南盈鼎生物能源股份有限公司，住所：云南省昆明市嵩明县杨林工业开发区。

法定代表人：吕勃，该公司董事长。

委托诉讼代理人：陈维镖、陈泽，云南冰鉴律师事务所律师，特别授权代理。

被告：中国石化销售有限公司云南石油分公司（原名称为中国石油化工股份有限公司云南石油分公司），住所：云南省昆明市官渡区关上街道办事处关上关中路209号地质化验楼1至7层。

负责人：张伟成，该公司总经理。

委托诉讼代理人：詹昊，北京安杰律师事务所律师，特别授权代理。

委托诉讼代理人：王文幸，云南同润律师事务所律师，特别授权代理。

被告：中国石化销售有限公司，住所：北京市朝阳区朝阳门北大街22号18层。

法定代表人：张海潮，该公司董事长。

委托诉讼代理人：李铁林，云南彩云商朋律师事务所律师，特别授权代理。

委托诉讼代理人：曹晶，北京安杰律师事务所律师，特别授权代理。

原告云南盈鼎生物能源股份有限公司（以下简称云南盈鼎公司）诉被告中国石化销售有限公司云南石油分公司（以下简称中石化云南分公司）、中国石化销售有限公司（以下简称中石化公司）拒绝交易纠纷一案，本院于2014年12月8日作出（2014）昆知民初字第108号民事判决，原、被告双方均不服该判决，向云南省高级人民法院提起上诉。云南省高级人民法院于2015年8月13日作出（2015）云高民三终字第16号民事裁定，发回重审。本院依法另行组成合议庭。在原审中，原告所列被告为中石化云南分公司和中国石油化工股份有限公司，本院认为中石化云南分公司系不具有法人资格的分支机构，其法律责任依法应由中国石化销售有限公司承担。中国石油化工股份有限公司与被告中国石化销售有限公司云南石油分公司无隶属关系，原告起诉中国石油化工股份有限公司错误，遂于2016年1月4日作出（2015）昆知民重字第3号民事裁定，驳回原告对中国石油化工股份有限公司的起诉。此后，原告申请追加中石化公司为被告，本院依法同意了其申请。原、被告双方向本院提交了相关证据材料。本院于 2016 年 6 月 15 日公开开庭审理了本案。原告云南盈鼎公司的委托诉讼代理人陈维镖、陈泽，被告中石化云南分公司的委托诉讼代理人詹昊、王文幸，中石化公司的委托诉讼代理人李铁林、曹晶到庭参加了诉讼。本案现已审理终结。

原告云南盈鼎公司向本院提出诉讼请求：1. 被告按照《中华人民共和国可再生能源法》第十六条第三款规定将原告符合国家标准的生物柴油纳入其燃料销售体系；2. 被告赔偿原告经济损失人民币 3000000 元；3. 被告承担本案全部诉讼费。其事实和理由为：一、原告生产的生物柴油符合纳入销售体系的法定条件。第一，原告是在云南省能源局立项，并经环评合格、具备规模生产合格达标生物柴油资质的生物柴油示范企业，目前在昆明嵩明杨林工业开发区建有 15000 吨 / 年的生物柴油生产线，生物柴油产品质量达到国家 BD100（GB/T20828—2007）标准。第二，继生物柴油与石化柴油调配的国家标准 GB/T25199—2010 生物柴油调配燃料（B5）颁布实施后，云南省地方标准《生物柴油调合燃料（B10）》和《生物柴油调合燃料（B20）》已正式出台，并且于 2013 年 7 月 1 日起正式实施，生物柴油市场推广的条件已经完全具备。第三，云南省能源局早在 2010 年就致函被告中石化云南分公司，要求该公司与原告合作试点销售生物柴油，切实推进云南省生物柴油的推广和应用。2012 年 3 月 29 日，云南省人民政府办公厅出台的《关于做好地沟油制生物柴油工作的指导意见》明确要求："成品油销售企业要按照《中华人民共和国可再生能源法》的规定，将符合国家或者地方标准的地沟油制生物柴油纳入其销售体系……"但被告置之不理。二、被告拒绝将原告生产的生物柴油纳入其销售体系违反法律规定。第一，根据《中华人民共和国可再生能源法》第十六条第三款规定："国家鼓励生产和利用生物液体燃料。石油销售企业应当按照国务院能源主管部门或者省级人民政府的规定，将符合国家标准的生物液体燃料纳入其燃料销售体系。"据此，被告作为石油销售企业，在云南省政府和云南省能源局的多次要求下，仍拒绝将原告生产的符合国家标准的生物柴油纳入其燃料销售体系，严重违反法律的规定。第二，我国成品油市场实行统一销售制度，被告在成品油销售市场具有绝对的市场支配地位。《中华人民共和国反垄断法》第十七条规定："禁止具有市场支配地位的经营者从事下列滥用市场支配地位的行为：……（三）没有正当理由，拒绝与交易相对人进行交易……"因此，被告无正当理由拒绝收购原告提供的生物柴油，已经构成滥用市场支配地位，违反法律规定。第三，被告拒绝将原告生产的、符合国家标准的生物柴油纳入销售体系，因销售渠道不畅，原告的产品积压严重，生产难以继续，若销售问题不能得到及时解决，就难逃破产的厄运，云南省委、省政府提出"把云南打造成生物柴油大省"的口号也永远不可能成为现实。第四，被告将原告生产的、符合国家标准的生物柴油纳入其销售体系有利于避免"地沟油"重返餐桌。原告生产生物柴油主要采用"地沟油"进行加工，原告通过严格管理"地沟油"的收集、运输、加工的程序，避免"地沟油"流入黑作坊，回流消费者餐桌，实现政府部门对"地沟油"流向的有效监管，保障人民群众的身体健康。第五，被告将原告生产的、符合国家标准的生物柴油纳入其销售体系可以降低人民群众的生活成本。柴油广泛使用于大型货车、公交车、船舶、挖掘机、起重机等机械设备，这些机械设备涉及货物运输、城市公共服务、建筑工程等各个领域，与人民生产生活息息相关。每吨生物柴油的销售价格比石化柴油低 1000 元以上，混配生物柴油可以使柴油销售价格降低 5% 以上（B20 标准），油价的变化决定了机械设备运营成本的高低，运营成本将直接影响物价水平。此举将可以明显缓解目前严峻的物价上涨压力，降低生活成本，提高人民幸福指数。第六，被告拒绝将原告生产的、符合国家标准的生物柴油纳入其销售体系，不利于国家对环境污染的控制和减少。近年来，环境污染问题已经成为关乎国计民生的大事，汽车尾气是污染物的主要来源之一。有资料显示，在 0 号柴油中，若以 10% 的比例添加生物柴油，在汽车行驶同样里程之后，所排放出的污染气体比不添加生物柴油时减少 50% 左右。此外，燃用生物柴油的车辆尾气中有毒有机物和二氧化碳、二氧化硫的排放量仅为石油柴油的十分之一，颗粒物只有石油柴油的五分之一，且生物柴油没有铅及有毒物质的排放。国务院发布的《国家环境保护"十二五"规划》和《大气污染防治行动计划》均提出要降低汽车尾气污染。云南省政府也要求大力推广生物柴油，提出成品油销售企业应当采购、混配生物柴油，并纳入其销售终端面向市场销售。被告系国有企业，有义务遵守国家的法律法规，积极响应国家政策，做好国有企业在市场经济中的先锋模范作用，但被告却以种种理由推诿，拒绝贯彻落实利国利民的政策，给生物柴油的推广造成极大阻碍。三、被告的违法行为给原告造成了损失，应当承担赔偿责任。被告作为成品油销售企业拒不履行法定义务，滥用市场支配地位，致使原告的生物柴油难以进入市场，生产陷入困境，造成巨大的损失。根据《中华人民共和国可再生能源法》第三十一条规定："违反本法第十六条第三款规定，石油销售企业未按照规定将符合国家标准的生物液体燃料纳入其燃料销售体系，造成生物液体燃料生产企业经济损失的，应当承担赔偿责任，并由国务院能源主管部门或者省级人民政府管理能源工作的部门责令限期改正；拒不改正的，处以生物液体燃料生产企业经济损失额一倍以下的罚款。"因此，被告应当对原告所遭受的经济损失承担赔偿责任。综上所述，被告作为垄断石油销售的国有企业之一，理应承担更多的社会责任，为人民群众谋福利，但被告却为一己之私，置国家法律与人民利益于不顾，滥用其市场支配地位，拒绝将原告生产的生物柴油纳入其销售体系，阻碍可再生能源产业的发展。被告的行为已经违反《中华人民共和国可再生能源法》《中华人民共和国反垄断法》的规定，给原告造成了重大损失，并且与国家食品安全、环境保护、节约能源等关系国计民生的政策背道而驰。

被告中石化云南分公司、中石化公司答辩称：一、《中华人民共和国可再生能源法》规定了所有石油成品油销售企业都应当将生物液体燃料纳入其销售体系，生物柴油生产企业的利益得到了保障，生物柴油从生产企业到成品油经营企业是强制的；但法律对生物柴油从成品油经营企业如何到车用燃料用户和消费者却并没有规定，生物柴油进入终端消费市场的过程尚无明确的配套政策。执行《可再生能源法》，并不会是只解决生物柴油从生产企业销售到成品油经营企业问题，也应当解决生物柴油从成品油经营企业到车用燃料用户和消费者的问题，而这些问题的解决有待于云南省政府出台相应的配套政策。二、提出交易条件和交易请求，是买卖双方发生交易的基础，但原告从未提出过明确的交易条件和交易请求，致被告无法做出承诺，或再要约的商业回应，如判令双方达成交易属于强迫交易，不符合市场经济规律。三、原告基于垄断提出本案诉请，但其对相关市场的界定错误，本案相关市场应为脂肪酸甲酯市场，而被告从事的是石油成品油销售，在脂肪酸甲酯市场上并不具有支配地位，当然更不存在滥用市场支配地位拒绝与原告交易。四、即便被告具有市场支配地位，经被告公证购买并送检后证明原告的产品不符合国家标准，被告拒绝与其交易具有正当理由。五、被告无法收购原告"地沟油"制生物柴油的另一个原因是，车用燃料生物柴油作为新能源产品，涉及广大车用燃料用户和消费者利益，需要经历封闭运行和全面推广的两个过程。在以全市公共交通车辆为封闭运行的试点工作中，由于原告生物柴油产品的原因没有最终达到全面推广，因此将生物柴油作为车用生物液体燃料推广的市场基础尚不存在。综上，二被告认为，原告的诉讼请求无依据，其主张不成立，要求法院依法予以驳回。

本案原、被告围绕诉讼请求、答辩意见依法提交了证据，本院组织原、被告进行了证据交换和质证。对当事人无异议的证据，本院予以确认并在卷佐证。对原告提交的，被告持异议的国家石油石化产品质量监督检验中心（广东）检验报告（BD100）、国家石油石化产品质量监督检验中心（广东）检验报告（B5）和国家石油石化产品质量监督检验中心（广东）的回函，本院认为，由于上述检验的送检样品系原告单方提供，不具有客观性，对该证据本院不予采信。对被告提交的，原告持异议的：（2015）云昆明信证经字第 9519 号公证书、检验报告（编号：2015032401）、检验报告（编号：2015-207）、石油化工科学研究院分析报告单、（2015）云昆国信证字第 14376 号公证书和分析报告（编号：ST15-01891.001），被告欲以此证明原告的生物柴油作为车用燃料并不符合相关的国家标准，原告则认为其生产的生物柴油只要是 BD100，就符合国家标准，本院认为，原告的上述反驳没有法律依据，生物柴油是由动植物油脂或废弃油脂与醇（例如甲醇或乙醇）反应制得的脂肪酸单烷基酯，最典型的为脂肪酸甲酯，以 BD100 表示，但 BD100 亦有相应的国家标准，被告的以上证据具有真实性、客观性，本院予以采信。对被告提交的昆明市公共汽车物资供应公司的情况说明以及原告就此提交的相关新闻报道等反驳证据，本院认为，被告提交的情况说明上有昆明市公共汽车物资供应公司的签章，在无相反证据的情况下，本院认可其真实性。而原告所提交的新闻报道不足以反驳昆明市公共汽车物资供应公司所出具的情况说明。

被告申请中国石油化工股份有限公司石油化工科学研究院教授蔺建民、对外经济贸易大学副教授龚炯作为专家辅助人到庭就“地沟油”制生物柴油和垄断中的相关市场进行了说明，本院将结合本案的具体事实对专家辅助人的意见予以考虑。

经过审理，本院认定以下案件事实：

原告云南盈鼎公司成立于2006年12月，系采用“地沟油”加工生产生物柴油的企业，在昆明市嵩明杨林工业开发区建有生产能力为15000吨/年的地沟油制生物柴油生产线，已经投产多年。为了解决该公司产品的销售问题，2011年5月26日，云南省能源局向中石油云南销售分公司、中石化云南石油分公司发出云能源油气函〔2011〕23号函，请上述公司积极协助开展生物柴油试点销售，尽快将原告公司生产的达标合格的生物柴油纳入其销售配送体系面向社会配送销售。同年7月18日，云南省能源局给云南省成品油流通行业协会发出云能源油气函〔2011〕35号函，请该协会协调协会中有一定实力的经营企业与原告公司合作，试点销售其生产的生物柴油。回收“地沟油”用于生产生物柴油是国家鼓励的项目，2012年3月29日，云南省人民政府办公厅为了落实《中华人民共和国可再生能源法》，向中石化云南石油分公司、中石油云南销售分公司以及各州市人民政府等部门发出《关于做好地沟油制生物柴油工作的指导意见》（云政办发〔2012〕46号），指出：“（五）明确地沟油制生物柴油的销售渠道和方向……地沟油制生物柴油企业应当将所生产的生物柴油全部销售给成品油销售企业，不得直接面向成品油终端市场销售”“四、工作任务和目标……各成品油销售企业按照规定采购、混配、销售生物柴油”。

被告中石化云南分公司是云南省内最具实力的石油成品油销售企业，在营加油站1200余座，2011年跻身云南省百强企业第七位，在云南省地区成品油销售市场占有率为67%。2013年9月3日，原告委托云南冰鉴律师事务所去到中石化云南分公司位于昆明市世博大厦的办公地点送达律师函，在函中要求该公司于2013年9月17日之前将原告生产的生物柴油纳入其销售体系，或者在此期限内派人与原告协商销售生物柴油事宜。除此之外，没有证据证明原告与被告就其生产的生物柴油的交易条件等问题做过协商。

被告中石化云南分公司经公证保全购买了原告云南盈鼎公司生产的“地沟油”制生物柴油，送交国家石油产品质量监督检验中心、中石化云南省质量检验站、通标标准技术服务有限公司等机构进行检验，检验结果显示，原告的“地沟油”制生物柴油有若干不符合国家标准的情况存在。

此外，2011年1—6月，昆明公交公司根据云南省政府、昆明市政府相关文件要求，以及与原告云南盈鼎公司和被告中石化云南分公司经过三方商谈，将原告云南盈鼎公司生产的生物柴油调配燃料在昆明市公交系统封闭试运行，但在试运行期间，有公交车驾驶员反映，使用原告调配的生物柴油燃料后，车辆发动机积碳增多，而车辆生产厂家对使用0号柴油以外的其他燃料导致的汽车发动机损坏不予保修。

本院认为，本案争议焦点在于：一、被告中石化云南分公司是否负有法定义务收购原告生产的地沟油制生物柴油，如有，该法定义务应当如何履行；二、被告中石化云南分公司是否具有垄断行为，并应承担相应的法律责任。

关于第一个争议焦点，《中华人民共和国可再生能源法》第十六条第三款规定：“国家鼓励生产和利用生物液体燃料。石油销售企业应当按照国务院能源主管部门或者省级人民政府的规定，将符合国家标准的生物液体燃料纳入其燃料销售体系。”原告云南盈鼎公司认为，被告中石化云南分公司作为石油销售企业，在云南省政府和云南省能源局的多次要求和原告律师函的催促下，一直拒绝将原告生产的符合国家标准的生物柴油纳入其燃料销售体系，违反了法律的规定，应当按照《中华人民共和国可再生能源法》第三十一条的规定承担责任。被告中石化云南分公司答辩认为，被告未收购销售原告生产的生物柴油，主要原因是该生物柴油进入市场的配套政策不完善、原告未向被告中石化云南分公司提出具体的交易条件，且其生产的生物柴油也不符合国家标准等。本院认为，双方的第一个争议焦点或许产生于对《中华人民共和国可再生能源法》理解的分歧：如同《中华人民共和国反垄断法》一样，《中华人民共和国可再生能源法》并不属于民商法而属于经济法，原告与被告之间并没有因合同或者侵权而形成民事法律关系，双方是基于《中华人民共和国可再生能源法》和《中华人民共和国反垄断法》的规定而形成经济法律关系。相对于民商法而言，经济法中的法律规范大多具有很强的裁量性、概括性和模糊性，这与民商法中大量存在的明确、具体、确定的法律规范明显不同，基于此，经济法律关系和民事法律关系所涉及的主体、权利义务、法律责任等问题也不尽相同。《中华人民共和国可再生能源法》第十六条第三款虽然规定石油销售企业应当按照国务院能源主管部门或者省级人民政府的规定，将符合国家标准的生物液体燃料纳入其燃料销售体系，被告中石化云南分公司作为石油销售企业，依法负有该项法定义务。但是，该项法定义务应当如何履行，可再生能源法并没有具体规定，还有待国务院能源主管部门或者云南省人民政府制定出台相关的针对地沟油制生物柴油销售的配套政策方能得以施行。但是，国务院能源主管部门和云南省人民政府至今并没有制定出台相关的针对地沟油制生物柴油销售的配套政策。虽然云南省人民政府办公厅为了落实国家政策，曾于 2012 年 3 月 29 日，向中石化云南石油分公司、中石油云南销售分公司以及各州市人民政府等部门发出《关于做好地沟油制生物柴油工作的指导意见》（云政办发〔2012〕46 号），但该指导意见首先在效力上并非省级人民政府的规定，其次指导意见中所提到的“……地沟油制生物柴油企业应当将所生产的生物柴油全部销售给成品油销售企业，不得直接面向成品油终端市场销售”出现在“地沟油制生物柴油的销售渠道和方向”部分，其规制对象是地沟油制生物柴油企业而非石油成品油销售企业，指导意见中所提到的“……各成品油销售企业按照规定采购、混配、销售生物柴油……”出现在“工作任务和目标”部分，也不是对石油成品油销售企业的强制性规定，而是未来工作发展的方向。因此，在没有国务院能源主管部门或者省级人民政府以相关规定的形式对地沟油制生物柴油的销售主体、销售数量（或配额）、销售定价、销售方式、销售奖励和亏损补贴等等一系列问题都予以明确的情况下，对被告中石化云南分公司作为石油成品油销售企业因《中华人民共和国可再生能源法》第十六条第三款所担负的法定义务不宜用强制命令的方式在不考虑任何条件的前提去完成，而是应当遵循社会主义市场经济规律，遵守公平和诚实信用原则，按照《中华人民共和国合同法》的规定，经过相关市场主体协商一致达成交易。违背这些规律和原则，不经过协商一致强行交易，既不符合上述法律规定的本意，在现实当中也不具有可行性。

关于第二个争议焦点，本院认为，反垄断的主要目的是规制市场竞争行为，促进作为市场主体的企业间的自由竞争，避免形成垄断遏制竞争。《中华人民共和国反垄断法》禁止的垄断行为包括多种形式，本案原告所诉滥用市场支配地位拒绝交易是其中的一种。《中华人民共和国反垄断法》第六条规定：“具有市场支配地位的经营者，不得滥用市场支配地位，排除、限制竞争”；第十七条第一款规定：“禁止具有市场支配地位的经营者从事下列滥用市场支配地位的行为：……（三）没有正当理由，拒绝与交易相对人进行交易”。由上述规定说明，构成《中华人民共和国反垄断法》所禁止的拒绝交易行为，需要满足以下条件：经营者在相关市场内具有支配地位；经营者利用在相关市场内的支配地位进行了拒绝交易；经营者拒绝交易的行为排除、限制了竞争且缺乏正当理由。本案中，被告中石化云南分公司没有与原告云南盈鼎公司建立“地沟油”制生物柴油交易关系，是否符合上述拒绝交易行为的构成要件，是本案原告的诉讼理由能否成立的关键。

一、本案相关市场的界定

相关市场的界定通常是对竞争行为进行分析的起点。根据《国务院反垄断委员会关于相关市场界定的指南》，界定相关市场需要遵循一定方法依据充分的市场证据予以确定，而不是凭个人直觉可以确定。该指南指出：“任何竞争行为（包括具有或可能具有排除、限制竞争效果的行为）均发生在一定的市场范围内”“界定相关市场就是明确经营者竞争的市场范围。科学合理地界定相关市场，对识别竞争者和潜在竞争者、判定经营者市场份额和市场集中度、认定经营者的市场地位、分析经营者的行为对市场竞争的影响、判断经营者行为是否违法以及在违法情况下需承担的法律责任等关键问题，具有重要的作用”“相关市场是指经营者在一定时期内就特定商品或者服务（以下统称商品）进行竞争的商品范围和地域范围”“在市场竞争中对经营者行为构成直接和有效竞争约束的，是市场里存在需求者认为具有较强替代关系的商品或能够提供这些商品的地域，因此，界定相关市场主要从需求者角度进行需求替代分析。当供给替代对经营者行为产生的竞争约束类似于需求替代时，也应考虑供给替代”。本案中，原、被告双方对相关市场的地域范围在云南省境内无异议，本院依法确认。对商品市场，按原告云南盈鼎公司主张，由于《关于做好地沟油制生物柴油工作的指导意见》（云政办发〔2012〕46号）明确规定“地沟油制生物柴油企业应当将所生产的生物柴油全部销售给成品油销售企业，不得直接面向成品油终端市场销售”，因此相关市场只能是石油成品油销售市场。被告中石化云南分公司及其专家辅助人则认为“地沟油”制生物柴油的主要成分是脂肪酸甲酯，而脂肪酸甲酯在工业上有多种用途，并非仅限于销售给成品油市场，还存在其他多种销售渠道和购买者，因此相关市场应为脂肪酸甲酯销售市场。本院认为，《国务院反垄断委员会关于相关市场界定的指南》给出的相关市场的界定方法和基础，主要是从需求者，即买方的角度出发来衡量相关市场，进而对供给者，即卖方垄断作出规制，但未涉及买方相关市场的界定。本案原告云南盈鼎公司所诉的行为系买方垄断，此时，对相关市场所作的界定很难以《国务院反垄断委员会关于相关市场界定的指南》指出的方法进行界定，而只能从经济学的范畴出发，将审查的重点放在供给者，即卖方的产品能够在哪些市场上获得流通和销售；或是卖方的产品具备哪些现实或潜在的买家等因素来界定相关市场。对“地沟油”制生物柴油而言，从普遍意义上讲，其性能、用途和可销售的市场具有多样性，但当其被限定作为生物液体燃料使用时，能够购买“地沟油”制生物柴油的主体，仅只可能是石油成品油销售市场中的主体。故本案的相关市场应为云南省“地沟油”制生物柴油用作生物液体燃料时的销售市场，即云南省石油成品油销售市场。原告对相关市场的界定成立，至于被告所指的相关市场由于没有考虑“地沟油”制生物柴油的用途及销售渠道被限定的情况，在范围上过于宽泛，本院不予以采纳。

二、被告在相关市场内是否具有支配地位

所谓支配地位是指经营者在相关市场内具有能够控制商品价格、数量或者其他交易条件，或者能够阻碍、影响其他经营者进入相关市场能力的市场地位。《中华人民共和国反垄断法》第十八条规定了认定经营者具有市场支配地位所依据的因素，例如市场份额、竞争状况、财力、技术条件等。这其中，市场份额是一个较为重要的衡量因素，一般而言，企业在相关市场上的市场份额数值越大，其所具有的市场支配能力或者是行使市场力量的可能性就越大。《中华人民共和国反垄断法》第十九条规定：“有下列情形之一的，可以推定经营者具有市场支配地位：（一）一个经营者在相关市场的市场份额达到二分之一的；（二）两个经营者在相关市场的市场份额合计达到三分之二的。”如一个经营者在相关市场的市场份额达到二分之一的，可以推定经营者具有市场支配地位。本案中，从原告的举证和被告对外公布的信息可知，中石化云南分公司在云南石油成品油销售市场所占的份额达到二分之一，从市场结果标准来看，可以推定中石化云南分公司在云南成品石油销售市场具有市场支配地位。此外，从原告云南盈鼎公司的角度来讲，在被告中石化云南分公司占据上述市场份额时，假设被告中石化云南分公司对原告云南盈鼎公司待售的生物柴油提出了一个不利的交易条件时，原告云南盈鼎公司在云南石油成品油市场上另寻其他交易对象达成合理交易价格并实现可期待的成交量在现实中并不容易，这也从另一个方面凸显被告中石化云南分公司在云南石油成品油市场上占据相对经济优势地位。当然，《中华人民共和国反垄断法》上述条文的第三款为了给当事人有救济途径，还特别规定：被推定具有市场支配地位的经营者，有证据证明不具有市场支配地位的，不应当认定其具有市场支配地位。本案中，被告中石化云南分公司并没有举证证明其在云南省石油成品油市场上不具有支配地位。在此有必要明确，《中华人民共和国反垄断法》并不禁止经营者取得市场支配地位，但是，具有市场支配地位的经营者，由于拥有强大的经济实力和经营能力，能够控制相关市场上商品的价格、数量和其他交易条件，这种支配地位对市场竞争是一种潜在的威胁，如果其滥用这一市场支配地位，从事排除、限制竞争的行为，将会严重影响市场竞争秩序。因此，《中华人民共和国反垄断法》对经营者滥用市场支配地位，排除、限制竞争的行为予以严格禁止。

三、本案被告的被控行为是否属于无正当理由拒绝交易的垄断行为

拒绝交易是具有市场支配地位的经营者滥用市场支配地位的一种表现，它指的是具有支配地位的经营者没有正当理由，拒绝与交易相对人进行交易。在一般商品交易领域适用合同自愿原则，当事人可以根据自己的意志，选择自己的相对交易方，不存在拒绝交易权行使的限制问题。但对于具有市场支配地位的经营者来讲，其市场实力过于强大，交易相对人和消费者除了与其交易并没有更多的选择余地，因为这些交易相对人从其他渠道难以获得该产品、服务，替代性产品、服务的获得也比较困难。因此，具有市场支配地位的经营者由于本身市场力量的强大或提供产品、服务的独特性（尤其是在拥有关键设施时），在没有正当理由的情形下是不能拒绝与交易相对人进行交易的。本案原告云南盈鼎公司所诉被控行为是被告中石化云南分公司没有和原告建立地沟油制生物柴油的交易关系，因此构成拒绝交易。对该问题，被告中石化云南分公司反复称，中石化公司及中石化云南分公司一贯支持生物柴油的发展，原、被告之所以未能发生交易，是因为提出交易请求和交易条件是发生交易的基础，但在本案诉讼之前，原告从未向被告提出过明确的交易请求和交易条件，被告中石化云南分公司因此无法做出承诺，或者再要约的商业回应。从已审理查明的事实来看，2011 年 5 月 26 日，云南省能源局给中石油云南销售分公司、中石化云南分公司发出云能源油气函〔2011〕23 号函，请上述公司积极协助开展生物柴油试点销售，尽快将原告公司生产的达标合格的生物柴油纳入其销售配送体系面向社会配送销售。同年 7 月 18 日，云南省能源局给云南省成品油流通行业协会发出云能源油气函〔2011〕35 号函，请该协会协调协会中有一定实力的经营企业与原告公司合作，试点销售其生产的生物柴油。2012 年 3 月 29 日，云南省人民政府办公厅向中石化云南分公司、中石油云南销售分

公司以及各州市人民政府等部门发出《关于做好地沟油制生物柴油工作的指导意见》（云政办发〔2012〕46号），规定地沟油制生物柴油企业应当将所生产的生物柴油全部销售给成品油销售企业，不得直接面向成品油终端市场销售。各成品油销售企业按照规定采购、混配、销售生物柴油。2013年9月3日，原告委托云南冰鉴律师事务所向到中石化云南分公司位于昆明市世博大厦的办公地点送达律师函，要求该公司于2013年9月17日之前将原告生产的生物柴油纳入其销售体系，或者在此期限内派人协商销售生物柴油事宜。从以上事实可以认定原告云南盈鼎公司已经向被告中石化云南分公司发出过交易请求，被告所称原告没有向其发出过交易请求的抗辩本院不予采信。当然在此应当明确，云能源油气函〔2011〕23号、35号函以及《关于做好地沟油制生物柴油工作的指导意见》（云政办发〔2012〕46号），属于政府相关部门的行政行为，虽然可以起到倡导原被告建立交易关系、传达原告的交易愿望的作用，但是该行政行为不能视为原告云南盈鼎公司向被告中石化云南分公司发出的交易请求，只有2013年9月3日的律师函可以作为原告向被告发出的交易请求。由于律师函当中并没有提出具体明确的交易条件，从合同法的角度看，此律师函只能算作要约邀请，不是要约。被告对原告发出的要约邀请未作回复，并不属于《中华人民共和国反垄断法》第十七条第一款第（三）项规定的“没有正当理由，拒绝与交易相对人进行交易”的行为。此外，在2011年1月至6月期间，昆明公交公司根据云南省政府、昆明市政府相关文件要求，以及与本案原告和被告中石化云南分公司之间的三方商谈，将原告生产的生物柴油调配燃料在昆明市公交系统封闭试运行，但在试运行期间，有公交车驾驶员反映，使用原告调配的生物柴油燃料后，车辆发动机积碳增多，而车辆生产厂家对使用0号柴油以外的其他燃料导致的汽车发动机损坏不予保修。被告中石化云南分公司据此认为原告生产的生物柴油尚不具备对外推广的市场基础，因而无法收购原告的“地沟油”制生物柴油。对此，本院认为，从企业的正常发展和商业选择看，由于“地沟油”制生物柴油用作生物燃料的试点推广工作遇到现实困难而又未获解决，从公平的角度出发，被告中石化云南分公司的做法符合其自身正常经济效益以及消费者利益之间的共生互利，且此举也未给被告中石化云南公司本身带来垄断利益，故本院认可其行为的客观合理性。从另一方面讲，虽然根据《中华人民共和国可再生能源法》第十六条第三款规定，被告中石化云南分公司有法定义务收购原告生产的“地沟油”制生物柴油，但国务院能源主管部门和云南省人民政府尚未制定出台相关的针对“地沟油”制生物柴油销售的配套政策，因此，关于“地沟油”制生物柴油的销售主体、销售数量（或配额）、销售定价、销售方式、销售奖励和亏损补贴等等问题都不明确。基于此，本院认为，双方未能建立交易关系，也不属于违反《中华人民共和国反垄断法》上述条款的行为。其实在目前情况下，原告云南盈鼎公司与被告中石化云南分公司之间在“地沟油”制生物柴油的销售问题上并不存在竞争关系，被告中石化云南分公司的行为，也没有产生排除、限制竞争的效果。从《中华人民共和国可再生能源法》的立法精神看，本案原、被告双方所要建立的应是一种既符合经济规律又兼顾经营者、消费者和社会公共利益的交易关系。而这一关系的建立，需要在政府公共政策和产业政策指引和支持下，在遵循市场经济规律的前提下自愿建立。在诉讼中，被告中石化云南分公司还提出了原告生产的生物柴油有若干不符合国家标准等问题，但这些都是技术问题，只要双方最终能达成互利双赢的结果，这些问题不难解决。

原告云南盈鼎公司以《中华人民共和国反垄断法》提起本案拒绝交易的诉讼，诉讼请求要求被告承担责任的法律依据是《中华人民共和国可再生能源法》第三十一条。该条法律责任的产生基于经营者违反该法第十六条第三款的义务，但是该法定义务的履行需要国务院能源主管部门或云南省人民政府制定出台相关的针对“地沟油”制生物柴油销售的配套政策方有可操作性，在国务院能源主管部门或云南省人民政府没有制定出台相关的针对“地沟油”制生物柴油销售的配套政策或规定之前，被告中石化云南分公司没有与原告建立“地沟油”制生物柴油交易关系，不能认定为违反《中华人民共和国可再生能源法》第十六条第三款规定的义务，因此不产生该法第三十一条所规定的责任。

综上所述，原告的诉讼请求没有事实依据，依照《中华人民共和国反垄断法》第十七条第一款第（三）项的规定，判决如下：

驳回原告云南盈鼎生物能源股份有限公司的诉讼请求。

案件受理费人民币 30800 元，由原告云南盈鼎生物能源股份有限公司负担。

如不服本判决，可于收到判决书之日起十五日内，向本院递交上诉状，并按对方当事人的人数提出副本，上诉于云南省高级人民法院。

双方当事人均服判的，本判决即发生法律效力。

审 判 长 杨　越
审 判 员 白　昱
审 判 员 韩晓岚

二〇一六年十月八日

书 记 员 张茹琳

云南盛泰康业房地产股份有限公司与昆明易佳优力实业有限公司、第三人云南泰宇成工程有限公司、邱某某不当得利纠纷案

［裁判要旨］ 不当得利案件审理的重点难点为举证责任，应重点审查被告主张存在的法律关系是否成立并生效，获利是否违反法律规定及当事人约定。证据交换结束后提交的反驳证据作为定案依据的条件：1. 属于“新证据”；2. 在开庭前向法院申请重新确认举证期限。

［案　情］

一、当事人

原告：云南盛泰康业房地产股份有限公司（以下简称“盛泰康业公司”）。

被告：昆明易佳优力实业有限公司（以下简称“易佳优力公司”）。

第三人：云南泰宇成工程有限公司（以下简称“泰宇成公司”）。

第三人：邱某某。

二、诉辩主张

原告盛泰康业公司向五华区人民法院提出诉讼请求：由被告易佳优力公司向原告返还不当得利款项 320 万元。事实和理由：因原告、案外人王某作为借款人共同向第三人泰宇成公司借款 3500 万元，借款后，第

三人泰宇成公司要求原告将部分还款支付给被告。2014年10月27日，原告向被告转款320万元。但第三人泰宇成公司在其就3500万元借款诉原告等人的诉讼中，对上述320万元转款系还款的事实不予认可，且该3500万元借款纠纷案件已由昆明市中级人民法院（2015）昆民四初字第106号民事判决书、云南省高级人民法院（2016）云民终593号民事判决书两审判决结案，现原告等人按照上述判决确定的内容，应向第三人泰宇成公司承担偿还3500万元借款本金及相应利息的义务。因第三人泰宇成公司否认原告支付给被告的320万元款项系对其还款的事实，故被告收取的该320万元款项应当返还给原告。

被告易佳优力公司辩称，我方不清楚原告与第三人泰宇成公司之间的借款合同关系；我方确实收到了原告以工程款名义转账至我方账户的320万元，但该款项是我方代第三人邱某某收取的居间报酬费用。

第三人泰宇成公司述称，我方于2014年基于第三人邱某某的居间关系引荐才借款7900万元给本案原告，该笔借款经云南省昆明市中级人民法院、云南省高级人民法院审理作出判决且已进入执行阶段。在该案的审理中，并未确认本案被告易佳优力公司收到的320万元是偿还我方的款项。该320万元应当由谁主张权利是由本案第三人邱某某来确定和陈述。

第三人邱某某述称，我为原告居间引资，原告应支付我居间报酬4760888.89元。因原告不能直接将居间报酬支付给我，所以我联系本案的被告易佳优力公司，委托被告易佳优力公司代为收取，因此本案标的320万元系原告支付给我的居间报酬，故请求法院驳回原告的诉讼请求。

三、案件事实

五华区人民法院经公开审理查明：

2014年1月17日，本案原告盛泰康业公司及案外人王某与本案第三人泰宇成公司签订借款合同，向泰宇成公司借款3500万元。借款期限届满，原告未向泰宇成公司归还借款，泰宇成公司于2015年2月2日向昆明市中级人民法院起诉本案原告及案外人王某等。该案审理中，盛泰康业公司主张其已向泰宇成公司归还借款2200万元并提交了相应的付款凭证，具体为：2014年10月27日，盛泰康业公司应泰宇成公司要求分别向案外人云南宜商商贸有限公司汇款 565 万元，向本案被告易佳优力公司汇款 320 万元，向昆明超视维动画设计有限公司汇款 115 万元，并于同年 10 月 31 日再次向云南宜商商贸有限公司汇款 1200 万元。云南省昆明市中级人民法院经审理认为，盛泰康业公司主张其按照泰宇成公司的指令向案外人汇款 2200 万元（用于偿还其对泰宇成公司的借款），但对此并未提交诸如双方协议或泰宇成公司出具的委托书等直接证据予以证实，泰宇成公司也不能提交证据证明其汇款指向的易佳优力公司、昆明超视维动画设计有限公司等与泰宇成公司存在业务往来或其他关联关系的证据，盛泰康业公司应对此承担举证不能的后果。故作出（2015）昆民四初字第 106 号民事判决书，判决盛泰康业公司及王某等向泰宇成公司归还借款 3500 万元及该款自 2014 年 4 月 17 日起款项还清之日止以中国人民银行同期同类贷款利率 4 倍计算的利息、律师费 164600 元。2016 年 7 月 28 日，盛泰康业公司、王某等不服昆明市中级人民法院作出的（2015）昆民四初字第 106 号民事判决书，上诉于云南省高级人民法院。2016 年 10 月 26 日，云南省高级人民法院作出（2016）云民终 593 号民事判决书，维持了原判决。

云南省昆明市中级人民法院（2015）昆民四初字第 106 号民事判决书在查明的案件事实部分载明，2014 年，盛泰康业公司与邱某某签订融资居间合同，合同主要载明：盛泰康业公司为完成绿色轩雨庭项目缺乏资金，盛泰康业公司委托邱某某为其寻找、介绍出资方并订立合同。盛泰康业公司委托邱某某协助融资的数额为 7900 万元，若邱某某促成有出资意向的第三方与盛泰康业公司签署融资合同，盛泰康业公司应向邱某某支付 4760888.89 元作为邱某某的报酬。

2017 年 8 月 11 日，盛泰康业公司以生效判决不予确认其向本案被告易佳优力公司的汇款 320 万元是归还向泰宇成公司的借款，易佳优力公司收取款项没有依据为由向五华区人民法院起诉。

2014 年 10 月 27 日，原告盛泰康业公司向被告易佳优力公司银行账户转账 320 万元，结算原因及用途均载明为“工程款”。

盛泰康业公司与第三人邱某某签订的融资居间合同约定的酬金支付方式为现金，酬金按照融资款项实际到达盛泰康业公司账户之日起 3 个工作日内即需支付完成。

本案审理中，原告主张其与第三人邱某某签订的融资居间合同并未履行。原告与泰宇成公司之间存在共计 7900 万元的借款。该 7900 万元借款中的 1400 万元是由 2012 年 1 月向泰宇成公司的借款展期而来，与 2014 年的融资居间合同并无关联。同时，原告与泰宇成公司早就结识，不可能再通过居间进行借款。原告与第三人签订融资居间合同的目的，是让邱某某为原告融资 7900 万元用于归还原告向泰宇成公司的借款 7900 万元。第三人泰宇成公司认可（2015）昆民四初字第 106 号民事判决书中的原告借款确是始于 2012 年，正是居于第三人邱某某的居间，泰宇成公司才同意在 2014 年进行了展期。

[审　判]

一、审判过程

原告盛泰康业公司与被告易佳优力公司、第三人泰宇成公司、邱某某不当得利纠纷一案，五华区人民法院于 2017 年 8 月 11 日立案后，依法适用普通程序，公开开庭进行了审理，并于 2017 年 12 月 29 日作出（2017）云 0102 民初 8888 号民事判决书。

二、裁判理由

对于原告在本案庭审中当庭提交的原告与第三人泰宇成公司签订的云泰借款 2012–001 号借款合同、云泰 20140103 号借款合同、2012 年 1 月 29 日的电汇凭证是否应当收录作为本案的证据，五华区人民法院作如下认证：

被告及第三人泰宇成公司、邱某某均认为原告未在举证期限内提交上述证据，不能作为本案的证据使用。原告则认为上述证据是针对 2017 年 11 月 2 日证据交换时第三人邱某某所提交证据的反驳证据，应当作为本案的证据使用。

五华区人民法院认为，根据《最高人民法院关于适用〈中华人民共和国民事诉讼法〉的解释》的规定，举证期限届满后，当事人对已经提供的证据，申请提供反驳证据，人民法院可以酌情再次确定举证期限。原告如要对证据交换时第三人的证据提交反驳证据，可以向五华区人民法院申请重新确定举证期限，但原告并未向五华区人民法院提出申请，且原告当庭所提交的借款合同等证据资料并非新的证据，故五华区人民法院对原告当庭提交的借款合同等证据资料不予收录作为本案的证据使用。

五华区人民法院认为，本案原告是以不当得利向五华区人民法院提起诉讼，被告易佳优力公司认可收到争议款项 320 万元，但主张其收取 320 万元是代第三人邱某某收取原告应支付给邱某某的居间报酬。第三人邱某某也主张是其委托被告超视维公司代其收取盛泰康业公司支付的居间报酬。原告的诉讼请求能否得到支持，关键在于被告收取原告支付的 320 万元是否具有法律上的原因。

原告是基于其向被告支付 320 万元的给付行为而主张被告不当得利，给付行为是以其给付的原因作为其法律上的原因，给付行为的原因应当依双方当事人的合意确定。本案中，被告在收到原告支付的 320 万元之前，与原告之间并不存在债权债务关系以及其他可导致给付发生的其他关系。被告主张其收取原告支付的 320 万元是代第三人邱某某收取原告支付给邱某某的居间报酬，对被告所述的这一接受给付的原因，原告并不认可。由此，被告对其主张应承担举证责任。被告关于其收取 320 万元是代第三人邱某某收取原告应支付给邱某某的居间报酬的主张，蕴含着两层含义：第一是原告应当向邱某某支付居间报酬，第二是邱某某委托原告或指令原告将其应得居间报酬付至被告账户。这两项内容即为被告的主张得以成立必须证明的内容。关于第一项被告要证明的问题，被告提交了云南省昆明市中级人民法院（2015）昆民四初字第 106 号民事判决书及原告与邱某某签订的融资居间合同为据，原告与邱某某签订的融资居间合同可以证明签订居间合同的事实，并不能就以此证明合同已经履行；昆明市中级人民法院（2015）昆民四初字第 106 号民事判决书也只是确认了双方签订居间合同的事实，并未认定合同已经履行完毕、第三人邱某某履行了合同义务。虽然第三人泰宇成公司主张第三人邱某某履行了居间义务，但作为居间合同的一方当事人盛泰康业公司并不认可，被告及第三人邱某某也未提交其他有关履行合同的证据，故本案中的证据尚不能证明第三人邱某某已经履行了合同义务，也不能确定盛泰康业公司是否应向第三人邱某某支付约定报酬。

关于第二项被告应证明的问题，被告主张其收取320万元是因为第三人邱某某委托原告或指令原告将此款项付至被告账户，按此主张，如果说第三人邱某某与原告之间存在委托关系，那么邱某某是委托人，原告是受托人，委托的内容是：将应支付给第三人邱某某的款项付至被告账户。但本案原告并不认可其受托人的身份；被告也未提交第三人邱某某与原告之间存在委托关系的协议或其他可证明委托关系存在的证据。如果说是第三人邱某某指令原告将款项付至被告账户，那么除了第三人邱某某自己的主张外，被告还应提交可以证明第三人邱某某发出了付款指令及原告接受了邱某某的指令的证据，但被告及第三人邱某某并未就此提交证据，故被告关于其收取320万元是因为第三人邱某某委托或指令原告将此款项付至被告账户的主张也不能成立。

综上所述，原、被告双方并未就320万元的给付原因达成合意，被告收取原告支付的320万元没有法律上的原因。即便原告应向第三人邱某某支付报酬的事实成立，但无证据证明存在第三人邱某某委托或指令原告将款项付至被告账户的事实，被告收取320万元的行为仍属于没有法律上的原因。被告易佳优力公司收取原告支付的320万元没有法律上的原因，其行为构成不当得利，受损失的一方有权请求其返还不当利益，被告易佳优力公司收取该320万元款项没有法律依据，对原告要求被告返还320万元款项的诉讼请求，五华区人民法院予以支持。

被告不当得利的事实发生在《中华人民共和国民法总则》生效之前，应当适用当时的法律。

三、适用法律及裁判结果

依照《中华人民共和国民法通则》第九十二条、《最高人民法院关于贯彻执行〈中华人民共和国民法通则〉若干问题的意见（试行）》第一百三十一条之规定，判决如下：

由被告昆明易佳优力实业有限公司于本判决生效后十日内向原告云南盛泰康业房地产股份有限公司返还320万元。

四、生效情况

本案宣判后，当事人均未提出上诉，案件于2018年1月20日生效。

[评 析]

本案的审理亮点有二：一是明确证据交换后反驳证据的举证规则；二是不当得利案件原、被告双方举证责任分配。

一、关于证据交换后反驳证据的举证规则

举证期限制度是指负有举证责任的当事人应当提交证明其事实主张的证据的时限，逾期不举证的，若无法定缘由，则承担证据失权，即丧失提出证据的权利，法院不再组织双方对逾期提交的证据进行质证，这些证据将不具有法律上的效力和作为裁判的依据这样的法律后果的一项民事诉讼期间制度。《最高人民法院关于民事诉讼证据的若干规定》确定了举证期限，要求当事人须在举证期限内提交证据，如果确有困难时应当在举证期限内向法院提出延期举证的申请，由法院批准；对于需迟延举证或者由于诉讼请求的变更，当事人也应在法院重新指定的期限内举证。为保证当事人诉讼权利的行使和对当事人合法权益的维护，以及诉讼活动的有效运行，《最高人民法院关于民事诉讼证据的若干规定》进一步明确了当事人能够提出的新证据的范围。而反驳证据是指在证据交换之后当事人为反驳对方证据而提交的证据，原则上应当属于“新证据”。因此，在证据交换结束后当事人提交的反驳证据，是否能够作为裁判依据应当判断两个问题：1. 该证据是否是新证据；2. 当事人是否向人民法院申请延长举证期限或重新确定举证期限。合议庭审查该证据后认为，首先，原告当庭提交的云泰借款2012–001号借款合同、云泰20140103号借款合同、2012年1月29日的电汇凭证三份证据的待证事实已在发生效力的昆明市中级人民法院（2015）昆民四初字第106号民事判决书、云南省高级人民法院（2016）云民终593号民事判决书中所确认，属于无需举证证明的事实；其次，根据《最高人民法院关于民事诉讼证据的若干规定》，一审中的“新证据”是指当事人在一审举证期限届满后新发现的证据，或者当事人确因客观原因无法在举证期限内提供，经人民法院准许，在延长的期限内仍无法提供证据，显然原告提交的反驳证据不属于以上任何一种情况，不属于新证据；再次，当事人在收到对方交换的证据后提出反驳并提出新证据的，人民法院应当通知当事人在指定的时间进行交换，但前提是该当事人在开庭前向人民法院申请重新确定举证期限。综上分析，当事人在证据交换结束后提交的反驳证据要作为定案依据使用，必须符合以下条件：1. 属于“新证据”；2. 当事人在开庭前向人民法院申请重新确认举证期限。明确举证规则有利于促使当事人积极举证，提高庭审效率，防止证据上的“突然袭击”，并有利于法院对诉讼争议焦点问题和证据进行整理。

二、关于不当得利案件原、被告双方举证责任分配

根据《民法总则》第一百二十二条，不当得利是指因他人没有法律根据，取得不当利益，受损失的人有权请求其返还不当利益。因此，不当得利的构成需要有三个要件：第一，一方取得利益；第二，他方受到损失；第三、他方受到损失与一方取得利益存在法律上的因果关系；第四，一方取得利益没有法律根据。不当得利的前三个要件属积极事实，一般主张权利的一方有能力证明，举证责任由其承担。但是一方取得利益没有法律根据是消极事实，该事实应由否认其存在的对方来证明。不当得利举证责任分配的难点正是在于该由哪一方承担没有合法根据的证明责任。

综上分析，不当得利纠纷案件审理的重点难点在于举证责任的分配，被诉一方应当举证证明其取得利益存在法律根据，法院仅需审查被告主张存在的法律关系是否成立并生效，获得利益是否违反法律规定及当事人约定，若审查后结果为真，应当驳回原告诉讼请求，若审查后结果为假，被告承担举证不力的后果，判决支持原告相应诉讼请求。

[评选理由]

本案属不当得利典型案件。不当得利案件审理的难点在于举证责任分配。本案审理亮点有二：一是对于当事人在证据交换结束后提交的反驳证据要作为定案依据使用必须符合的条件予以明确；二是明确了不当得利案件中原、被告双方举证责任的分配原则。本案对不当得利案件的审理思路、证据运用、法律适用等具有指导意义。

一审裁判文书：昆明市五华区人民法院（2017）云 0102 民初 8888 号

一审合议庭组成人员：

审判长：张雪梅；审判员：张赟；人民陪审员：成绍清

案例提供单位：云南省昆明市五华区人民法院

承办人：张雪梅；编写人：张雪梅、朱娟

附：

云南省昆明市五华区人民法院
民 事 判 决 书

（2017）云 0102 民初 8888 号

原告：云南盛泰康业房地产股份有限公司，住所地云南省昆明市护国路与宝善街交叉路口西北角（银德大厦 5 楼）。

法定代表人：王贵华，该公司总经理。

委托诉讼代理人：万文娟，云南利玛律师事务所律师，特别授权代理。

委托诉讼代理人：孙玲，云南利玛律师事务所律师，特别授权代理。

被告：昆明易佳优力实业有限公司，住所地云南省昆明高新技术开发区内鑫园小区中心组团 39A 幢。

法定代表人：肖晓东，该公司执行董事。

委托诉讼代理人：刘凌，云南会凌律师事务所律师，特别授权代理。

委托诉讼代理人：吴钢，云南会凌律师事务所律师，特别授权代理。

第三人：云南泰宇成工程有限公司，住所地云南省昆明市官渡区董家湾 59 号春城明珠小区 4 幢 4–1 号商铺。

法定代表人：宋婷玉，该公司总经理。

委托诉讼代理人：杨黎，云南政通人和律师事务所律师，特别授权代理。

第三人：邱某某，1960年4月22日出生。

委托诉讼代理人：莫卫斌，云南格元律师事务所律师，特别授权代理。

原告云南盛泰康业房地产股份有限公司与被告昆明易佳优力实业有限公司、第三人云南泰宇成工程有限公司、邱某某不当得利纠纷一案，本院于2017年8月11日立案后，依法适用普通程序，公开开庭进行了审理。原告委托诉讼代理人万文娟、被告委托诉讼代理人刘凌、第三人云南泰宇成工程有限公司委托诉讼代理人杨黎、第三人邱某某的委托诉讼代理人莫卫斌到庭参加诉讼。本案现已审理终结。

原告云南盛泰康业房地产股份有限公司（以下简称盛泰康业公司）向本院提出诉讼请求：由被告昆明易佳优力实业有限公司向原告返还不当得利款项320万元。事实和理由：因原告、案外人王某作为借款人共同向第三人云南泰宇成工程有限公司借款3500万元，借款后，第三人云南泰宇成工程有限公司要求原告将部分还款支付给被告。2014年10月27日，原告向被告转款320万元。但第三人云南泰宇成工程有限公司在其就3500万元借款诉原告等人的诉讼中，对上述320万元转款系还款的事实不予认可，且该3500万元借款纠纷案件已由昆明市中级人民法院（2015）昆民四初字第106号民事判决书、云南省高级人民法院（2016）云民终593号民事判决书两审判决结案，现原告等人按照上述判决确定的内容，应向第三人云南泰宇成工程有限公司承担偿还3500万元借款本金及相应利息的义务。因第三人云南泰宇成工程有限公司否认原告支付给被告的320万元款项系对其还款的事实，故被告收取的该320万元款项应当返还给原告。

被告昆明易佳优力实业有限公司（以下简称易佳优力公司）辩称，我方不清楚原告与第三人云南泰宇成工程有限公司之间的借款合同关系；我方确实收到了原告以工程款名义转账至我方账户的320万元，但该款项是我方代第三人邱某某收取的居间报酬费用。

第三人云南泰宇成工程有限公司（以下简称泰宇成公司）述称，我方于2014年基于第三人邱某某的居间关系引见才借款7900万元给本案原告，该笔借款经云南省昆明市中级人民法院、云南省高级人民法院审理作出判决且已进入执行阶段。在该案的审理中，并未确认本案被告易佳优力公司收到的320万元是偿还我方的款项。该320万元应当由谁主张权利是由本案第三人邱某某来确定和陈述。

第三人邱某某述称，我为原告居间引资，原告应支付我居间报酬4760888.89元。因原告不能直接将居间报酬支付给我，所以我联系本案的被告易佳优力公司，委托被告易佳优力公司代为收取，因此本案标的320万元系原告支付给我的居间报酬，故请求法院驳回原告的诉讼请求。

当事人围绕诉讼请求依法提交了证据，本院组织当事人进行了证据交换和质证。对当事人无异议的证据，本院予以确认并在卷佐证。

对于原告在本案庭审中当庭提交的原告与第三人泰宇成公司签订的云泰借款2012-001号借款合同、云泰20140103号借款合同、2012年1月29日的电汇凭证是否应当收录作为本案的证据，本院作如下认证：

被告及第三人泰宇成公司、邱某某均认为原告未在举证期限内提交上述证据，不能作为本案的证据使用。原告则认为上述证据是针对2017年11月2日证据交换时第三人邱某某所提交证据的反驳证据，应当作为本案的证据使用。

本院认为，根据《最高人民法院关于适用〈中华人民共和国民事诉讼法〉的解释》的规定，举证期限届满后，当事人对已经提供的证据，申请提供反驳证据，人民法院可以酌情再次确定举证期限。原告如要对证据交换时第三人的证据提交反驳证据，可以向本院申请重新确定举证期限，但原告并未向本院提出申请，且原告当庭所提交的借款合同等证据资料并非新的证据，故本院对原告当庭提交的借款合同等证据资料不予收录作为本案的证据使用。

根据原、被告双方当事人及第三人的诉辩主张及对证据的分析、认定，本院依法确认以下案件事实：

2014年1月17日，本案原告盛泰康业公司及案外人王某与本案第三人泰宇成公司签订借款合同，向泰宇成公司借款3500万元。借款期限届满，原告未向泰宇成公司归还借款，泰宇成公司于2015年2月2日向昆明市中级人民法院起诉本案原告及案外人王某等。该案审理中，盛泰康业公司主张其已向泰宇成公司归还借款2200万元并提交了相应的付款凭证，具体为：2014年10月27日，盛泰康业公司应泰宇成公司要求分别向案外人云南宜商商贸有限公司汇款565万元，向本案被告易佳优力公司汇款320万元，向昆明超视维动画设计有限公司汇款115万元，并于同年10月31日再次向云南宜商商贸有限公司汇款1200万元。云南省昆明市中级人民法院经审理认为，盛泰康业公司主张其按照泰宇成公司的指令向案外人汇款2200万元（用于偿还其对泰宇成公司的借款），但对此并未提交诸如双方协议或泰宇成公司出具的委托书等直接证据予以证实，泰宇成公司也不能提交证据证明其汇款指向的易佳优力公司、昆明超视维动画设计有限公司等与泰宇成公司存在业务往来或其他关联关系的证据，盛泰康业公司应对此承担举证不能的后果。故作出（2015）昆民四初字第106号民事判决书，判决盛泰康业公司及王某等向泰宇成公司归还借款3500万元及该款自2014年4月17日起款项还清之日止以中国人民银行同期同类贷款利率4倍计算的利息、律师费164600元。2016年7月28日，盛泰康业公司、王某等不服昆明市中级人民法院作出的（2015）昆民四初字第106号民事判决书，上诉于云南省高级人民法院。2016年10月26日，云南省高级人民法院作出（2016）云民终593号民事判决书，维持了原判决。

云南省昆明市中级人民法院（2015）昆民四初字第106号民事判决书在查明的案件事实部分载明：2014年，盛泰康业公司与邱某某签订融资居间合同，合同主要载明：盛泰康业公司为完成绿色轩雨庭项目缺乏资金，盛泰康业公司委托邱某某为其寻找、介绍出资方并订立合同。盛泰康业公司委托邱某某协助融资的数额为7900万元，若邱某某促成有出资意向的第三方与盛泰康业公司签署融资合同，盛泰康业公司应向邱某某支付4760888.89元作为邱某某的报酬。

2017年8月11日，盛泰康业公司以生效判决不予确认其向本案被告易佳优力公司的汇款320万元是归还向泰宇成公司的借款，易佳优力公司收取款项没有依据为由向本院起诉。

2014年10月27日，原告盛泰康业公司向被告易佳优力公司银行账户转账320万元，结算原因及用途均载明为“工程款”。

盛泰康业公司与第三人邱某某签订的融资居间合同约定的酬金支付方

式为现金，酬金按照融资款项实际到达盛泰康业公司账户之日起 3 个工作日内即需支付完成。

本案审理中，原告主张其与第三人邱某某签订的融资居间合同并未履行。原告与泰宇成公司之间存在共计 7900 万元的借款。该 7900 万元借款中的 1400 万元是由 2012 年 1 月向泰宇成公司的借款展期而来，与 2014 年的融资居间合同并无关联。同时，原告与泰宇成公司早就结识，不可能再通过居间进行借款。原告与第三人签订融资居间合同的目的，是让邱某某为原告融资 7900 万元用于归还原告向泰宇成公司的借款 7900 万元。第三人泰宇成公司认可（2015）昆民四初字第 106 号民事判决书中的原告借款确是始于 2012 年，正是居于第三人邱某某的居间，泰宇成公司才同意在 2014 年进行了展期。

本院认为，本案原告是以不当得利向本院提起诉讼，被告易佳优力公司认可收到争议款项 320 万元，但主张其收取 320 万元是代第三人邱某某收取原告应支付给邱某某的居间报酬。第三人邱某某也主张是其委托被告超视维公司代其收取盛泰康业公司支付的居间报酬。原告的诉讼请求能否得到支持，关键在于被告收取原告支付的 320 万元是否具有法律上的原因。

原告是基于其向被告支付 320 万元的给付行为而主张被告不当得利，给付行为是以其给付的原因作为其法律上的原因，给付行为的原因应当依双方当事人的合意确定。本案中，被告在收到原告支付的 320 万元之前，与原告之间并不存在债权债务关系以及其他可导致给付发生的其他关系。被告主张其收取原告支付的 320 万元是代第三人邱某某收取原告支付给邱某某的居间报酬，对被告所述的这一接受给付的原因，原告并不认可，由此，被告对其主张应承担举证责任。被告关于其收取 320 万元是代第三人邱某某收取原告应支付给邱某某的居间报酬的主张，蕴含着两层含义：第一是原告应当向邱某某支付居间报酬，第二是邱某某委托原告或指令原告将其应得居间报酬付至被告账户。这两项内容即为被告的主张得以成立必须证明的内容。关于第一项被告要证明的问题，被告提交了云南省昆明市中级人民法院（2015）昆民四初字第 106 号民事判决书及原告与邱某某签订的融资居间合同为据，原告与邱某某签订的融资居间合同可以证明签订居间合同的事实，并不能就以此证明合同已经履行；昆明市中级人民法院（2015）昆民四初字第106号民事判决书也只是确认了双方签订居间合同的事实，并未认定合同已经履行完毕、第三人邱某某履行了合同义务。虽然第三人泰宇成公司主张第三人邱某某履行了居间义务，但作为居间合同的一方当事人盛泰康业公司并不认可，被告及第三人邱某某也未提交其它有关履行合同的证据，故本案中的证据尚不能证明第三人邱某某已经履行了合同义务，也不能确定盛泰康业公司是否应向第三人邱某某支付约定报酬。

关于第二项被告应证明的问题，被告主张其收取320万元是因为第三人邱某某委托原告或指令原告将此款项付至被告账户，按此主张，如果说第三人邱某某与原告之间存在委托关系，那么邱某某是委托人，原告是受托人，委托的内容是：将应支付给第三人邱某某的款项付至被告账户。但本案原告并不认可其受托人的身份；被告也未提交第三人邱某某与原告之间存在委托关系的协议或其他可证明委托关系存在的证据。如果说是第三人邱某某指令原告将款项付至被告账户，那么，除了第三人邱某某自己的主张外，被告还应提交可以证明第三人邱某某发出了付款指令及原告接受了邱某某的指令的证据，但被告及第三人邱某某并未就此提交证据，故被告关于其收取320万元是因为第三人邱某某委托或指令原告将此款项付至被告账户的主张也不能成立。

综上所述，原、被告双方并未就320万元的给付原因达成合意，被告收取原告支付的320万元没有法律上的原因。即便原告应向第三人邱某某支付报酬的事实成立，但无证据证明存在第三人邱某某委托或指令原告将款项付至被告账户的事实，被告收取320万元的行为仍属于没有法律上的原因。被告易佳优力公司收取原告支付的320万元没有法律上的原因，其行为构成不当得利，受损失的一方有权请求其返还不当利益，被告易佳优力公司收取该320万元款项没有法律依据，对原告要求被告返还320万元款项的诉讼请求，本院予以支持。

被告不当得利的事实发生在《中华人民共和国民法总则》生效之前，应当适用当时的法律。

依照《中华人民共和国民法通则》第九十二条、《最高人民法院关于贯彻执行〈中华人民共和国民法通则〉若干问题的意见（试行）》第一百三十一条之规定，判决如下：

由被告昆明易佳优力实业有限公司于本判决生效后十日内向原告云南盛泰康业房地产股份有限公司返还320万元。

如果未按本判决指定的期间履行给付金钱义务，应当依照《中华人民共和国民事诉讼法》第二百五十三条规定，加倍支付延迟履行期间的债务利息。

案件受理费32400元，由被告昆明易佳优力实业有限公司负担。

如不服本判决，可以在判决书送达之日起十五日内，向本院递交上诉状，并按对方当事人或者代表人的人数提出副本，上诉于云南省昆明市中级人民法院。

审　判　长　张雪梅
审　判　员　张　赟
人民陪审员　成绍清

二〇一七年十二月二十九日

书　记　员　屠　忞

李某芬等与某某县人民医院医疗损害责任纠纷案

［裁判要旨］ 按照规定填写并妥善保管病历属于医疗机构及其医务人员的法定义务，由于医疗机构及其医务人员封存的病历不完整，导致鉴定人员无法对医疗机构及其医务人员在为患者提供医疗服务的过程中是否存在过错，过错与患者死亡的损害后果之间是否存在因果关系及参与度进行鉴定，即医疗机构及其医务人员对患者的诊疗行为违反了法律的规定及诊疗规范，可以推定医疗机构及其医务人员对患者的诊疗有过错。

［案　情］

2015年9月12日上午8时许，患者李某清因头昏、胸闷到被告某某县人民医院就诊，被告某某县人民医院对患者进行了输液治疗。2015年9月13日17时左右，患者李某清出现左侧肾区疼痛，B超提示“肾积水”，被告某某县人民医院对患者进行了急诊输液治疗。2015年9月14日，患者李某清到被告内一科住院治疗。2015年9月14日11时34分，患者李某清突然出现“哈欠、抽搐、呼之不应”，后经抢救无效死亡。患者李某清死亡前在被告处产生了门诊费及住院费共计1992.33元。昆明医科大学司法鉴定中心对患者李某清的死亡原因进行了鉴定，意见为：患者李某清系主动脉夹层动脉瘤破裂，急性心包血液填塞死亡，原告为此支付了鉴定费 11000 元。事发后，被告某某县人民医院依原告方要求将患者李某清的相关病历进行了封存，但后来原、被告均发现急诊科留观病历缺失，被告某某县人民医院未对患者李某清在急诊科的留观病历进行封存。原告李某芬系死者李某清的妻子，与李某清共生育了长子李甲，事发时年满 25 周岁，次子李乙，事发时年满 20 周岁；原告李丙系死者李某清的父亲，事发时年满 78 周岁，需四个子女抚养，原告家事发时系农转城居民户。审理中，本院依原告方申请并委托昆明医科大学司法鉴定中心对被告某某县人民医院的医疗行为进行医疗过错鉴定，因双方对未封存的急诊科病历是否作为鉴定检材存在争议，导致鉴定中心于 2016 年 12 月 16 日作出了终止鉴定函，终止鉴定的原因为：相关专业专家及鉴定人对双方当事人提供的材料进行了审阅，审阅发现被鉴定人李某清在某某县人民医院急诊科留诊的时间是 2015 年 9 月 12 日起至 2015 年 9 月 13 日止两天，后入住内科的时间是 2015 年 9 月 14 日早上 6：30 到 11：35，即只有 5 个小时，根据 5 个小时的资料，以及患者家属提供的门诊资料无法对某某县人民医院在为患者李某清提供医疗服务的过程中是否存在过错，过错与患者死亡的损害后果之间是否存在因果关系及参与度进行鉴定。

[审　判]

原告李某芬、李甲、李乙、李丙与被告某某县人民医院医疗损害责任纠纷一案，嵩明县人民法院于 2016 年 2 月 1 日受理后，因案情疑难复杂，于 2016 年 2 月 23 日裁定转为普通程序审理。审理中，嵩明县人民法院依原告方申请于 2016 年 4 月 19 日委托昆明医科大学司法鉴定中心对被告是否存在医疗过错进行鉴定，昆明医科大学司法鉴定中心于 2016 年 12 月 16 日作出终止鉴定的通知。嵩明县人民法院收到终止鉴定通知后依法组成合议庭，于 2017 年 2 月 27 日公开开庭进行了审理，原告李某芬、李甲、李乙、李丙及原告方共同委托代理人金尚江，被告某某县人民医院委托代理人邹某云、杨某到庭参加了诉讼。

嵩明县人民法院经一审审理认为：患者在诊疗活动中受到损害，医疗机构及其医务人员有过错的，由医疗机构承担赔偿责任。患者有损害，因下列情形之一的，推定医疗机构有过错：（一）违反法律、行政法规、规章以及其他有关诊疗规范的规定；（二）隐匿或者拒绝提供与纠纷有关的病例资料；（三）伪造、篡改或者销毁病历资料。本案中，2015 年 9 月 12 日，患者李某清因头昏、胸闷到被告某某县人民医院处就诊，被告某某县人民医院对其进行了输液治疗，2015 年 9 月 13 日 17 时左右，患者李某清出现左侧肾区疼痛，B 超提示“肾积水”，被告某某县人民医院对患者进行了急诊输液治疗，2015 年 9 月 14 日，患者李某清到内一科住院治疗，2015 年 9 月 14 日 11 时 34 分，患者李某清突然出现“哈欠、抽搐、呼之不应”，后经抢救无效死亡，被告某某县人民医院的封存病历中仅包含入住内科后的病历，缺乏急诊科留观病历，导致鉴定人无法对被告某某县人民医院在为患者李某清提供医疗服务的过程中是否存在过错，过错与患者李某清死亡的损害后果之间是否存在因果关系及参与度进行鉴定，因病历是指医务人员在医疗活动过程中形成的文字、符号、图表、影像、切片等资料的总和，包括门（急）诊病历和住院病历，门（急）诊病历和住院病历都是医务人员对患者诊疗过程的客观及时的记录，而按照规定填写并妥善保管病历属于医疗机构及其医务人员的法定义务，由于被告封存的病历中缺乏急诊科的病历，导致鉴定人员无法对某某县人民医院在为患者李某清提供医疗服务的过程中是否存在过错，过错与患者死亡的损害后果之间是否存在因果关系及参与度进行鉴定，即被告对原告的诊疗行为违反了法律的规定及诊疗规范，可以推定被告对原告的诊疗有过错。对于被告提出封存病历是原告的权利，被告对封存病历有配合义务，因原告方仅要求封存住院病历，没有要求对急诊留观病历进行封存，系原告对自己权利部分放弃的反驳主张，因封存病历可以由患者提出，也可以由医疗机构申请封存，但医疗机构封存病历时应客观、完整、全面，这样才能反映整个诊疗过程。本案被告封存患者李某清病历时遗漏了急诊科的留观病历，导致双方争议较大且无法进行医疗过错鉴定，故被告某某县人民医院主观上存在一定的过错，其无过错的反驳主张不成立，在本案中应承担 30% 的赔偿责任；因患者李某清的死因系主动脉夹层动脉瘤破裂，急性心包血液填塞死亡，且嵩明县人民法院结合现有的医疗水平及病因诊断，认为医疗行为本身具有一定的风险性，故作为患者的李某清，对其自身的病情应自负本案 70% 的责任。

对原告方主张的住院费及门诊费 2038.71 元，因有发票证实的费用为 1992.33 元，故原告方主张的医疗费应为 1992.33 元；对原告方主张的护理费 150 元（75 元 / 天 ×2 天），因符合法律规定，故嵩明县人民法院予以支持；对原告方主张的患者亲属办理丧葬事宜的误工损失 5679.49 元（46067 元 / 年 ÷365 天 ×15 天 ×3 人），因计算标准有误，且误工天数过多，应以 3 人 5 天计算为宜，故误工损失嵩明县人民法院依法计算为 1406.67 元（34229 元 / 年 ÷365 天 ×5 天 ×3 人）；对原告方主张的住院伙食补助费 100 元（100 元 / 天 ×1 天），因符合法律的规定，故嵩明县人民法院予以支持；对原告方主张的营养费 50 元（50 元 / 天 ×1 天），嵩明县人民法院结合案件实际予以支持；对原告方主张的李某清死亡赔偿金 549553.75 元，因符合法律的规定，故嵩明县人民法院予以支持［其中：死亡赔偿金 527460 元（26373 元 / 年 ×20 年）；被扶养人生活费 22093.75 元（17675 元 ×5 年 ÷4 人）］；对原告方主张的李某清丧葬费 32231.50 元（64463 元 / 年 ÷12 月 ×6 月），因符合法律规定，故嵩明县人民法院予以支持；对原告方主张的鉴定费 11000 元（包含毒物分析及尸体解剖费 9000 元、尸检费用 2000 元），因有票据予以证实，故嵩明县人民法院予以支持；对原告方主张的交通费 3000 元，嵩明县人民法院酌情认定 600 元。上述费用共计 597084.25 元，应由被告某某县人民医院承担 30% 的责任，即人民币 179125 元。对原告方主张的精神损害抚慰金 58768.20 元，因推定被告对患者李某清的诊疗行为存在一定过错，故被告的诊疗行为给患者李某清的亲属造成了身体和精神上的一定损害，嵩明县人民法院结合患者李某清的病因及被告的过错程度，酌情认定被告应承担的精神损害抚慰金为 5000 元。综上所述，被告某某县人民医院在本案中按其过错应赔偿原告方的损失共计为 184125 元。据此，嵩明县人民法院依照《中华人民共和国侵权责任法》第五十四条、第五十八条，《最高人民法院关于审理人身损害赔偿案件适用法律若干问题的解释》第十七条至第二十四条、第二十七条、第二十八条、第二十九条，《中华人民共和国继承法》第十条及《最高人民法院关于确定民事侵权精神损害赔偿责任若干问题的解释》第八条之规定，作出如下判决：一、由被告某某县人民医院于本判决生效后十五日内一次性赔偿原告李某芬、李甲、李乙、李丙因李某清死亡的医疗费、误工费、住院伙食补助费、护理费、营养费、交通费、丧葬费、死亡赔偿金及精神损害抚慰金等费用共计 184125 元；二、驳回原告李某芬、李甲、李乙、李丙的其他诉讼请求；三、案件诉讼费 3511 元，由被告某某县人民医院承担 1053 元，其余 2458 元由原告李某芬、李甲、李乙、李丙共同承担。

一审宣判后，被告某某县人民医院不服提出上诉，二审法院审理后作出维持原判的判决。

[评　析]

医疗涉及人民群众的身体健康，是社会生活中的重要环节。近年来随着社会发展，医患间矛盾日益突出，人民法院作为审判机关受理医疗纠纷的案件也逐渐成为涉民生审判任务中的重中之重。医疗类纠纷通常存在社会关注度高、家属情绪激动、诉讼数额虚高等特点。在《侵权责任法》公布之后，医疗损害赔偿纠纷案件的数量不但没有减少，反而逐年上升。随着《侵权责任法》于 2009 年年末的颁布，医疗损害赔偿类的收案趋势是稳中有升。因此，笔者结合本案例的审判实践，对医疗损害赔偿案件中的举证责任分配问题进行分析，以期对类似案件的处理提出建议，供审判实践参考。

一、医疗机构的过错责任中举证责任分配问题。

本案是典型的举证责任分配决定整个案件处理结果的案件。关于举证责任，《侵权责任法》第六条明确了过错责任的归责原则。而在《侵权责任法》第七章“医疗损害责任”中，虽规定了医疗损害的归责原则同样为过错原则，但并未明确规定医患双方谁应当对医疗机构的过错负举证责任，只是在第五十八条中规定了三种过错推定原则。对于举证责任分配，实务界的看法并不一致，目前的观点大致有三：（1）根据《侵权责任法》第七章规定，医疗损害赔偿纠纷案件要实行“谁主张，谁举证”

的举证责任分配原则，除《侵权责任法》第五十八条规定的三种过错推定情形以外，均由患者承担举证责任；（2）医疗损害赔偿纠纷案件，应适用《最高人民法院关于民事诉讼证据的若干规定》第四条第一款第（八）项规定适用举证倒置规则；（3）《侵权责任法》第五十四条明确规定了医疗损害责任适用过错原则，并未规定因果关系的问题，因此举证责任应当分配为患者对医疗机构的过错这一要件承担举证责任，而医疗机构应对不存在损害因果关系承担举证责任。

《最高人民法院关于民事诉讼证据的若干规定》第四条第二款规定："有关法律对侵权诉讼的举证责任有特殊规定的，从其规定。"对此笔者认为，《侵权责任法》中实际并未对过错和因果关系的举证责任进行规定。《侵权责任法》的颁布并不是对已有法律规定的修改，且最高法院的司法解释并非针对某一旧法专门所作，而是为了统一审判实务中关于证据的使用和认定的标准。另外，归责原则与举证责任虽不可分开适用，但前述二规定分属不同的领域（归责原则属实体法概念，举证责任分配则属程序法概念）。因此，在目前的审判实务中，应由患者对医疗机构过错负举证责任，医疗机构负损害因果关系的举证责任。

二、推定医疗机构过错的举证责任分配问题

《侵权责任法》第五十八条规定："患者有损害，因下列情形之一的，推定医疗机构有过错：（一）违反法律、行政法规、规章以及其他有关诊疗规范的规定；（二）隐匿或者拒绝提供与纠纷有关的病历资料；（三）伪造、篡改或者销毁病历资料。"医疗机构持有的患者病历资料，如其拒不提供，法院并不能依据审判经验认定其应当持有；同样，更不具备专业知识的患者也没有证明医疗机构隐匿、拒绝提供的能力。因此，患者举证的方式仍然回归到申请医疗鉴定，只有通过专业鉴定，才能发现在对病患的处理中，医疗机构应当持有哪些资料而并未向法院提供。至此，举证责任又分配给了患者，因为理论上医疗机构不会主动申请鉴定，因为证明其过错和损害因果关系的举证责任在于患者而非医疗机构，况且如果医疗机构真的实施了隐匿等行为，更不会主动申请鉴定。不难发现，此时如果需要患者举证证明医疗机构隐匿了哪些病历，实际已经通过鉴定证明了医疗机构有无过错，那么会出现几种情况：（1）经过鉴定，医疗机构无过错但隐匿了病历；（2）经过鉴定，医疗机构有过错但没有隐匿病历；（3）经过鉴定，医疗机构有过错也隐匿了病历；（4）经过鉴定，医疗机构无过错也没有隐匿病历。

在第（1）种情况下，医疗机构因隐匿了病历，按照《侵权责任法》第五十八条之规定，应当承担赔偿责任。但此时医疗机构无过错，让审判机关较头疼的问题是，鉴定结论证明了医疗机构无过错，那么不会出现医疗机构的行为与损害结果的参与度系数值（通常以百分比出现），也就无法确定医疗机构的责任系数，只能酌情判定或干脆直接支持患者的全部诉讼请求，按全款判付。此判决更类似于诉讼法学界的证明妨害理论。目前我国《民事诉讼法》规定的妨害诉讼，应当对妨害人进行罚款、拘留等处罚性司法强制措施，而非直接支持对方的诉讼请求。因此，法官在遇到这种问题时，只能利用裁量权对案件事实加以衡量作出相应的判决，易造成双方均不服判决的局面，且难以形成司法的统一。在第（2）、（3）种情况下，案件能够得到有效解决，医疗机构会因为存在过错承担赔偿责任。但这似乎已背离了立法关于过错推定的初衷，因为此时医疗机构应当按照其过错承担赔偿责任，也就无所谓推定，且此时实际由患者承担了举证责任。因此，笔者认为，《侵权责任法》所使用的“推定医疗机构有过错”，并非实际意义上的过错推定，传统意义上的过错推定，指当事人在不能证明自身无过错时，则认为其有过错，反言之系允许当事人证明其无过错，《侵权责任法》第六条第二款也对此作了明确规定（“根据法律规定推定行为人有过错，行为人不能证明自己没有过错的，应当承担侵权责任”）。同样的过错推定，在《侵权责任法》第八十五条关于“搁置物、悬挂物”致人损害中，却明确了允许加害人以反证脱责。因此，笔者认为《侵权责任法》第五十八条规定更加注重保护患者在医患纠纷中的弱势地位，没有明确规定医疗机构可反证推翻过错推定而脱责。在第（4）种情况下，患者不但不能证明医疗机构的过错，也不能证明其隐匿行为，虽为审理案件提供了依据，但其自身问题没有得到解决，还因为举证责任承担了鉴定费用，实在是“竹篮打水一场空”。

有学者认为，此时可以由审判机构介入，依职权委托鉴定。出于将案件事实彻底查清的初衷，可以由法院依职权委托鉴定。但考虑诉讼成本、司法资源、审判效率等客观因素，在每一件患者怀疑医疗机构隐匿、涂改病历的案件中都依职权委托鉴定，是不客观也是不现实的。如同医患之间在鉴定机构的选定上进行博弈的过程中，不论选定医学会下属的机构鉴定，还是选定有司法鉴定资格的鉴定机构鉴定，最终的鉴定结果也许并无差别，都能反映客观事实，但同排除有利害关系的证人证言一样，其区别在于优先保证程序性公正。因此，举证责任分配之后，最终的区别也许只是谁来申请鉴定的问题，如果患者因经济等原因没能申请鉴定，则案件结果对患者也许会不尽公正，则审判只能发挥处理社会矛盾问题，不能起到指引社会生活的作用，所谓实现法律效果与社会效果的统一也更无从谈起。因此，鉴于医疗损害赔偿纠纷的专业性质且有专业鉴定的救济途径，并且由医疗机构举证证明其没有隐匿病历等行为也并不困难（因需要专业鉴定），因此可以将此举证责任分配给医疗机构。如果在审判实务中，能够逐步将举证责任分配开来，并且加大医疗机构的举证责任，必定对提高办案效率、统一司法尺度大有裨益。

三、关于加大医疗机构举证责任的思考

加大医疗机构举证责任，可以将侵权责任的构成要件按照举证责任单独划出，在医患双方间进行合理分配。

（一）正常审理中举证责任的分配

即由医疗机构承担其行为与损害结果没有因果关系的举证责任，这与《最高人民法院关于民事诉讼证据的若干规定》第四条中关于举证责任倒置的规定有相同部分，不同的是，将证明医疗机构是否有过错的举证责任分配给患者，通过由患者申请医疗过错鉴定来完成，对患者来说并不难实现。如果经过释明，其不同意申请鉴定，且未提出医疗机构具有过错推定情形的可能，法院亦认为不具有这种可能的情况下，判决患方败诉。

（二）对于患方提出医疗机构存在过错推定情形的可能性案件的举证责任的分配

在过错推定中，也需要由患者承担医疗机构实施了隐匿等行为的证明责任。在审判实践中，欲适用过错推定规则时，首先由患者进行形式性举证，例如患者举证手中所掌握的病历簿与其掌握的诊断证明或就诊票据不能吻合（此处如患者故意隐匿，则可以民事诉讼中的证明妨害规定对患者进行处罚）；其次由法院释明医方对是否实施了隐匿病历等行为进行司法鉴定，如果双方对此均不表态，而在审理过程中法院发现医疗机构可能有隐匿等行为且会对案件事实认定产生重大影响，或者患者确因经济困难而无法申请鉴定，那么法院可依职权委托鉴定。

综上，目前审判实务中对医疗损害赔偿纠纷的举证责任分配规则并不统一，现有的规定也不尽公平。因此，随着《侵权责任法》的进一步实施，在各地出台适用指导意见时，应当充分考虑双方举证能力的差异，合理分配举证责任，使确定的案件事实进一步接近客观事实。本案例中患者家属通过申请鉴定的方式证明了医疗机构存在隐匿病历资料等的行为，一审法院据此推定医院主观上有过错，酌情应承担30%的赔偿责任符合过错推定的情形。

[评选理由]

本案属典型的医疗损害责任纠纷案件。现实中因患者在就诊过程中死亡引发的纠纷频发，本案涉及病历缺失情形下医疗机构过错如何认定的问题。本案对我国《侵权责任法》《医疗事故处理条例》的准确理解、适用，符合立法原则和法律精神，较好的化解了医患纠纷，维护社会稳定。

一审裁判文书：云南省昆明市嵩明县人民法院（2016）云0127民初198号

一审合议庭组成人员：

审判长：李绍录；人民陪审员：杨聪明、杨学明

案例提供单位：云南省昆明市嵩明县人民法院

承办人：李绍录；编写人：李绍录

附：

云南省嵩明县人民法院
民 事 判 决 书

（2016）云 0127 民初 198 号

原告李某芬，女，1968 年 3 月 4 日生，汉族，云南省某某县人，居民，住云南省某某县。

原告李甲，男，1990 年 1 月 24 日生，汉族，云南省某某县人，居民，住云南省某某县。

原告李乙，男，1995 年 8 月 9 日生，汉族，云南省某某县人，居民，住云南省某某县。

原告李丙，男，1937 年 8 月 7 日生，汉族，云南省某某县人，居民，住云南省某某县。

四原告共同委托代理人金某江，系云南天外天律师事务所律师。代理权限为特别授权代理。

被告某某县人民医院。

住所：某某县嵩阳街道办事处黄龙大街 350 号。

法定代表人杨某辉，系该院院长。

委托代理人邹某云，系云南君晟律师事务所律师。代理权限为特别授权代理。

委托代理人杨某，男，1967 年 7 月 5 日生，汉族，云南省某某县人，医院职工，住云南省某某县。代理权限为特别授权代理。

原告李某芬、李甲、李乙、李丙与被告某某县人民医院医疗损害责任纠纷一案，本院于 2016 年 2 月 1 日受理后，因案情疑难复杂，于 2016 年 2 月 23 日裁定转为普通程序审理。审理中本院依原告方申请于 2016 年 4 月 19 日委托昆明医科大学司法鉴定中心对被告是否存在医疗过错进行鉴定，昆明医科大学司法鉴定中心于 2016 年 12 月 16 日作出终止鉴定的通知。本院收到终止鉴定通知后依法组成合议庭，于2017年2月27日公开开庭进行了审理，原告李某芬、李甲、李乙、李丙及原告方共同委托代理人金某江，被告某某县人民医院委托代理人邹某云、杨某到庭参加了诉讼，本案现已审理终结。

四原告共同诉称：原告李某芬系患者李某清的妻子，原告李甲、李乙系患者李某清的儿子，原告李丙系患者李某清的父亲。患者李某清因头昏、胸闷，于2015年9月12日上午8时许，到被告某某县人民医院急诊科就诊，因无床位被告未将患者收治住院，只是进行简单检查后给予输液治疗，但患者病情不见好转，当晚就在被告急诊科留观。9月13日17时左右，患者李某清出现左侧肾区疼痛，B超提示“肾积水”，被告给予输液治疗，输完液后患者继续留在被告急诊科的观察室。9月14日早上，患者在妻子的陪同下到内一科办理住院手续，内一科以“胸痛查因”收住院，患者住院后被告并未及时对患者进行检查，便为患者输液治疗，2015年9月14日11时34分，患者在输液过程中突然出现“哈欠、抽搐、呼之不应”，被告对患者进行了抢救，12时36分患者仍无自主心跳、呼吸，被告宣告患者临床死亡。综上所述，被告在为患者李某清提供医疗服务的过程中存在过错，严重违反诊疗常规，未及时诊断确认患者病情并对症治疗，最终导致患者李某清死亡，被告的医疗损害行为与患者的死亡的损害后果之间存在因果关系，同时使原告方及家属遭受了巨大的精神痛苦。综上所述，为了切实维护原告方的自身合法权益，只好诉至法院，请求依法判令：一、由被告某某县人民医院赔偿我们医疗费、护理费、误工费、住院伙食补助费、被扶养人生活费、营养费、死亡赔偿金、丧葬费、鉴定费、交通费、精神损害赔偿金等共计602191.30元；二、案件诉讼费由被告承担。

被告某某县人民医院辩称：医院不存在隐匿病历的行为，且无过失。首先，本案的客观事实是：原告要求封存了死者在我院内一科的住院病例后，并没有要求封存急诊科留观病历；在原告要求封存内一科病历的第二天，即2015年9月16日，我院通知原告对急诊留观病历进行封存，但是原告拒绝封存该部分病历。在本案鉴定过程中，被告向鉴定机构提交原告未要求封存的该部分病历（急诊科留观病历）时，原告对该部分病历不予认可，理由为该部分病历未封存。通过以上事实可知，我院不仅没有隐匿病历、拒绝向原告及鉴定机构提供病历，还主动要求、配合原告封存病历及向鉴定机构提供必要医疗文本，原告认为我院存在隐匿病历的行为没有事实根据。其次，根据医疗机构病历管理规定可知，对于是否封存病历为原告的权利，被告对于封存病历，有配合义务，本案中，原告仅要求封存内一科住院病历，没有要求对急诊科留观病历进行封存，这是原告对自己权利的部分放弃，被告在例行检查工作中察觉后，主动要求原告补封急诊科病历，其实质是对原告权利的保护和对双方法定权利的公正、谨慎对待，根据法律权利义务对等原则，不能把原告放弃的权利转嫁为被告应承担的义务，这无疑扩大了被告的义务范围，有失公允。同时本案应当重新委托鉴定机构对整个医疗行为进行鉴定。在医疗损害纠纷案件中，对于整个医疗行为是否存在过错，以及过错与损害后果之间是否存在因果关系应该由专业的鉴定机构作出鉴定结论，而作为鉴定的材料，未封存的病历也是重要的组成部分，因为只有完整的鉴定材料才可以作出客观公正的鉴定结论。结合本案实际，未封存的急诊留观病历是客观存在的，并且符合证据的真实性、关联性及合法性，也应该作为鉴定材料一起进行鉴定，以便鉴定机构作出客观公正的鉴定结论，因此本案应该重新委托鉴定机构进行鉴定。另外，我院也尽到了所有的医疗责任，但是因为我院治疗条件有限，患者的真正死因系主动脉夹层动脉瘤破裂、急性心包血液填塞死亡，没有哪家医院能查明患者的病因。综上所述，原告方的主张不成立，依法应予以驳回。

原告针对其诉讼主张，在举证期限内向本院提交了以下证据：

1. 户口册、证明各一份，证明患者李某清生前与妻子李某芬共同生育了两个子女，分别是原告李甲、李乙。患者父亲李丙仍健在，母亲病故，四原告均是适格主体且均是城镇居民，本案的赔偿金、被抚养人生活费均应该按城镇居民标准计算的事实。

2. 某某县人民医院病危通知书、急诊床旁心电图报告、检验报告单等，证明 2015 年 9 月 12 日上午 8 时，患者李某清到被告某某县人民医院急诊科就诊，当日 8：50 分被告向患者李某清家属下达病危通知书，但被告未将患者收治住院，只进行简单检查后给予输液治疗，但病情未见好转，当晚患者李某清在被告急诊科留观的事实。

3. 某某县人民医院门诊病历记录、心电图报告、彩色多普勒超声波报告等，证明9月13日17时左右，患者李某清出现左侧肾区疼痛，急诊科申请B超检查提示“肾积水”，被告给予输液治疗，输完液后患者继续留在被告急诊科观察室的事实。

4. 某某县人民医院内科整体护理病历入院评估表、住院病历书笺等、出院证、出院小结等，证明2015年9月14日患者李某清到内一科办理住院手续，内一科以“胸痛查因”收住院，2015年9月14日11时，患者李某清在输液过程中突然出现“哈欠、抽搐、呼之不应”，被告对患者进行了抢救，12时36分患者仍无自主心跳、呼吸，被宣告临床死亡的事实。

5. 昆明医科大学司法鉴定中心司法鉴定查验报告书、司法鉴定意见书，证明经查验鉴定，患者李某清非药物中毒死亡。患者真正死因系“主动脉夹层动脉瘤破裂，急性心包血液填充死亡”的事实。

6. 家庭证明，证明原告李丙由患者李某清四兄弟共同抚养的事实。

7. 云南省医疗住院收费票据，证明患者李某清在被告处支付过住院费669.93元的事实。

8. 云南省医疗费门诊收费票据，证明患者李某清在被告处支付过门诊费1368.78元的事实。

9. 鉴定费发票，证明原告方支付过毒物分析及患者李某清的尸检鉴定费11000元的事实。

经质证，被告某某县人民医院对上述证据的三性予以认可，均无异议。

被告某某县人民医院当庭向本院提交转院资料一份，证明被告某某县人民医院建议患者李某清进行转院，患者李某清也进行了转院的事实。

经质证，原告认为被告提交的转院病历资料未在举证期限内提供，也没有封存在档案中，告知书的标题也进行了涂改，从内容上看，告知书无法证明被告的证明目的，告知书的落款时间为2015年9月13日，但患者李某清又回到了被告处进行治疗，也没有写明患者离开被告医院的时间，故患者离开被告医院的时间也无法查证。

本院依原告方申请并委托昆明医科大学司法鉴定中心对被告某某县人民医院的医疗行为进行医疗过错鉴定，因双方对未封存的急诊科病历是否作为鉴定检材存在争议，导致鉴定中心于2016年12月16日作出了终止鉴定函。终止鉴定的原因为：相关专业专家及鉴定人对双方当事人提供的材料进行了审阅，审阅发现被鉴定人李某清在某某县人民医院急诊科留诊的时间是2015年9月12日起至2015年9月13日止两天，后入住内科的时间是2015年9月14日早上6：30到11：35，即只有5个小时，根据5个小时的资料以及患者家属提供的门诊资料无法对某某县人民医院在为患者李某清提供医疗服务的过程中是否存在过错，过错与患者死亡的损害后果之间是否存在因果关系及参与度进行鉴定。

经质证，原告方对上述终止鉴定函予以认可，无异议；被告某某县人民医院认为封存的病历资料不只有5个小时，我们对原告提交的急诊科的病历资料也是予以认可的，昆明医科大学司法鉴定中心也没有处理，我们封存的病历资料已经包含了门诊资料和急诊科的病历资料，没有封存的病历资料为CT报告和转院告知书，但是CT报告反映不出来患者的病因，我们认为封存的病历资料是可以进行鉴定的。

本院对上述证据将结合案件实际予以综合分析认定。

通过庭审和质证，本院确认本案如下法律事实：

2015年9月12日上午8时许，患者李某清因头昏、胸闷到被告某某县人民医院就诊，被告某某县人民医院对患者进行了输液治疗。2015年9月13日17时左右，患者李某清出现左侧肾区疼痛，B超提示“肾积水”，被告某某县人民医院对患者进行了急诊输液治疗。2015年9月14日，患者李某清到被告内一科住院治疗。2015年9月14日11时34分，患者李某清突然出现“哈欠、抽搐、呼之不应”，后经抢救无效死亡。患者李某清死亡前在被告处产生了门诊费及住院费共计1992.33元。经昆明医科大学司法鉴定中心对患者李某清的死亡原因进行了鉴定，意见为：患者李某清系主动脉夹层动脉瘤破裂，急性心包血液填塞死亡，原告为此支付了鉴定费11000元。事发后，被告某某县人民医院依原告方要求将患者李某清的相关病历进行了封存，但后来原、被告均发现急诊科留观病历缺失，被告某某县人民医院未对患者李某清在急诊科的留观病历进行封存。原告李某芬系死者李某清的妻子，与李某清共生育了长子李甲，事发时年满25周岁，次子李乙，事发时年满20周岁；原告李丙系死者李某清的父亲，事发时年满78周岁，需四个子女抚养，原告方在事发时系农转城居民户。

审理中，本院依原告方申请并委托昆明医科大学司法鉴定中心对被告某某县人民医院的医疗行为进行医疗过错鉴定，因双方对未封存的急诊科病历是否作为鉴定检材存在争议，导致鉴定中心于2016年12月16日作出了终止鉴定函，终止鉴定的原因为：相关专业专家及鉴定人对双方当事人提供的材料进行了审阅，审阅发现被鉴定人李某清在某某县人民医院急诊科留诊的时间是2015年9月12日起至2015年9月13日止两天，后入住内科的时间是2015年9月14日早上6：30到11：35，即只有五个小时，根据五个小时的资料及患者家属提供的门诊资料无法对某某县人民医院在为患者李某清提供医疗服务的过程中是否存在过错，过错与患者死亡的损害后果之间是否存在因果关系及参与度进行鉴定。

本院认为：患者在诊疗活动中受到损害，医疗机构及其医务人员有过错的，由医疗机构承担赔偿责任。患者有损害，因下列情形之一的，推定医疗机构有过错：（一）违反法律、行政法规、规章以及其他有关诊疗规范的规定；（二）隐匿或者拒绝提供与纠纷有关的病例资料；（三）伪造、篡改或者销毁病历资料。本案中，2015年9月12日，患者李某清因头昏、胸闷到被告某某县人民医院处就诊，被告某某县人民医院对其进行了输液治疗，2015年9月13日17时左右，患者李某清出现左侧肾区疼痛，B超提示“肾积水”，被告某某县人民医院对患者进行了急诊输液治疗，2015年9月14日，患者李某清到内一科住院治疗，2015年9月14日11时34分，患者李某清突然出现“哈欠、抽搐、呼之不应”，后经抢救无效死亡，被告某某县人民医院的封存病历中仅包含患者李某清入住内科后的病历，缺乏急诊科留观病历，导致鉴定人无法对被告某某县人民医院在为患者李某清提供医疗服务的过程中是否存在过错，过错与患者李某清死亡的损害后果之间是否存在因果关系及参与度进行鉴定，因病历是指医务人员在医疗活动过程中形成的文字、符号、图表、影像、切片等资料的总和，包括门（急）诊病历和住院病历，门（急）诊病历和住院病历都是医务人员对患者诊疗过程的客观及时的记录，而按照规定填写并妥善保管病历属于医疗机构及其医务人员的法定义务，由于被告封存的病历中缺乏急诊科的病历，导致鉴定人员无法对某某县人民医院在为患者李某清提供医疗服务的过程中是否存在过错，过错与患者死亡的损害后果之间是否存在因果关系及参与度进行鉴定，即被告对原告的诊疗行为违反了法律的规定及诊疗规范，可以推定被告对原告的诊疗有过错。对于被告提出封存病历是原告的权利，被告对封存病历有配合义务，因原告方仅要求封存住院病历，没有要求对急诊留观病历进行封存，系原告对自己权利部分放弃的反驳主张，因封存病历可以由患者提出，也可以由医疗机构申请封存，但医疗机构封存病历时应客观、完整、全面，这样才能反映整个诊疗过程，本案被告封存患者李某清病历时遗漏了急诊科的留观病历，导致双方争议较大且无法进行医疗过错鉴定，故被告某某县人民医院主观上存在一定的过错，其无过错的反驳主张不成立，在本案中应承担30%的赔偿责任；因患者李某清的死因系主动脉夹层动脉瘤破裂，急性心包血液填塞死亡，且本院结合现有的医疗水平及病因诊断，认为医疗行为本身具有一定的风险性，故作为患者的李某清，对其自身的病情应自付本案70%的责任。

对原告方主张的住院费及门诊费2038.71元，因有发票证实的费用为1992.33元，故原告方主张的医疗费应为1992.33元；对原告方主张的护理费150元（75元/天 ×2天），因符合法律规定，故本院予以支持；对原告方主张的患者亲属办理丧葬事宜的误工损失5679.49元（46067元/年 ÷365天 ×15天 ×3人），因计算标准有误，且误工天数过多，应以3人5天计算为宜，故误工损失依法计算为1406.67元（34229元/年 ÷365天 ×5天 ×3人）；对原告方主张的住院伙食补助费100元（100元/天 ×1天），因符合法律的规定，故本院予以支持；对原告方主张的营养费50元（50元/天 ×1天），本院结合案件实际予以支持；对原告方主张的李某清死亡赔偿金549553.75元，因符合法律的规定，故本院予以支持［其中：死亡赔偿金 527460 元（26373 元 / 年 ×20 年）；被扶养人生活费 22093.75 元（17675 元 ×5 年 ÷4 人）］；对原告方主张的李某清丧葬费 32231.50 元（64463 元 / 年 ÷12 月 ×6 月），因符合法律规定，故本院予以支持；对原告方主张的鉴定费 11000 元（包含毒物分析及尸体解剖费 9000 元、尸检费用 2000 元），因有票据予以证实，故本院予以支持；对原告方主张的交通费 3000 元，本院酌情认定 600 元。上述费用共计 597084.25 元，应由被告某某县人民医院承担 30% 的责任，即币 179125 元。对原告方主张的精神损害抚慰金 58768.20 元，因推定被告对患者李某清的诊疗行为存在一定过错，故被告的诊疗行为给患者李某清的亲属造成了身体和精神上的一定损害，本院结合患者李某清的病因及被告的过错程度，酌情认定被告应承担的精神损害抚慰金为 5000 元。综上所述，被告某某县人民医院在本案中按其过错应赔偿原告方的损失共计为 184125 元，据此，本院依照《中华人民共和国侵权责任法》第五十四条、第五十八条，《最高人民法院关于审理人身损害赔偿案件适用法律若干问题的解释》第十七条至第二十四条、第二十七条、第二十八条、第二十九条，《中华人民共和国继承法》第十条及《最高人民法院关于确定民事侵权精神损害赔偿责任若干问题的解释》第八条之规定，判决如下：

一、由被告某某县人民医院于本判决生效后十五日内一次性赔偿原告李某芬、李甲、李乙、李丙因李某清死亡的医疗费、误工费、住院伙食补助费、护理费、营养费、交通费、丧葬费、死亡赔偿金及精神损害抚慰金等费用共计 184125 元。

二、驳回原告李某芬、李甲、李乙、李丙的其他诉讼请求。

案件诉讼费 3511 元，由被告某某县人民医院承担 1053 元，其余 2458 元由原告李某芬、李甲、李乙、李丙共同承担。

如不服本判决，可在判决书送达之日起十五日内，向本院递交上诉状，并按对方当事人的人数或代表人的人数提出副本，上诉于云南省昆明市中级人民法院。

判决生效履行期限届满后，当事人申请执行的期间为二年。

如果义务人未按判决指定的期间履行给付金钱义务，应当依照《中华人民共和国民事诉讼法》第二百五十三条之规定，加倍支付延迟履行期间的债务利息。

审　判　长　李绍录
人民陪审员　杨聪明
人民陪审员　杨学明

二〇一七年五月十九日

书　记　员　袁　帅

昆明市人力资源和社会保障局及昆明市人民政府因劳动和社会保障行政确认及行政复议上诉案

［**裁判要旨**］《工伤保险条例》第十四条第（五）项规定的应认定为工伤情形中的“因工外出”，是指职工因工作上的需要外出，目的是为完成工作或为完成工作做准备。在因工作原因外出完成工作的同时顺便完成个人事务，并不影响“因工外出”的正当性。

［案　情］

上诉人（一审被告）昆明市人力资源和社会保障局。地址：昆明市呈贡区锦绣大街1号昆明市委8号楼三楼。

统一社会信用代码：11530100550100153Q。

法定代表人姚振康，局长。

委托代理人杨艳，云南唯真律师事务所律师，代理权限：特别授权代理。

上诉人（一审被告）昆明市人民政府。地址：昆明市呈贡区锦绣大街市级行政中心6号楼。

法定代表人王喜良，市长。

委托代理人李海峰，昆明市人民政府法制办公室工作人员，代理权限：特别授权代理。

委托代理人刘俊呈，云南北川律师事务所律师，代理权限：特别授权代理。

被上诉人（一审原告）贺某，男，汉族，1966年12月21日生，系死者贺某邻之父。

被上诉人（一审原告）李仁某，女，汉族，1965年5月19日生，系死者贺某邻之母。

两被上诉人共同委托代理人佘佳京，云南潘克律师事务所律师，代理权限：特别授权代理。

被上诉人（一审第三人）云南省监狱管理局中心医院。地址：昆明市五华区教场北路440号附3号。

法定代表人苏学仁，院长。

委托代理人许兴华，北京市昌久（昆明）律师事务所律师，代理权限：特别授权代理。

贺某邻生前是第三人云南省监狱管理局中心医院（以下简称：监狱中心医院）的职工，岗位为警察。事发前，贺某邻被抽调参加2014年10月27日开始的全省监狱强戒所人民警察岗位大练兵活动。2014年10月26日15时至17时，监狱中心医院召开了大练兵活动决赛的赛前动员会议，会议要求参赛人员："27日早上11：30分收队，在此之前队员做好准备，注意警容风纪，男同志剪一下头发，女同志把头发挽起来，衣服洗干净等"。当天18时，贺某邻约同事伏某某外出吃饭、理发，外出期间二人在网吧上网，22时30分左右，二人返回单位。伏某某乘坐刘海的车回宿舍，贺某邻骑电动自行车返回。贺某邻行至云南省第二监狱内便道教管楼附近路段发生事故，被送往云南省第二人民医院抢救，经医治无效于2014年11月11日死亡。诊断结论为：特重型颅脑外伤死亡。后经交警部门认定，贺某邻承担此次事故的全部责任。2014年12月2日，昆明市人力资源和社会保障局（以下简称昆明人社局）受理了监狱中心医院就贺某邻死亡一事提出的工伤认定申请，于2015年1月16日作出"不予认定工伤"的决定（编号：R150001号）。贺某邻父母不服向法院起诉。昆明市中级人民法院于2016年3月21日作出判决，撤销了上述"不予认定工伤”的决定。2016 年 3 月 29 日，昆明人社局重新审核本案，于 2016 年 5 月 18 日作出“不予认定工伤”的决定（编号：R160001 号），并按规定将认定结论送达当事人。贺某、李仁某不服该认定结论向昆明市人民政府提出行政复议，昆明市人民政府于 2016 年 6 月 17 日受理后，经过复议审查，于 2016 年 8 月 8 日作出“维持第 R160001 号《不予认定工伤决定书》的具体行政行为”的复议决定（编号：云昆政行复决字〔2016〕第 50 号）。贺某、李仁某不服昆明人社局作出的编号为 R160001 号“不予认定工伤”的决定及昆明市人民政府作出的“维持 R160001 号不予认定工伤的决定”复议决定，提起本案行政诉讼。

上诉人昆明人社局认为：贺某邻在非工作时间、非因工外出发生交通事故受到伤害。其不符合《工伤保险条例》第十四条第五项：“因工外出期间，由于工作原因受到伤害或发生交通事故下落不明的”法定情形及其他认定或视同工伤的法定情形。昆明人社局认为贺某邻在下班休息期间自由活动，外出休闲娱乐返回单位宿舍途中发生单方交通事故导致死亡的事实清楚，其返回单位宿舍的目的并非是参加练兵活动而是回宿舍休息，不是从事任何与工作有关的事项。“因工外出”是指职工由于工作需要到本单位以外从事与本职工有关的工作。贺某邻是监狱中心医院的干警，其外出活动及理发不是其本职工作。对于将休整期间的充分休息、恢复体力以及包括洗衣服、个人卫生、理发等行为都视为是因练兵而进行的关于警容风纪的准备工作，在此期间发生伤害都应当认定为工伤的观点，有悖于工伤认定的“工作时间、工作场所、工作原因”三个基本要素。

上诉人昆明市人民政府认为：昆明市人民政府作出的行政复议决定程序合法，适用法律正确；昆明人社局作出不予认定工伤决定，事实清楚，程序合法，适用法律正确。

[审　判]

一审法院经审理后认为，案件的争议焦点在于昆明人社局作出的 R160001 号不予认定工伤决定事实是否清楚，适用法律是否正确，程序是否合法。一审法院认为，贺某邻死亡时间是大练兵封闭训练的休整期间，事故发生的地点是云南省第二监狱内便道教管楼附近，该路段是人员外出回单位的必经路段，严格意义上不是工作场所或者训练场所。休整期间就是为第二天参加大练兵做准备，包括洗衣服、个人卫生、理发等关于警容风纪的准备，也包括充分休息，恢复体力，所以贺某邻死亡时间不是工作时间。贺某邻为了休息也是为了第二天大练兵做准备请假外出，根据《最高人民法院关于审理工伤保险行政案件若干问题的规定》第五条第二款规定“职工因工外出期间从事与工作或者受用人单位指派外出学习、开会无关的个人活动受到伤害，社会保险行政部门不认定为工伤的，人民法院应予支持”，贺某邻外出虽然从事了与其工作无关的上网活动，但其发生事故并不是在上网中发生的，而是在其按归队要求时限内返回单位的时候发生，不属于上述条款规定的情况。根据《最高人民法院关于审理工伤保险行政案件若干问题的规定》第五条第一款“社会保险部门认定下列情形为因工外出期间的，人民法院应予支持……（三）职工因工作需要的其他外出活动期间”的规定，贺某邻外出目的包含按动员会议要求为第二天参加大练兵做准备。昆明人社局认为贺某邻外出属于个人事务，适用法律错误。关于被告昆明人社局作出的本案被诉具体行政行为是否违反了“不得以同一事实和理由作出与原行政行为基本相同的行政行为”的问题，一审法院认为，昆明人社局依据昆明市中级人民法院的生效判决，重新受理工伤认定申请，重新进入工伤认定程序，依职权调查取证核实，其根据新调取的证据重新审查后，作出本案被诉具体行政行为，不属于“以同一事实及理由作出原具体行政行为基本相同的具体行政行为”的情形。综上，一审法院认为，昆明人社局作出 R160001 号不予认定工伤决定虽然执法程序合法，但适用法律错误，依法应予撤销。昆明市人民政府依据昆明人社局认定的事实及理由，作出云昆政行复决字〔2016〕第 50 号“维持第 R160001 号《不予认定工伤决定书》的具体行政行为”的行政复议决定，依法应予撤销。故判决：一、撤销被告昆明市人力资源和社会保障局于 2016 年 5 月 18 日作出的 R160001 号不予认定工伤决定书的具体行政行为；二、撤销被告昆明市人民政府于 2016 年 8 月 8 日作出的云昆政行复决字〔2016〕第 50 号行政复议决定书的行政复议行为；三、由昆明市人力资源和社会保障局在判决生效之日起60日内对贺某邻死亡事宜重新作出工伤认定决定。案件受理费50元，由被告昆明人社局承担。

一审宣判后，昆明人社局及昆明市人民政府不服一审判决，提起上诉。二审审理后认为，本案争议的焦点在于贺某邻的死亡是否符合《工伤保险条例》第十四条第（五）项“职工有下列情形之一的，应当认定为工伤：……（五）因工外出期间，由于工作原因受到伤害或者发生事故下落不明的”规定的应当认定为工伤的情形。从查明的事实来看，贺某邻事发之日是被抽调参加全省监狱强戒所人民警察岗位大练兵活动，因该项大练兵活动在比赛前是全封闭集中训练，故大练兵活动期间都应当视为被抽调人员的工作时间。事发之日也即2014年10月26日15时至17时，监狱中心医院召开了赛前动员会议，会议明确要求参赛人员：“27日早上11：30分收队，在此之前队员做好准备，注意警容风纪，男同志剪一下头发，女同志把头发挽起来，衣服洗干净等”。鉴于“男同志剪一下头发”是赛前动员会提出的明确要求，且该要求是为第二天的大练兵比赛做准备，所以贺某邻在2014年10月26日当晚外出剪头发就不再是个人行为而是因工外出行为，其外出剪头发的行为应视为完成单位交办的“工作任务”。员工的工作任务，除了工作岗位的工作任务外，还应当包含单位安排布置的临时性工作任务，也包含相应的准备工作。贺某邻剪头发的行为正是为完成单位安排的“大练兵比赛工作”所做的准备工作。综上，贺某邻外出剪头发后返回单位时发生交通事故导致其死亡的情形，符合《工伤保险条例》第十四条第（五）项规定的应当认定为工伤的情形。对于昆明人社局认为贺某邻事发之日外出剪发期间，还存在吃饭、上网等行为，因此其事发之日外出并非因工外出的主张，二审法院认为，贺某邻因工外出期间虽存在个人行为，但并不能因此否认其外出客观上完成了工作任务，其确实剪了头发，完成了为第二天比赛的准备工作，所以不能否认贺某邻事发当日外出存在工作上的原因，故对于上诉人昆明人社局以贺某邻外出期间存在个人行为而否认贺某邻因工外出的观点，二审法院不予支持。综上所述，上诉人昆明人社局作出编号为R160001号不予认定工伤决定书，存在认定事实不清，适用法律错误的情形，依法应予撤销；上诉人昆明市人民政府作出云昆政行复决字〔2016〕第50号行政复议决定书程序合法，但认定事实及适用法律有误，依法应予撤销；一审判决认定事实清楚，适用法律、法规正确，依法应予维持；上诉人昆明人社局及昆明市人民政府的上诉请求缺乏相应证据及法律依据，二审法院不予支持。二审判决：驳回上诉，维持原判。

[评　析]

《工伤保险条例》第十四条第（五）项规定："职工有下列情形之一的，应当认定为工伤：……（五）因工外出期间，由于工作原因受到伤害或者发生事故下落不明的"。该条款对因工外出期间，因工作原因受到伤害的情形明确规定为工伤。根据《工伤保险条例》第一条的规定，制定和实施该条例的目的在于对"因工作"遭受事故伤害或者患职业病的职工获得医疗救治和经济补偿。因此，在理解"因工外出"时，首先应当看职工外出是否是为单位利益，是否是为完成单位的工作任务。职工为完成单位安排的工作任务（包含临时性工作任务，也包含相应的工作任务的准备工作）而外出，在此期间因工作原因受到伤害的，依法应当认定为工伤。如此才符合倾斜保护职工权利的工伤认定立法目的。因工外出，典型的情形是单位安排出差完成工作任务以及外出参加工作培训的情形。本案系因完成临时抽调集训工作任务，而外出完成相关准备工作的情形，但根据《工伤保险条例》的立法宗旨，只要是为了单位利益，为完成单位的工作任务而外出，都应当视为因工外出。

本案中，死者贺某邻被抽调参加全省监狱强戒所人民警察岗位大练兵活动，此项大练兵活动在比赛前是全封闭集中训练，故大练兵活动期间都应当视为被抽调人员的工作时间。事发之日，即2014年10月26日大练兵后动比赛前一天的15时至17时，监狱中心医院召开了赛前动员会议，会议明确要求参赛人员："27日早上11：30分收队，在此之前队员做好准备，注意警容风纪，男同志剪一下头发，女同志把头发挽起来，衣服洗干净等。"可见，"男同志剪一下头发"是赛前动员会议提出的明确要求，此时男同志剪头发不再是个人行为，而是属于单位为次日大练兵比赛提出的工作要求，而且该要求也是为第二天的大练兵比赛做准备。所以贺某邻在 2014 年 10 月 26 日当晚外出剪头发就不再是个人行为而是因工外出行为，其外出剪头发的行为应视为完成单位临时交办的“工作任务”。职工的工作任务，应当做广义理解，不能仅仅局限于工作岗位的本职工作，除了工作岗位的工作任务外，还应当包含单位安排布置的临时性工作任务，也包含相应的准备工作。本案贺某邻剪头发的行为正是为完成单位安排的“大练兵比赛工作”所做的准备工作。对于昆明人社局认为贺某邻事发之日外出剪发期间，还存在吃饭、上网等个人行为，这些工作之外的办理私事行为，表明贺某邻并非因工外出的主张，从《工伤保险条例》第十四条第（五）项规定来看，该条款并未规定因工外出期间，特别是在完成工作任务后不能有私人行为，从生活经验看，因工外出期间不可能仅有工作行为，在完成工作任务回到单位前，必然存在吃饭、休息等生理生活需要，不能因此就排除因工外出的正当性。这种观点既缺乏生活常识，亦没有法律依据，相反《最高人民法院关于审理工伤保险行政案件若干问题的规定》第五条第一款“社会保险部门认定下列情形为因工外出期间的，人民法院应予支持……（三）职工因工作需要的其他外出活动期间”的规定，对因工外出期间做出了概括性的规定，目的就是防止特殊的因工外出情形被遗漏的情况。故本案贺某邻在因工外出完成工作任务后，办理私事的行为，并不能否认其因工外出的正当性。贺某邻因工外出期间虽存在处理私人事务的行为，但并不能因此否认其外出客观上完成了工作任务，其确实剪了头发，完成了为第二天大练兵比赛的准备工作，所以不能否认贺某邻事发当日外出存在工作上的原因，贺某邻事发之日外出理发，属于因工外出。

[评选理由]

本案系工伤保险行政案件。本案对“因工外出”的特殊情形进行了分析和认定，对“因工外出”的理解作出了符合《工伤保险条例》立法本意和宗旨的扩展，明确指出职工的工作任务不能仅局限于其工作岗位的本职工作，还应包含单位安排布置的临时性工作任务，也包含相应的准备工作。“因工外出”重在审查职工外出的原因及目的，因工作上的需要，包括为完成工作的准备工作，都应当视为“因工”需要；在因工作原因外出完成工作的同时顺便完成个人事务，并不影响“因工外出”的正当性。本案对《工伤保险条例》第十四条第（五）项规定的理解与适用有了进一步的发展，值得肯定。

一审裁判文书：云南省昆明市呈贡区人民法院（2016）云 0114 行初 56 号

二审裁判文书：云南省昆明市中级人民法院（2017）云 01 行终 93 号

合议庭组成人员：

审判长：张锐；审判员：马勇、颜瑶瑶

案例提供单位：云南省昆明市中级人民法院行政庭

承办人：张锐；编写人：张锐

附：

云南省昆明市中级人民法院
行 政 判 决 书

云 01 行终 93 号

上诉人（一审被告）昆明市人力资源和社会保障局。地址：昆明市呈贡区锦绣大街 1 号昆明市委 8 号楼三楼。

统一社会信用代码：11530100550100153Q。

法定代表人姚振康，局长。

委托代理人杨艳，云南唯真律师事务所律师，代理权限：特别授权代理。

上诉人（一审被告）昆明市人民政府。地址：昆明市呈贡区锦绣大街市级行政中心6号楼。

法定代表人王喜良，市长。

委托代理人李海峰，昆明市人民政府法制办公室工作人员，代理权限：特别授权代理。

委托代理人刘俊呈，云南北川律师事务所律师，代理权限：特别授权代理。

被上诉人（一审原告）贺某，男，汉族，1966年12月21日生，住四川省邻水县高滩镇汉渝街339号，公民身份号码：513031196612213571。系死者贺某邻之父。

被上诉人（一审原告）李仁某，女，汉族，1965年5月19日生，住四川省邻水县高滩镇汉渝街339号，公民身份号码：51303119650519298X。系死者贺某邻之母。

两被上诉人共同委托代理人余佳京，云南潘克律师事务所律师，代理权限：特别授权代理。

被上诉人（一审第三人）云南省监狱管理局中心医院。地址：昆明市五华区教场北路440号附3号。

法定代表人苏学仁，院长。

委托代理人许兴华，北京市昌久（昆明）律师事务所律师，代理权限：特别授权代理。

上诉人昆明市人力资源和社会保障局（以下简称：昆明人社局）及昆明市人民政府因劳动和社会保障行政确认及行政复议一案，不服昆明市呈贡区人民法院（2016）云0114行初56号行政判决，向本院提起上诉。本院依法组成合议庭，对本案进行了审理，经报请云南省高级人民法院批准，延长了审理期限，本案经合议庭评议，现已审理终结。

一审人民法院认定以下案件事实：贺某邻是第三人云南省监狱管理局中心医院（以下简称：监狱中心医院）的职工，岗位为警察。事发前，贺某邻被抽调参加2014年10月27日开始的全省监狱强戒所人民警察岗位大练兵活动。2014年10月26日15时至17时，监狱中心医院召开了大练兵活动决赛的赛前动员会议，会议要求参赛人员：“27日早上11：30分收队，在此之前队员做好准备，注意警容风纪，男同志剪一下头发，女同志把头发挽起来，衣服洗干净等”。当天18时，贺某邻约同事伏某某外出吃饭、理发，外出期间二人在网吧上网，22时30分左右，二人返回单位。伏某某乘坐刘海的车回宿舍，贺某邻骑电动自行车返回。贺某邻行至云南省第二监狱内便道教管楼附近路段发生事故，被送往云南省第二人民医院抢救，经医治无效于2014年11月11日死亡。诊断结论为：特重型颅脑外伤死亡。后经交警部门认定，贺某邻承担此次事故的全部责任。2014年12月2日，昆明人社局受理了监狱中心医院就贺某邻死亡一事提出的工伤认定申请，于2015年1月16日作出“不予认定工伤”的决定（编号：R150001号）。贺某邻父母不服向法院起诉。昆明市中级人民法院于2016年3月21日作出判决，撤销了上述“不予认定工伤”的决定。2016年3月29日，昆明人社局重新审核本案，于2016年5月18日作出“不予认定工伤”的决定（编号：R160001号），并按规定将认定结论送达当事人。原告贺某、李仁某不服该认定结论向昆明市人民政府提出行政复议，昆明市人民政府于2016年6月17日受理后，经过复议审查，于2016年8月8日作出“维持第R160001号《不予认定工伤决定书》的具体行政行为”的复议决定（编号：云昆政行复决字〔2016〕第50号）。

一审人民法院认为，本案的争议焦点为：被告作出的R160001号不予认定工伤决定事实是否清楚，适用法律是否正确，程序是否合法。本院认为，根据本案查明的事实，贺某邻死亡时间是大练兵封闭训练的休整期间，事故发生的地点是云南省第二监狱内便道教管楼附近，该路段是人员外出回单位的必经路段，严格意义上不是工作场所或者训练场所。休整期间就是为第二天参加大练兵作准备，包括洗衣服、个人卫生、理发等关于警容风纪的准备，也包括充分休息，恢复体力，所以贺某邻死亡时间不是工作时间。贺某邻为了休息也是为了第二天大练兵做准备请假外出，根据《最高人民法院关于审理工伤保险行政案件若干问题的规定》第五条第二款规定“职工因工外出期间从事与工作或者受用人单位指派外出学习、开会无关的个人活动受到伤害，社会保险行政部门不认定为工伤的，人民法院应予支持”，贺某邻外出虽然从事了与其工作无关的上网活动，但其发生事故并不是在上网中发生的，而是在其按归队要求时限内返回单位的时候发生，不属于上述条款规定的情况。根据《最高人民法院关于审理工伤保险行政案件若干问题的规定》第五条第一款“社会保险部门认定下列情形为因工外出期间的，人民法院应予支持……（三）职工因工作需要的其他外出活动期间”的规定，贺某邻外出目的包含按动员会议要求为第二天参加大练兵做准备。被告昆明人社局认为贺某邻外出属于个人事务，适用法律错误。关于执法程序方面，原告提出被告昆明人社局向交警部门调取证据，程序不合法的意见。本院认为，依据《工伤保险条例》第十九条规定“社会保险行政部门受理工伤认定申请后，根据审核需要可以对事故伤害进行调查核实”及人力和社会资源保障部《工伤认定办法》第九条规定“社会保险行政部门受理工伤认定申请后，可以根据需要对申请人提供的证据进行调查核实”，故被告昆明人社局可以根据需要为了查明事实，有权向交警部门调取与本案有关的证据材料，原告提出的意见，本院不予采纳，被告昆明人社局作出的具体行政行为程序合法。关于被告昆明人社局作出的本案被诉具体行政行为是否违反了“不得以同一事实和理由作出与原行政行为基本相同的行政行为”的问题。本院认为，昆明人社局依据昆明市中级人民法院的生效判决，重新受理工伤认定申请，重新进入工伤认定程序，依职权调查取证核实，其根据新调取的证据重新审查后，作出本案被诉具体行政行为，不属于“以同一事实及理由作出原具体行政行为基本相同的具体行政行为”的情形。综上所述，本院认为：原告贺某、李仁某作为工伤认定决定死亡劳动者的亲属，对被告昆明人社局作出的工伤认定决定不服，依法享有起诉的权利。《工伤保险条例》第五条第二款规定：“县级以上地方各级人民政府社会保险行政部门负责本行政区域内的工伤保险工作。”被告昆明人社局属于法律法规授权的昆明市行政区域内的劳动和社会保障管理行政机关，有权对辖区内的劳动及工伤社会保障纠纷进行裁决处分，故被告昆明人社局行政主体资格适格，具有执法权限。被告昆明市人民政府作为昆明人社局的本级人民政府，是法定的行政复议机关。第三人监狱中心医院系被告作出认定工伤决定的用人单位，与本案有利害关系，依法应作为第三人参加诉讼。综上，本院依法确认贺某、李仁某具有原告诉讼主体资格，昆明人社局及昆明市人民政府具有法定行政执法权限，监狱中心医院具有诉讼主体资格。如前所述，昆明人社局作出 R160001 号不予认定工伤决定虽然执法程序合法，但适用法律错误，依法应予撤销。昆明市人民政府依据昆明人社局认定的事实及理由，作出云昆政行复决字〔2016〕第 50 号“维持第 R160001 号《不予认定工伤决定书》的具体行政行为”的行政复议决定，依法应予撤销。依照《中华人民共和国行政诉讼法》第七十条第（二）项，最高人民法院《关于执行〈中华人民共和国行政诉讼法〉若干问题的解释》第六十二条，国务院《工伤保险条例》第五条、第十四条，以及国务院《诉讼费用交纳办法》第十三条第一款第（五）项第 2 目、第二十九条第一款的规定，判决：一、撤销被告昆明市人力资源和社会保障局于 2016 年 5 月 18 日作出的 R160001 号不予认定工伤决定书的具体行政行为；二、撤销被告昆明市人民政府于 2016 年 8 月 8 日作出的云昆政行复决字〔2016〕第 50 号行政复议决定书的行政复议行为；三、由昆明市人力资源和社会保障局在判决生效之日起 60 日内对贺某邻死亡事宜重新作出工伤认定决定。案件受理费 50 元，由被告昆明市人力资源和社会保障局承担。

上诉人昆明人社局不服一审判决向本院提起上诉称：贺某邻在非工作时间、非因工外出发生交通事故受到伤害，其不符合《工伤保险条例》第十四条第五项“因工外出期间，由于工作原因受到伤害或发生交通事故下落不明的”法定情形及其他认定或视同工伤的法定情形。一审法院部分事实认定错误；适用法律错误导致判决错误。我局认为贺某邻在下班休息期间自由活动，外出休闲娱乐返回单位宿舍途中发生单方交通事故导致死亡的事实十分清楚，其返回单位宿舍的目的并非是参加练兵活动而是回宿舍休息，不是从事任何与工作有关的事项。“因工外出”是指职工由于工作需要到本单位以外从事与本职工有关的工作。贺某邻是监狱中心医院的干警，其外出活动及理发不是其本职工作。一审法院认为，休整期间包括洗衣服、个人卫生、理发等行为是因练兵而进行的关于警容风纪的准备，也包括充分休息、恢复体力，期间发生伤害都应当认定工伤的观点有悖于工伤认定的“工作时间、工作场所、工作原因”三个基本要素。过度类推将导致工伤认定的法定情形无限扩大，最终伤害广大工伤参保人员的合法权益。综上所述，一审判决认定事实错误、适用法律错误、理解法律片面，请求二审法院：1. 撤销呈贡区法院做出的（2016）云 0114 行初 56 号行政判决；2. 改判维持上诉人做出的原具体行政行为；3. 本案诉讼费由被上诉人承担。

上诉人昆明市人民政府提起上诉称：一、一审法院适用法律错误；二、上诉人做出的行政复议决定程序合法，适用法律正确。综上，请求二审法院依法审查：1. 撤销呈贡区法院做出的（2016）云 0114 行初字 56 号行政判决；2. 改判维持上诉人做出的云昆政行复决字〔2016〕第 50 号行政复议决定书；3. 本案诉讼费由被上诉人承担。

被上诉人贺某、李仁某未提交答辩状。

第三人云南省监狱管理局中心医院未提交书面诉讼意见。

本案经二审审查，一审人民法院审判程序合法；各方当事人在一审诉讼中提交的证据材料均已随案移送本院，根据本案收录的有效证据，一审人民法院认定事实无误，本院依法予以确认。

本院认为，本案系工伤行政确认案件，依法属于人民法院行政诉讼的受案范围；做出行政行为的行政机关及复议机关对一审判决不服提起上诉，依法属于本院二审管辖。贺某、李仁某作为死亡职工的近亲属，其对行政机关昆明人社局于 2016 年 5 月 18 日作出的编号为 R160001 号不予认定工伤决定书不服，有权提起本案行政诉讼，依法具有本案“原告”的诉讼主体资格；根据《工伤保险条例》第五条第二款“县级以上地方各级人民政府社会保险行政部门负责本行政区域内的工伤保险工作”之规定，上诉人昆明人社局依法具有作出本案被诉编号为 R160001 号不予认定工伤决定书的行政主体资格及权限。死亡职工的近亲属对昆明人社局作出的不予认定工伤决定不服，昆明人社局系本案适格的“被告”。根据《中华人民共和国行政诉讼法》第二十六条第二款“经复议的案件，复议机关决定维持原行政行为的，作出原行政行为的行政机关和复议机关是共同被告；复议机关改变原行政行为的，复议机关是被告”之规定，昆明市人民政府作为作出维持原行政行为复议决定的复议机关，其系本案的共同被告。根据《最高人民法院关于执行〈中华人民共和国行政诉讼法〉若干问题的解释》第六十五条第二款“诉讼当事人中的一部分人提出上诉，没有提出上诉的对方当事人为被上诉人，其他当事人依一审诉讼地位列明”之规定，本案一审第三人监狱中心医院的主张与上诉人相反，作为上诉人的对方当事人监狱中心医院应列为本案被上诉人。

本案争议的焦点在于贺某邻的死亡是否符合《工伤保险条例》第十四条第（五）项“职工有下列情形之一的，应当认定为工伤：……（五）因工外出期间，由于工作原因受到伤害或者发生事故下落不明的”规定的应当认定为工伤的情形。从本案查明的事实来看，贺某邻事发之日是被抽调参加全省监狱强戒所人民警察岗位大练兵活动，因该项大练兵活动在比赛前是全封闭集中训练，故大练兵活动期间都应当视为被抽调人员的工作时间。事发之日也即2014年10月26日15时至17时，监狱中心医院召开了赛前动员会议，会议明确要求参赛人员：“27日早上11：30分收队，在此之前队员做好准备，注意警容风纪，男同志剪一下头发，女同志把头发挽起来，衣服洗干净等”。鉴于“男同志剪一下头发”是赛前动员会提出的明确要求，且该要求是为第二天的大练兵比赛做准备，所以贺某邻在2014年10月26日当晚外出剪头发就不再是个人行为而是因工外出行为，其外出剪头发的行为应视为完成单位交办的“工作任务”。员工的工作任务，除了工作岗位的工作任务外，还应当包含单位安排布置的临时性工作任务，也包含相应的准备工作。贺某邻剪头发的行为正是为完成单位安排的“大练兵比赛工作”所做的准备工作。综上，贺某邻外出剪头发后返回单位时发生交通事故导致其死亡的情形，符合《工伤保险条例》第十四条第（五）项规定的应当认定为工伤的情形。对于昆明人社局认为贺某邻事发之日外出剪发期间，还存在吃饭、上网等行为，因此其事发之日外出并非因工外出的主张，本院认为，贺某邻因工外出期间虽存在个人行为，但并不能因此否认其外出客观上完成了工作任务，其确实剪了头发，完成了为第二天比赛的准备工作，所以不能否认贺某邻事发当日外出存在工作上的原因，故本院对于上诉人昆明人社局以贺某邻外出期间存在个人行为而否认贺某邻因工外出的观点不予支持。

综上所述，上诉人昆明人社局作出编号为R160001号不予认定工伤决定书，认定事实不清，适用法律错误，依法应予撤销；上诉人昆明市人民政府作出云昆政行复决字〔2016〕第50号行政复议决定书程序合法，但认定事实及适用法律有误，依法应予撤销；一审判决认定事实清楚，适用法律、法规正确，依法应予维持；上诉人昆明人社局及昆明市人民政府的上诉请求缺乏相应证据及法律依据，本院依法不予支持。据此，本院依照《中华人民共和国行政诉讼法》第八十九条第一款第（一）项，《最高人民法院关于执行〈中华人民共和国行政诉讼法〉若干问题的解释》第六十二条第一款以及国务院《诉讼费用交纳办法》第十三条第一款第（五）项第2目、第二十九条第一款之规定，判决如下：

驳回上诉，维持原判。

本案二审案件受理费计人民币50元，由上诉人昆明市人力资源和社会保障局及昆明市人民政府共同负担。

本判决为终审判决。

审　判　长　张　锐
审　判　员　马　勇
审　判　员　颜瑶瑶

二〇一七年十月十六日

书　记　员　叶　倩

广州荔新投资有限公司执行异议案

[裁判要旨] 一是利害关系人依据《民事诉讼法》第二百二十五条对人民法院2008年4月1日前作出的执行行为认为违法，提出执行异议的人民法院不应受理；二是根据1991年民事诉讼法作出的终结执行裁定，当事人、利害关系人申请恢复执行的，应当受执行时效的约束；三是在执行过程中不良资产受让人在向人民法院提交承受权利的证明文件的情况下，可以向人民法院申请变更申请执行人。

[案 情]

原审原告中国银行云南省分行诉云南五矿集团有限公司借款合同纠纷一案，昆明市中级人民法院作出（2004）昆民四初字第122号民事调解书，确定由被告云南五矿集团有限公司于本调解书生效之日偿还原告中国银行云南省分行人民币500万元及利息（截至2004年3月1日的利息为2703221.70元，自2004年3月2日起至款项还清之日止的利息以同期中国人民银行资金逾期贷款利率计付）。2004年3月11日，中国银行云南省分行申请强制执行，昆明市中级人民法院以（2004）昆民执字第163号立案执行。执行中，中国银行云南省分行于2004年3月19日提交终结执行申请，申请载明：我行诉云南五矿集团有限公司500万元借款纠纷一案，我行于2004年3月11日依据（2004）昆民四初字第122号民事调解书向贵院申请强制执行。因云南五矿集团有限公司已无可供执行财产，故我行特向贵院申请终结执行。昆明市中级人民法院根据申请执行人的申请，依据《中华人民共和国民事诉讼法》第二百三十五条第（六）项的规定，作出（2004）昆民执字第163号民事裁定书，裁定：本院（2004）昆民四初字第122号民事调解书终结执行。并送达申请执行人中国银行云南省分行。

中国银行云南省分行与中国东方资产管理公司于2004年12月26日签订编号为保全2004云核转字第002号债权转让协议，将上述案件所涉及的全部债权转让给中国东方资产管理公司。2009年1月14日，中国东方资产管理公司将上述债权转让给广州荔新投资有限公司。

[审　判]

昆明市中级人民法院审理认为：一、根据《最高人民法院关于执行工作中正确适用修改后民事诉讼法第202条、第204条规定的通知》规定：当事人、利害关系人根据民事诉讼法第202条的规定，提出异议或申请复议，只适用于发生在2008年4月1日后作出的执行行为；对于2008年4月1日前发生的执行行为，当事人、利害关系人可以依法提出申诉，按监督案件处理。执行案件中的当事人对执行行为提出异议的权利，是由2008年实施的民事诉讼法所确立，之前的民事诉讼法并无这一规定，故当事人、利害关系人对执行行为异议的救济应由2008年民事诉讼法施行开始，不溯及既往。本案终结裁定于2004年作出，现利害关系人提出异议，依法不应当受理。

二、根据1991年4月9日施行的《中华人民共和国民事诉讼法》第二百三十五条规定：“有下列情形之一的，人民法院裁定终结执行：（一）申请人撤销申请的；……（六）人民法院认为应当终结执行的其他情形。”在（2004）昆民执字第163号案件执行中，申请执行人中国银行云南省分行向本院提交终结执行申请，申请终结执行该案，本院依法对其申请审查后，根据《中华人民共和国民事诉讼法》第二百三十五条第（六）项的规定作出裁定并无不当。

此外，根据《最高人民法院关于适用〈中华人民共和国民事诉讼法〉的解释》第五百二十条规定：“因撤销申请而终结执行后，当事人在民事诉讼法第二百三十九条规定的申请执行时效期间内再次申请执行的，人民法院应当受理。”《中华人民共和国民事诉讼法》规定：“申请执行的期间为二年。申请执行时效的中止、中断，适用法律有关诉讼时效中止、中断的规定。”（2004）昆民执字第163号案件本院于2004年3月26日作出裁定并送达当事人，利害关系人于2016年3月7日向本院提出申请恢复执行，已超过申请执行时效期间，其请求本院依法不予支持。综上，利害关系人广州荔新投资有限公司的异议请求不能成立，本院不予支持。据此，根据《中华人民共和国民事诉讼法》第二百二十五条及《最高人民法院关于人民法院办理执行异议和复议案件若干问题的规定》第十七条第一款第（一）项之规定，裁定驳回广州荔新投资有限公司的异议请求。

一审宣判后，利害关系人广州荔新投资有限公司不服裁定，提出复议申请。

云南省高级人民法院审查认为：当事人、利害关系人依据《民事诉讼法》第二百二十五条规定提出执行异议，只适用于发生在2008年4月1日后作出的执行行为，现复议申请人提出异议，依法不应当受理。根据《最高人民法院关于适用〈中华人民共和国民事诉讼法〉的解释》第五百二十条规定，在《民事诉讼法》第二百五十七条规定的其他情形下，再次具备执行条件时，应恢复执行程序，但再次申请时，应受执行时效的约束，本案已远超执行法定申请执行的时效，不应受理。

综上，云南省高级人民法院作出裁定：驳回广州荔新投资有限公司的复议申请，维持昆明市中级人民法院（20106）云01执异119号异议裁定。

[评　析]

本案的典型性在于：

一、对于2004年执行程序中的终结裁定现在是否能够提出执行异议

为保护执行案件当事人的合法权益，规范执行行为，民事诉讼法在几次修订过程中，在原案外人执行异议的基础上，增加了当事人、利害关

系人执行异议规定，最高人民法院先后出台司法解释，对执行异议审查要求作出明确规定。1991年4月9日实施的《中华人民共和国民事诉讼法》中仅作出案外人对执行标的提出异议的审查规定，并未赋予当事人、利害关系人对执行行为有权提出执行异议。2008年4月1日修订的《中华人民共和国民事诉讼法》中增加了当事人、利害关系人对执行行为违法的异议审查规定（注：《中华人民共和国民事诉讼法》第二百零二条），扩大了权利主体保护范围。但对2008年4月1日前作出的执行行为，如当事人、利害关系人提出执行异议的，《最高人民法院关于执行工作中正确适用修改后民事诉讼法第202条、第204条规定的通知》（法明传〔2008〕1223号）明确：当事人、利害关系人根据民事诉讼法第202条（注：2012年8月31日实施《中华人民共和国民事诉讼法》修订为二百二十五条）的规定，提出异议或申请复议，只适用于发生在2008年4月1日后作出的执行行为；对于2008年4月1日前发生的执行行为，当事人、利害关系人可以依法提出申诉，按监督案件处理。当事人、利害关系人在2008年4月1日后，依据2008年修订的《民事诉讼法》第二百零二条或2012年修订的《民事诉讼法》第二百二十五条提出执行异议的，人民法院都不应当受理。本案利害关系人广州荔新投资有限公司于2016年依据《民事诉讼法》第二百二十五条的规定对2004年作出的执行行为提出异议，依法不应当受理。

二、适用1991年《中华人民共和国民事诉讼法》第二百三十五条终结执行的案件能否恢复执行

本案原申请执行人中国银行云南省分行于2004年申请终结执行，昆明市中级人民法院适用1991年《中华人民共和国民事诉讼法》第二百三十五条终结执行程序，现利害关系人广州荔新投资有限公司申请恢复执行，法院能否恢复执行是本案审理中的第二个焦点的问题。《最高人民法院关于适用〈中华人民共和国民事诉讼法〉的解释》第五百二十条规定："因撤销申请而终结执行后，当事人在民事诉讼法第二百三十九条规定的申请执行时效期间内再次申请执行的，人民法院应当受理。"根据该条文精神，在《民事诉讼法》第二百五十七条（1991年《中华人民共和国民事诉讼法》第二百三十五条）规定的其他情形下，

再次具备执行条件时，也应恢复执行程序，以保护当事人的权利，本案可参照执行。本案原申请执行人中国银行云南省分行向本院提出《终结执行申请》，虽然写明是因为无可供执行财产，申请终结执行。但其主动撤回的意思表示明确，故再次申请时，应当受执行时效的约束。申请执行的期间为二年，申请执行时效的中止、中断，适用法律有关诉讼时效中止、中断，利害关系人广州荔新投资有限公司提出恢复执行申请，已远超执行法定申请执行的时效，依法不应受理。

三、不良资产受让人能否申请变更为申请执行人

利害关系人广州荔新投资有限公司以不良资产受让人身份向法院申请变更申请执行人的请求能否成立为本案审查的第三个焦点问题。变更申请执行主体是在根据原申请执行人的申请已经开始的执行程序中，变更新的权利人为申请执行人。最高人民法院（2009）执他字第1号《关于判决确定的金融不良债权多次转让人民法院能否裁定变更申请执行主体请示的答复》（以下简称1号答复）已经明确：《最高人民法院关于人民法院执行工作若干问题的规定（试行）》（以下简称《执行规定》），已经对申请执行人的资格予以明确。其中第18条第1款规定："人民法院受理执行案件应当符合下列条件：……（2）申请执行人是生效法律文书确定的权利人或其继承人、权利承受人。"该条中的"权利承受人"，包含通过债权转让的方式承受债权的人。依法从金融资产管理公司受让债权的受让人将债权再行转让给其他普通受让人的，执行法院可以依据上述规定，依债权转让协议以及受让人或者转让人的申请，裁定变更申请执行主体。本案中，虽然利害关系人广州荔新投资有限公司以不良资产受让人身份向本院提出变更申请人的请求，但如前述理由，本案的审查已经无须涉及此问题。

[评选理由]

本案以执行异议救济应由2008年4月1日施行开始从而不溯及既往为基点，围绕当事人、利害关系人权利的保护、恢复执行的时效及执行程序中变更申请主体的审查提出了明确的法律适用意见。本案的审理思

路、法律适用对规范执行异议案件的处理具有一定指导意义。

一审裁判文书：云南省昆明市中级人民法院（2016）云01执异119号

二审裁判文书：云南省高级人民法院（2017）云执复62号

一审合议庭组成人员：

审判长：谢海玲；审判员：李彩云；人民陪审员：吴素萍

案例提供单位：云南省昆明市中级人民法院研究室

承办人：谢海玲；编写人：谢海玲

附：

云南省昆明市中级人民法院
执行裁定书

（2016）云01执异119号

利害关系人：广州荔新投资有限公司。住所地：广东省广州市增城新塘镇港口大道321号A幢17层。

法定代表人：徐树标，该公司经理。

委托诉讼代理人：杨武，广东天胜律师事务所律师，特别授权代理。

申请执行人：中国银行云南省分行。住所：昆明市北京路515号。

被执行人：云南五矿集团有限公司。住所：昆明市盘龙区金碧路头道巷22-23号。

在本院执行申请执行人中国银行云南省分行与被执行人云南五矿集团有限公司借款合同纠纷一案中，利害关系人广州荔新投资有限公司对本院（2004）昆民执字第163号民事裁定书，即对本院（2004）昆民四初字第122号民事调解书终结执行提出书面异议。本院受理后，依法组成合议庭进行审查，现已审查终结。

利害关系人广州荔新投资有限公司称：请求撤销昆明市中级人民法院（2004）昆民执字第163号终结执行的民事裁定书；裁定恢复执行（2004）昆民执字第163号案件，同时变更申请执行人为申请人。事实和理由：一、四宗执行案件的执行依据是四份调解书，其中（2004）昆民四初字第122号民事调解书中载明所涉债权存在大量的抵押房产和土地，说明执行法院明知案件存在可执行的抵押物，抵押物未处置是不可能得出“被执行人无可供执行财产”的结论，执行裁定书载明终结执行的依据是“被执行人没有可供执行财产”，这与案件事实严重不符，应撤销错误的终结执行裁定。二、现申请人进一步提出了新的可供执行财产线索，应裁定恢复执行。申请人是相关权利承受人，承受了实体上的债权以及债权人身份所有的诉讼权利，《最高人民法院关于金融资产管理公司收购、处置银行不良资产有关问题的补充通知》（法发〔2005〕62号）第三条规定：“金融资产管理公司转让、处置已经涉及诉讼、执行或者破产等程序的不良债权时，人民法院应当根据债权转让协议和转让人或者受让人的申请，裁定变更诉讼或者执行主体。”同时，《最高人民法院关于判断确定的进入不良债权多次转让人民法院能否裁定变更执行主体请示的答复》（〔2009〕执他字第1号）中明确规定，《最高人民法院关于人民法院执行工作若干问题的规定（试行）》第一条规定：“人民法院受理执行案件应当符合下列条件：……（2）申请执行人是生效法律文书确定的权利人或者继承人、权利承受人。”该条中的“权利承受人”包含通过债权转让的方式承受债权的人。依法从金融资产管理公司受让债权的受让人将债权再行转让给其他普通受让人的，执行法院可以依据上述规定，依债权转让协议以及受让人或者转让人的申请，裁定变更申请执行主体，故应变更申请执行主体为申请人。

本院查明，根据业已生效的本院（2004）昆民四初字第122号民事调解书确定：由被告云南五矿集团有限公司于本调解书生效之日偿还原告中国银行云南省分行人民币500万元及利息（截至2004年3月1日的利息为2703221.70元，自2004年3月2日起至款项还清之日止的利息以同期中国人民银行资金逾期贷款利率计付）。2004年3月11日，中国银行云南省分行向本院申请强制执行，本院以（2004）昆民执字第163号立案执行。执行中，中国银行云南省分行于2004年3月19日向本院提交终结执行申请，申请载明：我行诉云南五矿集团有限公司500万元借款纠纷一案，我行于2004年3月11日依据（2004）昆民四初字第122号民事调解书向贵院申请强制执行。因云南五矿集团有限公司已无可供执行财产，故我行特向贵院申请终结执行。本院根据申请执行人的申请，依据《中华人民共和国民事诉讼法》第二百三十五条第（六）项的规定，作出（2004）昆民执字第163号民事裁定书，裁定：本院（2004）昆民四初字第122号民事调解书终结执行。并送达申请执行人中国银行云南省分行。

另查明，中国银行云南省分行与中国东方资产管理公司于2004年12月26日签订编号为保全2004云核转字第002号债权转让协议，将前述案件所涉及的全部债权转让给中国东方资产管理公司。2009年1月14日，中国东方资产管理公司将上述债权转让给广州荔新投资有限公司。

本院认为：

一、根据《最高人民法院关于执行工作中正确适用修改后民事诉讼法第202条、第204条规定的通知》规定：当事人、利害关系人根据民事诉讼法第202条的规定，提出异议或申请复议，只适用于发生在2008年4月1日后作出的执行行为；对于2008年4月1日前发生的执行行为，当事人、利害关系人可以依法提出申诉，按监督案件处理。执行案件中的当事人对执行行为提出异议的权利，是由2008年实施的民事诉讼法所确立，之前的民事诉讼法并无这一规定，故对当事人通过执行行为的异议的救济应由2008年民事诉讼法施行开始，不溯及既往。本案终结裁定于2004年作出，现利害关系人提出异议，依法不应当受理。

二、根据1991年4月9日施行的《中华人民共和国民事诉讼法》第二百三十五条规定："有下列情形之一的，人民法院裁定终结执行：（一）申请人撤销申请的；……（六）人民法院认为应当终结执行的其他情形。"在（2004）昆民执字第162号案件执行中，申请执行人中国银行云南省分行向本院提交终结执行申请，申请终结执行该案，本院依法对其申请审查后，根据《中华人民共和国民事诉讼法》第二百三十五条第（六）项的规定作出裁定并无不当。此外，根据《最高人民法院关于适用〈中华人民共和国民事诉讼法〉的解释》第五百二十条规定："因撤销申请而终结执行后，当事人在民事诉讼法第二百三十九条规定的申请执行时效期间内再次申请执行的，人民法院应当受理。"《中华人民共和国民事诉讼法》规定：申请执行的期间为二年。申请执行时效的中止、中断，适用法律有关诉讼时效中止、中断的规定。（2004）昆民执字第163案件本院于2004年3月26日作出裁定并送达当事人，利害关系人于2016年3月7日向本院提出申请恢复执行，已超过申请执行时效期间，其请求本院依法不予支持。综上，利害关系人广州荔新投资有限公司的异议请求不能成立，本院不予支持。据此，根据《中华人民共和国民事诉讼法》第二百二十五条及《最高人民法院关于人民法院办理执行异议和复议案件若干问题的规定》第十七条第一款第（一）项之规定，裁定如下：

驳回广州荔新投资有限公司的异议请求。

如不服本裁定，可以自本裁定书送达之日起十日内，向云南省高级人民法院申请复议。

审　判　长　谢海玲
审　判　员　李彩云
人民陪审员　吴素萍

二〇一七年二月十三日

书　记　员　董欣星